■

복잡한 개념의 본질을 뽑아내 일반 독자가 접근하기 쉽고 설득력 있는 형태로 재구성할 수 있는 학자를 만나는 경우는 드물다. 이 점에서 카먼 아임스의 능력은 뛰어나다. 학계에서는 '하나님의 이름 지니기'에 관한 그녀의 학술 논문을 읽은 사람들이 그 뛰어난 연구 수준에 찬사를 보내 왔다. 이 책에서 카먼은 평신도 독자와 성경을 진지하게 공부하는 학생들에게, 흥미롭고 설득력 있는 문체로 자신의 주요 연구 결과를 소개하며, 적용 아이디어도 풍부하게 제시한다. 토라에서 생명을 주는 은혜의 메시지를 다시 발견하길 바라는 독자들에게 이 책은 훌륭한 출발점이 될 것이다.

다니엘 블록, 휘튼 칼리지 군터 H. 크뇌들러 구약학 명예 교수

■

따뜻하고, 재치 있고, 지혜롭고, 유머러스하며, 신학적으로 엄밀하고, 수사학적으로 설득력 있고, 목회적으로도 도움이 되는 놓칠 수 없는 책이다. 카먼 조이 아임스는 독자들을 출애굽 내러티브로 안내하면서 출애굽기가 난해하고 오래된 고대 문서가 아니라 우리의 이야기임을 보여 준다. 율법이라는 장르는 오늘을 말한다. 우리는 앞으로 카먼 조이 아임스라는 이름을 자주 보게 될 것이다. 그녀가 이해하기 쉽고 교훈적인 신학으로 교회에 계속 복을 주기 때문이다.

제프리 D. 아더스, 고든-콘웰 신학교 해돈 로빈슨 설교와 커뮤니케이션 교수

■

책을 읽고 변화될 준비가 되었다면, 이 책을 읽어 보라! C. S. 루이스의 『새벽 출정호의 항해』에서 루시와 에드먼드가 목자들을 나니아 세계로 초대했듯, 카먼 아임스는 구약과 신약의 깊은 세계로 안내한다. 이 여정은 하나님의 이름, 이스라엘의 율법, 하나님의 이름을 지닌 그리스도인으로서의 정체성에 대한 당신의 지식을 재구성할 것이다.

베트 스토벨, 암브로스 대학교 구약학 부교수

■

아임스는 성경을 엄격한 율법과 풍성한 은혜라는 단순한 이분법으로 나누기를 거부한다. 그녀의 목표는 시내산과 갈보리산, 율법 제정자 모세와 은혜를 베푸시는 예수님 사이의 연속성을 강조하는 것이다. 아임스는 신약성경 전반에 걸쳐 시내

산 율법의 가르침을 능숙하게 부각시킨다. 예를 들어, 은혜와 자비가 결국 승리하지만, 그 승리는 야웨께서 첫 번째 언약 안에 세우신 기초에 대한 올바른 이해 안에서 이루어진다. 아임스의 글에서 내가 가장 강조하는 부분은 '선택받은 백성'에 대한 설명이다. 그렇다, 이스라엘뿐 아니라 이제 모든 족속, 모든 인종, 모든 언어의 향기를 지닌 이들이 하나님의 보좌 앞에 모여 영광스럽게 한 목소리로 "할렐루야, 전능하신 우리 하나님이 통치하신다!"라고 노래하게 될 새롭게 선택된 백성의 무리에 포함될 수 있다.

필 파샬, ICF(International Christian Fellowship) 전 회장. 43년 동안 무슬림 선교에 헌신한 선교사

■

카먼 조이 아임스의 『하나님의 이름을 새기다』는 경이로운 책이다. 교회를 진심으로 아끼는 학자, 교회를 위해 글을 쓰는 학자를 상상해 보라. 아임스는 바로 그 일을 해냈다. 아임스는 쉽게 이해할 수 있으면서도 정확한 글로 교회에 유익을 주었다. 나는 이 책을 통해 많은 것을 배웠고, 앞으로도 계속해서 다시 찾아 읽게 될 것 같다. 당신의 경험도 마찬가지일 거라고 생각한다.

탈봇 데이비스, 선한목자연합감리교회 목사

■

이스라엘의 출애굽 이야기와 그들의 거룩한 소명에 대한 헌신으로부터 풍성한 통찰을 얻을 준비를 하라. 카먼 아임스는 이 고대 이야기를 명확하고 이해하기 쉬운 글로 생생하게 되살려 당신의 삶에서 거룩한 소명을 이해하는 데 도움을 줄 것이다.

조나단 콜린스, 바이블 프로젝트 공동 설립자

하나님의
새 이름을
기다

Originally published in English under the title: *Bearing God's Name*
by Carmen Joy Imes
Copyright © 2019 by Carmen Joy Imes, Published by InterVarsity Press, 430 Plaza Drive,
Westmont, IL 60559, USA. www.ivpress.com.
All rights reserved.
License arranged through rMaeng2, Seoul, Republic of Korea.

This Korean translation edition © 2025 by Scripture Union Korea, Seoul, Republic of Korea.

이 한국어판의 저작권은 알맹2를 통하여 미국 InterVarsity Press와 독점 계약한 성서유니온에 있습니다.
신 저작권법에 의하여 한국 내에서 보호받는 저작물이므로 무단 전재와 무단 복제를 금합니다.

카먼 조이 아임스

서제은 옮김

성서유니온

하나님의
이름을
새기다

Bearing God's Name

차례

추천서문. 크리스토퍼 라이트　9

서론　15

1부. 하나님의 이름을 지닌 백성 되기
1. **이집트를 떠나며** ／ 은혜로서의 구원　27
2. **시내산에서의 경이로움** ／ 선물로서의 율법　49
3. **중요한 거래** ／ 소명으로서의 언약　69
4. **이제 무엇을 할 것인가?** ／ 제사장 직분 위임　95
5. **준비 완료** ／ 약속의 땅을 위한 준비　121

인터미션　145

2부. 하나님의 이름을 지닌 백성으로 살아가기
6. **스트라이크 아웃** ／ 시내산에서 시온산까지　153
7. **야웨께서 보시는 것** ／ 신실한 소수　177
8. **예수님만 내게 주소서** ／ 복음의 증인　203
9. **블롭 태그** ／ 예수님의 사명　225
10. **어떻게 들어왔을까?** ／ 이방인과 하나님의 선교　251

결론　275

감사의 말　279
바이블 프로젝트 관련 영상
토론 질문　284
주　290
보충설명 주　303
참고문헌　304

추천서문

크리스토퍼 라이트

"그런데도 스스로를 그리스도인이라고 부르다니!" 북아일랜드에서 어린 시절을 보낼 때, 내가 가장 듣기 싫어했던 말이다. 시험에서 부정행위를 하거나, 화가 나서 나쁜 말을 하거나, 운동장에서 싸움을 하거나, 지저분한 농담을 하거나, 여자애들 앞에서 잘난 척을 하다가 걸릴 때 또래 친구들(최악의 경우 선생님)에게서 받는 가장 따가운 질책은 "그런데도 너는 그리스도인이라고 말하니?"였다. 그 말은 이런 뜻이었다. "봐! 넌 우리보다 나을 게 없어. 잘난 척은. 이 위선자야!" 한 선생님의 반응은 더 냉정했다. "그건 우리가 너에게 기대하는 행동이 아니야, 크리스토퍼." 어느 쪽이든 그것은 꽤 심한 굴욕이었다. 기독교 단체에서 받은 작은 배지를 달고 자신이 그리스도인이라는 걸 드러내고 있었는데 말이다. 하지만 또 다시 단체를 실망시키고 예수님을 실망시키고 말았다.

십대 후반에 들은 말은 표현만 약간 바뀌었을 뿐 의미는 같았다. '진짜 그리스도인'이라면 하지 말아야 할 일, 가지 말아야 할 장소, 듣지 말아야 할 음악, 입지 말아야 할 옷 등 누가 보거나 들으면 신앙 간증을 망칠 수 있기 때문에 하지 말아야 할 일이 많았다. 다른 청소년들처럼 '세속적'이라면 어떻게 예수님을 따르는 사람이라는 것을 입증할 수 있을까?

물론 나는 지금 그런 종류의 기독교 문화에 건전하지 못한 율법주의가 숨어 있다는 것을 알고 있다. 실제로 어떤 사람들은 그러한 문화에 반발하여 그 문화가 보호하려 했던 신앙 자체를 거부하기도 했다. 하지만 이런 가정과 제한의 밑바탕에는 분명히 성경적 진리가 깔려 있다. 즉, 하나님의 백성이라고 주장하는 사람들이 어떻게 **살아가느냐**는 그들이 하나님의 이름을 지닌 자로서 하나님에 대해 **믿는다고** 말하는 내용의 신뢰성을 결정짓는 본질적인 요소라는 것이다. **자신을 그리스도인이라고 부르는** 사람이라면 그리스도인처럼 행동하거나 적어도 사람들이 그리스도인에게 기대하는 방식과 비슷하게 행동하는 것이 좋다. "**주님의 이름을 부르는 사람은 다 불의에서 떠나라**"(딤후 2:19, 강조는 저자)라는 구절은 우리에게 깊은 인상을 남겼고, 당연히 그래야 한다.

    십계명을 온전히 외우는 것도 내 성장 과정의 일부였다. "너희는 주 너희 하나님의 이름을 함부로 부르지(take) 못한다. 주는 자기의 이름을 함부로 부르는 자를 죄 없다고 하지 않는다"를 합창했다. 우리는 하나님의 이름을 함부로 부르는 것이 무엇을 의미하는지 알고 있었다. 그것은 바로 하나님, 예수님, 그리스도의 이름을 욕설이나 감탄사로 사용하는 것이었다. 그래서 우리는 그렇게 하지 않았다! 그리고 그렇게 하는 사람에게 매우 불쾌한 표정을 지으며 눈살을 찌푸렸다.

    다시 말하지만, 나는 말을 조심하라는 어린 시절의 훈계에 반대하지 않는다. 하지만 카먼 조이 아임스의 이 책을 읽고 나니, 저 유명한 KJV 번역가들이 좀 더 문자 그대로 번역해서 그 동사를 본래 의미대로 "너희는 주 너희 하나님의 이름을 함부로 지니지

(bear) 못한다"라고 옮겼다면 어땠을지 궁금해진다. 물론 이 번역은 "그런데도 스스로를 그리스도인이라고 부르다니!"라는 말을 들을 때 고통을 가중시켰을 수도 있다. 하지만 아임스의 말이 옳다면, 그 번역이 단순히 하나님의 이름을 말로 남용하거나 오용하는 것을 넘어 그 계명의 윤리적 측면에 훨씬 가까웠을 것이다(말로 하나님의 이름을 남용하는 것이 사소한 문제라는 뜻은 절대 아니다).

나는 카먼 아임스의 말이 옳다고 확신한다. 이 책에서 그녀의 주장[그리고 그녀가 주석학적으로 매우 자세히 주장한 논문, "시내산에서 야웨의 이름 지니기: 십계명의 이름 계명에 대한 재검토"(Bearing YHWH's Name at Sinai: A Reexamination of the Name Command of the Decalogue)]에 따르면, "야웨의 이름을 지니는 것"은 대제사장이 이스라엘 지파의 이름을 흉패에 새기고 이마에 야웨의 이름을 새기는 것과 비슷한 의미로 해석할 수 있다. 대제사장은 자신이 이름을 새긴 사람들을 양방향으로 대표한다. 마찬가지로 야웨의 이름을 지닌 사람들은 그리스도의 이름을 지닌 사람들처럼 세상 사람들 앞에서 그 이름을 대표했다. 이스라엘은 야웨의 이름을 지니고 그분의 길을 걷고 그분의 성품을 반영함으로써 야웨를 세상에 '드러내는' 백성으로 열방 가운데 살도록 부르심을 받았다. 야웨의 이름을 지니는 것은 헤아릴 수 없는 특권과 축복에 그치는 것이 아니라 윤리적이고 선교적인 책임이 따르는 일이었다. 이것은 내게 매우 의미심장하다. 신약성경과의 유사점도 분명하다.

내 이야기를 조금 더 하면 이 책의 메시지에 열광적으로 공감하는 이유를 설명할 수 있을 것 같다. 내가 태어나기 전에 부모님이 브라질에서 선교사로 일하셨기 때문에, 나는 선교사 유물이 가득한 집에서 선교사 이야기를 많이 들으며 자랐다. ("너 선교사 아들이지?!"라는 말은 아주 사소한 잘못을 저질렀을 때도 예수님은 물론이고 내 아버지께 불명예를 안겨 드리는 것 같아 더욱 따끔한 질책이었다).

나는 케임브리지 대학교에서 신학을 공부했다. 하지만 학부 시절에는 신학과 나의 선교적 관심 사이에 아무런 연관성이 없는 것 같았다. 그 후 구약 윤리를 전공하며 박사 과정을 공부했다. 구약 윤리는 연구할 게 풍부한 분야였다. 나는 현대 교회의 약점 중 상당 부분이 하나님이 이스라엘의 삶과 경전에 두신 심오한 윤리적 메시지와 원칙을 소홀히 했기 때문이라는 점을, 그리고 그 메시지와 원칙이 신약성경에서 예수님과 사도들의 윤리적 가르침의 상당 부분에 반영되어 있다는 점을 더욱 확신하게 되었다. 하지만 내가 생각할 때는 이 또한 선교와 특별히 연결되지 않았다.

그러다가 1980년대에 인도에서 5년 동안 구약을 가르쳤다. 창세기 18:18-19에서 하나님의 놀라운 독백을 접한 순간이 생생하게 기억난다.

> 아브라함은 반드시 크고 강한 나라를 이룰 것이며, 땅 위에 있는 나라마다, 그로 말미암아 복을 받게 될 것이다. 내가 아브라함을 선택한 것은, [so that] 그가 자식들과 자손을 잘 가르쳐서, 나에게 순종하게 하고, 옳고 바른 일을 하도록 가르치라는 뜻에서 한 것이다. 그의 자손이 아브라함에게 배운 대로 하면, [so that] 나는 아브라함에게 약속한 대로 다 이루어 주겠다.

19절의 단일 문장에는 세 개의 절이 두 가지 명시적인 목적을 나타내는 "so that"으로 연결되어 있다. 이를 통해 하나님의 선택(아브라함을 선택하심)과 하나님의 선교(아브라함을 통해 땅의 모든 민족이 복을 받을 것이라는 하나님의 약속의 성취)가 그 가운데 위치한 하나님의 윤리적 요구(아브라함의 공동체가 소돔과 고모라가 아닌 야웨의 길을 따라 공평과 정의를 행해야 한다는 것)를 통해 연결된다는 점을 나타낸다.

19절은 나의 성경적 사고와 가르침에서 두 가지 핵심 주제인 선교와 윤리를 머리(와 가슴)에 새겨 주었다. 선교와 윤리는 동전의 양면과 같았다. 이스라엘에 대한 하나님의 목적은 그들이 열방 가운데 야웨의 백성으로 **살면서** 예배와 기도, 일상생활에서 그분의 이름을 드러내는 것이었다. 이를 위해 그들은 주님의 길을 **걸어야** 했다. 이것이 바로 하나님이 애초에 아브라함을 택하신 이유며, 그들을 통해 궁극적으로 모든 민족에게 구원의 복을 가져다주실 수 있었던 이유다. 이 한 구절에 선교적 선택과 선교적 윤리가 숨 쉬고 있었고, 당시에는 이러한 용어가 발명되지 않았던 것 같지만, 나는 선교적 해석학을 하고 있었다.

카먼 조이 아임스가 이 책에서 하는 일이 바로 선교적 해석학이다(물론 그런 언어를 사용하진 않는다!). 카먼은 구약성경에 나오는 이스라엘의 이야기에서 그리스도인들이 다시 한 번 놀라운 진리와 깊은 도전을 만끽하도록 돕는다. 카먼은 교회 지도자들이 구약성경을 무시하거나 더 나아가 구약성경 없이도 훌륭한 그리스도인이 될 수 있다고 확신하는 것이 얼마나 끔찍한 오류인지 보여 준다. 예수님, 바울, 베드로, 야고보, 요한은 이런 생각에 경악했을 것이다.

카먼은 또한 서구 기독교를 여전히 괴롭히는 이분법, 특히 내가 말과 글에서 극복하려고 애쓰는 복음주의 공동체의 이분법이라는 어리석음을 간접적으로 드러내기도 한다. 예를 들어, '진정한 선교'가 단지 복음을 선포하는 일의 문제인지, 아니면 긍휼과 정의, 창조세계를 돌보는 일 같은 사회적, 경제적, 문화적 참여까지 포함하는지를 두고 벌어진 지루할 정도로 오래된 논쟁이 있다. 왜 하나님이 하나 되게 하신 것을 인간이 갈라놓으려 할까? 주의 이름을 입으로 선포한다 해도, 삶과 행실에서 하나님의 성품을 드러내며 그 이름을 지니지 않는다면, 그 이름을 함부로 부르는 일이 되고 말 것이다. 또한 은혜와 믿음으로만 의롭게 된다는 '복음'을 훼손할까 봐 구약성경이나 윤리적 문제, 심지어 예수님과 사도들의 윤리적 요구에 대해서까지 침묵하는 설교자들이 있다. 바울이 '믿음의 순종'이나 '복음에 순종하는 것'에 대해 말할 때, 구원과 관련하여 "우리는 하나님의 작품입니다. 선한 일을 하게 하시려고, 하나님께서 그리스도 예수 안에서 우리를 만드셨습니다. 하나님께서 이렇게 미리 준비하신 것은, 우리가 선한 일을 하며 살아가게 하시려는 것입니다"(엡 2:10) 또는 "하나님을 믿는 사람으로 하여금 선한 일에 전념하게 하기 바랍니다"(딛 3:8)라고 말할 때, 그들은 무엇을 의미한다고 생각할까? 복음과 윤리를 이분법적으로 구분하는 것은 매우 비성경적이며 그 자체로 주님의 이름을 함부로 말하는 형태라 할 수 있다.

<u>스스로를 그리스도인이라고 부르는가?</u> 그렇다면 이 책이 주님의 이름을 함부로 말하지 않고 그 이름을 우리 안에 지닌다는[새긴다는] 것이 어떤 의미인지에 대한 더 깊고 성경적인 이해를 줄 것이다.

서론

초대장

C. S. 루이스의 『새벽 출정호의 항해』는 다음과 같은 매력적인 장면으로 시작한다. 에드먼드와 루시 페벤시는 나니아처럼 흥미로운 곳에서 여름 방학을 보내는 대신 사촌 유스티스와 그의 집 위층에서 보내게 된 것을 한탄한다. 벽에 걸린 나니아의 배와 매우 흡사한 바다 위의 배 그림을 보는 순간, 그들의 슬픔은 더욱 커지고 만다. 유스티스는 남매의 대화를 엿듣고 그들의 유치한 상상력을 조롱하기 시작한다. 그는 그림이 매우 형편없다고 생각한다.

그림을 바라보던 아이들이 조용해진다. 뭔가 이상한 일이 일어난다. 물결치는 파도가 눈에 보이고, 바람이 느껴지는 것 같다. 배가 물살을 가르는 소리가 들리는 것 같고, 바다 냄새도 나는 것 같다. 그러더니 갑자기 바다의 물보라가 튀고 물이 액자를 통해 침실로 쏟아진다. 순식간에 침실은 온데간데없고 아이들은 소용돌이치는 나니아의 바다에서 숨을 헐떡인다.

의도하지 않았겠지만, 이 장면에서 루이스는 성경의 본질을 보여 준다. 언뜻 보기에 성경은 먼 옛날 멀리 떨어진 땅과 그곳 사람들에 대해 이야기하는 책일 뿐이다. 하지만 나니아의 그림처럼 자세히 들여다보면, 성경은 생생하게 살아 숨 쉬며 우리를 그 이야기 속으로 끌어들인다.

당신은 고대 이스라엘 사람들이 그들의 신 야웨를 만났던 산, 시내산에 관한 책을 손에 들고 있다. 이 책은 광야를 헤치며 혹독한 과거에서 희망찬 미래로 나아가는 이들의 이야기를 재조명한다. 이 이야기에 등장하는 사람들은 3천 년 전에 살았고, 다른 언어를 사용했으며, 완전히 다른 리듬에 따라 다른 가치관, 관습, 관심사를 지니고 살았다. 하지만 이러한 차이점이 고대 이스라엘의 이야기와 당신의 이야기 사이의 근본적인 연관성을 지울 수는 없다. 이 책을 읽으면서 당신도 영국의 더운 여름날 페벤시 아이들이 경험했던 것을 경험하길 바란다. 성경 이야기 속으로 빨려 들어가 그 이야기가 생생하게 살아 있고 당신도 그 이야기의 일부라는 것을, 즉 그 이야기가 당신의 이야기라는 것을 깨닫길 바란다.

회의론자에게 한마디

당신은 시내 광야로의 시간 여행에 대해 회의적일 수도 있다. 누군가 이 책을 손에 쥐여 주며 "꼭 읽어 봐"라고 했기에 이 책을 읽고 있을 수도 있다. 그렇다면 망설이는 것도 이해가 된다.

구약성경은 여러 가지 이유로 나쁜 평을 받아 왔다. 너무 폭력적이다. 너무 혼란스럽다. 너무 먼 이야기다. 너무 율법주의적이다. 너무 구식이다. 아, 물론 고개를 갸우뚱하게 만드는 내용 사이사이에 영감을 주는 이야기 몇 개가 끼어 있긴 하다. 우리는 이 이야기들을 꺼내 잠깐 눈길을 준 후 신약으로 넘어간다. 그러면 나머지는? 인정하고 싶지 않지만, 구약성경의 상당 부분은 지루할 뿐만 아니라 당황스럽기까지 하다. 차라리 구약성경의 상당 부분이 사라진다면 우리의 신앙을 변호하기 한결 쉬울 것이다.

이러한 양가감정의 예는 애틀랜타의 대형 교회 목사 앤디 스탠리(Andy Stanley)에게서 찾아볼 수 있다. 그는 폭넓은 인기를 누리고 있는데, 사실 그럴 만한 이유가 있다. 그는 교회에 다니지 않는 사람들을 교회로 끌어들이고 그들의 주의를 집중시켜 영적 진리를 전달하는 특별한 은사를 지니고 있다. 그는 구약성경이 예수님을 따르려는 많은 사람에게 큰 장벽이 된다는 사실을 잘 알고 있다. 그래서 그는 구약성경을 제쳐 두었다. 그가 사용한 단어는 'unhitch'(떼어 내다)였다. 사도행전 15장에 대한 설교에서 스탠리는 "[초대]교회 지도자들은 교회를 유대인 성경의 세계관, 가치 체계, 규정에서 떼어 냈습니다.…우리도 그래야 합니다"라고 한 후 "구약성경은 교회의 모든 행동에 관한 근거가 될 수 없습니다"라고 주장했다. 같은 설교에서 그는 "구약성경을 읽을 때, 옛 언약을 읽을 때, 이스라엘의 이야기를 읽을 때…여러분은 별로 은혜를 받지 못합니다"라고까지 말했다.[1)]

하지만 출애굽기를 읽어 보면 은혜가 넘쳐 난다. 스탠리도 이 사실을 깨달았다. 논란이 된 설교를 한 지 몇 달 후 마이클 브라운 박사와의 인터뷰에서, 그는 **제대로 이해된** 구약성경이 아닌 사람들이 상상해 온 구약성경에서 청중을 '떼어 내기를' 원한 것이라고 해명했다.[2)] 다시 말해, 사람들이 부활하신 주님께 사로잡힐 때까지만 구약성경을 **잠시** 제쳐 두려 한 것이다. 예수님을 만나면,

그들도 예수님이 사랑하신 구약성경의 가치를 재발견하게 될 것이기 때문이다.

이 책을 통해 나는 다른 접근 방식을 취하려 한다. 나는 그리스도인에게 구약성경이 나중이 아니라 **지금** 필요하다고 믿는다. 구약성경에서 손을 떼기보다 구약성경을 다시 집어 들어야 예수님이 누구신지, 무엇을 하러 오셨는지 제대로 이해할 수 있다고 믿는다. 아무런 안내도 없다면, 우리는 구약성경이 끔찍한 짐이라고 쉽게 결론을 내리고 그것을 멀리하고 싶을지 모른다. 우리에게는 구약성경이 신앙생활에 주는 지속적인 가치를 깨닫도록 도와줄 경험 많은 안내자가 필요하다. 나는 구약성경에 생명을 불어넣는 데 도움을 준 여러 안내자를 만났다. 이 책을 통해 나와 그들의 중요한 통찰을 독자들에게 전수하려 한다. 이 책을 읽는 동안 구약성경과 그리스도인의 관련성에 대한 생각이 바뀌기 바란다.

우리에게는 특히 구약의 율법을 이해하는 데 도움이 필요하다. 우리는 대부분 "율법"이라는 단어를 들을 때 호감이 생기지 않는다. 지루하고, 무의미하고, 원시적이고, 가혹하고, 가부장적이고, 민족 중심적이고, 잔인하다는 등의 비난이 쏟아진다. 법은 건조하고 지루하며, 오히려 우리가 누려야 할 자유를 빼앗아 간다. 법 때문에 가장 편리한 장소에 주차할 수 없고 공항 보안 검색대에서 신발을 벗어야 한다. 법은 우리의 행동을 제약한다. 특정한 곳에 오르지 못하게 하거나, 어떤 곳에 앉지 못하게 한다. 또 어떤 곳에서는 큰 소리로 말하지 못하게 한다. 휴대전화를 조용히 사용해야 하고, 사진 촬영을 금해야 한다. 껌을 씹으면 안 되고, 외부 음식이나 음료를 반입하지 않아야 한다. 차창 밖으로 손을 내밀어서도 안 된다.

그래서 율법에 대한 모세의 반응은 우리를 당황스럽게 만든다. 모세는 수만 명의 노예들과 광야를 헤매다 지쳐서 모든 것을 잃었다. 그들은 배고픔과 목마름에 시달렸고, 도중에 공격을 받기도 했다. 그들은 주님이 불붙은 떨기나무에서 모세에게 처음 말씀하시고 자기 백성을 이집트에서 구출하겠다고 약속하신 시내산 기슭에 진을 쳤다. 모세는 백성을 이집트에서 인도하라는 하나님의 지시를 수행한 후 다시 하나님과 대화하기 위해 산에 올랐다. 이제 막 여정을 마친 사람들에게 하나님이 주신 것이 **규칙**이라니?

나는 모세가 조금은 반박할 줄 알았다. "음…주님, 지금은 우리를 축복하실 때 아닌가요? 아니면 적어도 우리에게 휴식을 주셔야 하는 게 아닐까요? 이 사람들은 먼 길을 걸어왔고 솔직히 힘든 시간을 보냈습니다. 이들에게 필요한 건 휴식입니다. 좀 여유를 주시면 안 될까요? 이제 막 자유를 맛본 이들에게 이렇게나 많은 규칙을 지우는 게 과연 공정하다고 생각하시나요? 나중에 하시면 안 될까요?"

하지만 모세가 이해한 것처럼, 다른 나라들은 이스라엘이 시내산에서 받은 율법을 질투하게 될 것이다.

보십시오, 내가, 주 나의 하나님이 나에게 명하신 대로, 당신들에게 규례와 법도를 가르쳐 주었습니다. 당신들이 들어가 차지할 땅에서 당신들이 그대로 지키도록 하려고 그렇게 가르쳤습니다. 당신들은 이 규례와 법도를 지키십시오. 그러면 **여러 민족이, 당신들이 지혜롭**

고 슬기롭다는 것을 알게 될 것입니다. 그들이 이 모든 규례에 관해서 듣고, **이스라엘은 정말 위대한 백성이요 지혜롭고 슬기로운 민족이라고 말할 것입니다. 주 우리의 하나님은 우리가 기도할 때마다 우리 가까이에 계시는 분이십니다. 이와 같은 하나님을 모신 위대한 민족이 어디에 또 있겠습니까?** 오늘 내가 당신들에게 주는 이 모든 율법과 같은 바른 규례와 법도를 가진 위대한 민족이 어디에 또 있겠습니까? (신 4:5-8, 강조는 저자)

지혜? 질투? 모세의 말이 이상하게 느껴진다면 시내산에서 실제로 무슨 일이 벌어지고 있는지 파악하지 못했기 때문이며, 시내산을 다시 살펴볼 필요가 있다. 그렇기에 우리는 시내산에서 1부를 시작하려 한다. 먼저, "시내산이 왜 중요한가?"라는 질문을 던져 보겠다. "왜 우리가 그곳에서 일어나는 일에 관심을 가져야 할까?" 이러한 질문은 시내산 체험의 배경이 되는 내러티브 틀을 통해 답을 찾을 수 있다. 시내산 체험에 앞서 등장하는 광야 이야기는 시내산 체험에 뒤따르는 광야 이야기와 유사하다. 이러한 문학적 맥락 덕분에 시내산은 토라(성경의 처음 다섯 권으로 '오경'이라고도 함)의 정점이자 이후 모든 이야기의 의제를 설정하는 사건으로 자리 잡았다.

큰 틀이 잡히면 1부의 나머지 부분에서는 '화법'(painting) 자체에 대해 살펴볼 것이다. 시내산 이야기는 출애굽기 19장부터 민수기 10장까지 총 57장에 걸쳐 기록되어 있다. 여기서 많은 일이 일어나며, 이 일들은 이스라엘의 정체성과 소명을 형성하는 데 매우 중요한 역할을 한다. 시내산이 없다면, 이스라엘은 하나님의 백성이 될 수 없다(우리도 마찬가지다. 하지만 그건 너무 앞서가는 이야기다). 사람들은 대부분 그곳에서 일어난 가장 유명한 선언인 십계명에 대해 어느 정도 알고 있다. 그럼에도 십계명의 목적과 의미에 대한 오해가 많다. "주 너희 하나님의 이름을 함부로 부르지 못한다"(출 20:7)는 명령, 즉 가장 많이 잘못 해석된 한 가지 명령에 초점을 맞춰 이러한 오해 중 몇 가지를 짚어 보겠다. 그런 다음 하나님이 거하실 장막을 짓는 지침을 포함하여 하나님의 언약적 기대치를 제시하는 다른 율법들을 살펴볼 것이다.

이제 2부로 넘어간다. 시내산 이후의 이야기를 통해, 이스라엘이 어떻게 하나님의 백성으로 살아가는 데 실패하는지, 예언자들이 어떻게 미래의 언약 갱신에 대한 희망을 품는지, 예수님이 어떻게 야웨의 이름을 전하는 자로서 하나님 백성의 소명을 받아들이시는지, 그리고 비유대인인 우리가 어떻게 그 이야기에 포함되며, 이를 통해 어떻게 본래 의도된 모습으로 회복될 수 있는지 다루려 한다. 신약 시대의 교회는 윤리적 성찰을 위한 주요 원천으로 구약성경을 거듭해서 찾는다. 그들은 구약의 하나님 백성과 연속성을 지니고 있으며, 열방을 향해 하나님을 대표하는 사명을 이어 가고 있다고 생각한다. 우리가 믿음의 가족에 합류할 때, 그들의 이야기는 우리 이야기가 된다.

야웨(Lord)는 누구인가?

오해가 없도록 처음부터 한 가지를 명확히 하려 한다. '하나님'(히브리

어로 '엘로힘')과 '주님'(개역개정은 "여호와", 히브리어로 '아도나이')은 이름이 아니다. '엘로힘'은 영적 영역에 속한 존재의 범주로, 천사도 '엘로힘'이며 다른 나라의 신들도 '엘로힘'이다. '아도나이'는 인간이든 신이든 '주인'을 의미하는 칭호다. 두 단어 모두 이스라엘의 신을 묘사할 수 있다. 하지만 이스라엘의 신은 자신의 이름을 밝히면서 이스라엘 백성들이 자신을 개인적으로 "야웨"라고 부르도록 초대하셨다.

오늘날 학자들은 하나님의 이름을 어떻게 발음해야 하는지 정확히 모른다. 왜냐하면, 히브리어로 네 개의 자음, YHWH만 주어졌기 때문이다. 후대에 유대인들은 경건한 마음으로 신성한 이름인 YHWH를 다른 단어로 대체하는 관습을 채택했다. 성경 본문을 읽을 때 YHWH를 "주님"을 뜻하는 '아도나이'라고 부르거나 '이름'을 뜻하는 '하쉠'이라고 불렀다. 유대인 서기관들은 사람들에게 하나님의 이름을 말하지 말라고 상기시키기 위해 '아도나이'의 모음을 YHWH의 자음에 붙여서 YaHoWaH라는 말도 안 되는 단어를 만들어 냈는데, 이는 사람들에게 '아도나이'라고 말하도록 상기시키기 위한 것이었다. 그 후에도 고대 히브리어를 읽으려는 기독교 학자들은 이 말도 안 되는 단어를 '여호와'로 발음했다. 영어 성경 번역본은 히브리어 YHWH를 모두 대문자로 표기하는 유대인의 전통을 따랐으며, 그 이름의 발음을 피하기 위해 LORD로 표기한다.

이 책(혹은 당신의 영어 성경)에서 LORD를 볼 때마다 하나님의 인격적인 이름인 야웨를 의미한다는 것을 기억하라.

더 깊이 생각하기

성경을 처음 접하거나 전체적인 스토리에 익숙하지 않다면 읽기를 잠시 멈추고 이 책의 '부록'을 확인하라. 거기에는 성경의 메시지를 이해하는 데 도움이 되는 바이블 프로젝트의 동영상 링크가 있다. 처음 두 개의 동영상은 다음 장으로 넘어가기 전에 특히 도움이 될 것이다. 성경에 꽤 익숙한 독자에게는 세 번째 동영상을 추천한다. 세 영상 모두 세부적인 내용을 살펴보기 전에 큰 그림을 그리는 데 도움이 될 것이다. 스마트폰이나 태블릿으로 QR 코드를 읽을 수 있다면 바로 동영상으로 이동할 수 있다. 또는 검색창에 동영상 제목이나 url을 입력하면 바이블 프로젝트의 도움으로 성경을 생생히 이해하게 된 많은 사람들과 함께할 수 있다. '부록'에서 책의 각 장과 관련된 다른 동영상도 찾을 수 있다. 물론 이 동영상이 각 장을 훌륭하게 보완하지만, 이것을 바이블 프로젝트의 추천으로 여겨서는 안 된다.

1부

하나님의 이름을 지닌 백성 되기

1 이집트를 떠나며

은혜로서의 구원

문맥이 가장 중요하다

구약의 율법과 관련해 가장 흔하게 저지르는 실수는 율법의 문맥을 무시하는 것이다. 많은 기독교인들이 구약 시대에는 이스라엘 백성이 시내산 율법을 지켜야 구원을 얻었지만, 예수님은 그런 개념을 없애고 값없이 구원을 얻게 하셨다고 가정한다. 이것은 구약성경에 대한 매우 불행한 풍자이지만, 이야기를 자세히 살펴보면 쉽게 풀릴 수 있다. 출애굽기 19장에서 이스라엘은 시내산에 도착한다. 그곳에서 야웨는 그들에게 율법을 주실 것이다. 그러나 하나님이 이스라엘 백성을 이집트에서 정교하게 구출하시는 일은 출애굽기 3-14장에서 일어난다. 만약 율법이 구원의 전제 조건이었다면, 이집트에서 모세가 다음과 같이 광고하지 않았겠는가? "여러분, 좋은 소식이 있습니다! 야웨께서 여러분을 바로의 노예에서 해방시켜 주실 계획입니다. 단 한 가지 문제가 있습니다. 여러분은 이 규칙에 따라 사는 데 동의해야 합니다. 이 조건에 동의한다고 서명만 하면 야웨께서 바로 실행에 옮기실 겁니다. 서명하실 분?"

물론 이런 일은 일어나지 않는다. 그 대신 하나님은 광야에서 모세에게 나타나 당신의 인격적인 이름인 야웨를 알려 주시고 이집트의 압제 가운데 살고 있는 백성들을 위한 메시지를 주신다.

> 가서 이스라엘의 장로들을 모아 놓고, 그들에게 일러라. '주 너희 조상의 하나님 곧 아브라함과 이삭과 야곱의 하나님이 나에게 나타나셔서 말씀하셨다' 하고 말하면서 이렇게 전하여라. '내가 너희의 처지를 생각한다. 너희가 이집트에서 겪는 일을 똑똑히 보았으니, 이집트에서 고난받는 너희를 내가 이끌어 내어, 가나안 사람과 헷 사람과 아모리 사람과 브리스 사람과 히위 사람과 여부스 사람이 사는 땅 곧 젖과 꿀이 흐르는 땅으로 올라가기로 작정하였다' 하여라. (출 3:16-17)

야웨는 그들의 집에 우상이 있는지 확인하거나 그들의 도덕성을 검사하지 않고 "팔을 펴서 큰 심판을 내리면서"(출 6:6) 그들을 구출하셨다. 하나님의 구원은 그들의 의로움보다 하나님의 성품과 그들의 조상 아브라함과 하신 약속과 관련이 있다. 사실, 하나님은 아브라함과 그의 자손들에게 순종해야 할 지침을 주셨지 영구적인 행동 강령을 주시지는 않았다.

하나님은 창세기에서 아브라함과 언약을 맺으셨다. 하늘의 별처럼 많은 자손을 약속하셨고(창 15:5), 광활한 땅을 약속하셨다(창 15:18-21). 또한 이스라엘이 장차 이집트에서 노예로 살게 될 것에 대해서도 말씀하셨다.

주님께서 아브람에게 말씀하셨다. "너는 똑똑히 알고 있거라. 너의 자손이 다른 나라에서 나그네살이를 하다가, 마침내 종이 되어서, 사백 년 동안 괴로움을 받을 것이다. 그러나 너의 자손을 종살이하게 한 그 나라를 내가 반드시 벌할 것이며, 그 다음에 너의 자손이 재물을 많이 가지고 나올 것이다."(창 15:13-14)

이제 그들에게 말씀하신 시간이 다 되었다. 야웨는 자신의 계획을 실행에 옮기실 준비가 되었다. 아브라함의 자손은 큰 무리가 되었고(출 1:7 참조), 이제 곧 구출될 것이다. 유일한 요구 사항은, 각 가족이 함께 어린 양을 잡아 그 피를 문설주에 바르는 것이었다. 이는 하나님이 그들을 멸망시키는 사자로부터 보호해 주신다는 표징이었다.[1]

시내산이 무엇을 상징하든 그것이 구원의 전제 조건이 될 수는 없다. 시내산에 도착했을 때 이스라엘은 이미 구원을 받았다. 시내산의 율법이 무엇을 위한 것인지 이해하려면 율법이 언제, 어디서, 어떻게 주어졌는지 진지하게 생각해야 한다. 그리고 타이밍이 가장 중요하다.

유월절

> 우리는 이 사건을 '유월절'로 알고 있지만, 영어 단어 'Passover'는 출애굽기 12:13에 나오는 히브리어 '파사크'(*pasakh*)에 대한 훌륭한 번역이 아니다. 'Passover'는 야웨께서 그들을 '지나쳐' 가시고 그분의 관심이 다른 곳에 있다는 인상을 준다. 이 단어에는 '지나치다'라는 뜻도 있

지만, 이 문맥에서는 '보호하다'라는 뜻이 더 적합하다. 야웨는 하나님의 심판을 수행하도록 위임받은 사자로부터 히브리 가정을 보호하거나 덮으신다.[2] 야웨가 자신의 백성을 은혜롭게 보호하시는 것은 그들을 구원하시겠다는 약속에 대한 신실함을 보여 준다. 출애굽기 12:23, 27; 이사야 31:5에도 '파사크'가 '지나가다'가 아니라 '덮다' 또는 '보호하다'라는 의미로 사용된 예가 있다.[3]

시내산 내러티브의 프레임: 광야 여정

레오나르도 다빈치의 그림 〈최후의 만찬〉을 본 적이 있을 것이다.

그림 1.1. 다빈치의 〈최후의 만찬〉

이 그림에서 예수님은 긴 식탁 중앙에 앉아 계시고 양옆으로 제자 여섯 명이 세 명씩 무리를 지어 앉아 있다. 중요한 건 열두 제자가 아니라 예수님이다. 예수님이 초점의 중심이다. 모든 원근법이 예수님의 얼굴을 향하고 있으며, 예수님 뒤로 창문이 프레임을 형성하고 있다. 창문 양옆에는 창문과 네 개의 기둥이 있어, 보는 이의 시선을 중앙으로 끌어당긴다. 이 프레이밍 기법은 시각 예술에만 효과적인 것이 아니라 이야기에도 효과적이다.

문화권마다 이야기가 어떻게 전개되어야 하는지에 대한 기대치가 다르다. 서양 전통에서는 클라이맥스가 마지막에 나온다. 다른 문화권에서는 이야기를 다르게 전개하는데, 어떤 문화권에서는 클라이맥스가 정중앙에 있다. 이 기법은 '링 구조'(ring structure), '거울 이미지 기법'(mirror imaging) 또는 '키아즘'(chiasm: 교차 대구법—옮긴이)이라고도 불리며, 고대 글쓰기에서 흔히 사용되었다. 나는 이를 문학적 샌드위치라고 부르고 싶다. 키아즘의 클라이맥스가 항상 가운데 있는 것은 아니지만, 내러티브의 전환점은 가운데에 있는 경우가 많다.[4]

창세기 6-9장에 나오는 홍수 내러티브는 규모가 작은 거울 이미지 기법의 예다. 이야기가 전개되는 방식은 실제 사건의 흐름을 반영하듯, 물이 차오르고 빠지는 움직임과 이야기의 대칭적인 전개가 서로 맞물려 있다. 키아즘, 즉 문학적 샌드위치 구조의 중심은 신학적 전환점이기도 하다. 이 내러티브에서는 "하나님이 노아를 돌아보실 생각을 하셨다"(창 8:1)가 구조의 중심이다.[5]

이스라엘의 시내산 장막 직전과 직후의 광야 이야기를 자세히 살펴보면 놀라운 사실을 발견할 수 있다. 이 이야기들은 의도적으로 서로를 반영하여 우리의 초점을 중앙의 시내산으로 끌어

당기는 내러티브 프레임을 만들어 낸다(그림 1.2 참조). 시내산 교훈을 출애굽 이야기의 지루한 부록으로 생각하고 싶었다면, 이 프레임 기법을 통해 착각에서 깨어날 수 있다. 토라의 일부분만 읽으면 그 내용을 놓칠 수 있다. 하지만 큰 텍스트 덩어리를 한 번에 읽으면 그 안에 무엇이 있는지 알 수 있다. 그 결과 시내산 내러티브는 토라의 꽃, 즉 초점의 중심으로 자리 잡게 된다. 무슨 말인지 살펴보자.

민수기 33장은 이스라엘이 이집트에서 가나안까지 이동한 전체 여정을 보여 준다. 그 본문에는 이스라엘 백성이 장막을 쳤던 마흔두 개의 장소가 언급된다. 그러나 시내산 전후의 여정을 실제로 묘사한 이야기(출 12-18장과 민 11-32장)를 자세히 읽어 보면, 양쪽 모두에 장막을 친 여섯 개의 장소만 언급되고, 각각 "그리고 그들이 떠났다"라는 동일한 히브리어 구절로 시작된다는 것을

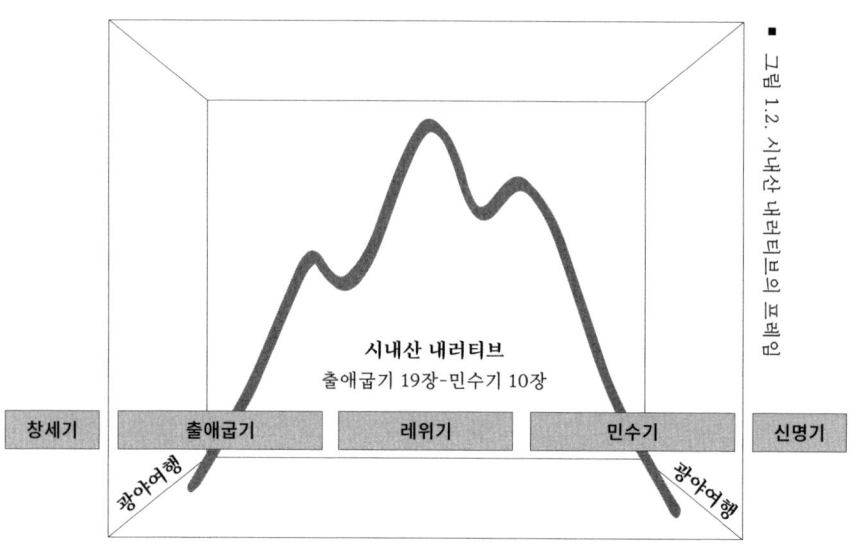

그림 1.2. 시내산 내러티브의 프레임

알 수 있다.[6] 이것은 한 기록이 다른 기록보다 신뢰할 만하다는 것을 의미하지 않는다. 여정과 내러티브는 서로 다른 목적을 지니고 있다. 여름에 떠난 장거리 여행 스크랩북을 만든다면 전체 여행 일정이 담긴 페이지를 포함할 수 있다. 하지만 여행 중에 들른 모든 장소에서 멋진 사진을 찍는 것은 불가능하다. 게다가 다른 장소보다 중요하게 여기는 장소가 있다면, 스크랩북에서 더 많은 지면을 차지할 것이다. 이스라엘도 마찬가지다. 내레이터는, 다빈치의 〈최후의 만찬〉에 나오는 예수님처럼, 시내산 앞과 뒤에 각각 여섯 개의 대표적인 장막 장소를 선정하고 시내산을 가운데 배치했다. 의도적으로 시내산을 중앙에 배치해 시선을 집중시키는 것이다. 하지만 이것은 문학적 대칭의 시작에 불과하다.

여정에는 시내산 이전과 이후 일곱 번이나 "광야"가 언급되어 있다. 시내산으로 가는 길에 하나님이 만나와 메추라기를 공급하신 이야기(출 16장)와 두 번의 물 요청을 들어주기 위해 바위에서 물이 솟게 하신 이야기(출 17:1-7)가 나온다. 시내산 이후는 어떨까? 만나와 메추라기에 관한 이야기(민 11장)와 두 번의 물 요청을 들어주기 위해 바위에서 물이 솟게 하신 이야기(민 20:1-16)가 같은 패턴으로 나온다. 이집트에서 가나안으로 이동하는 동안 하나님이 광야에서 날마다 만나를 주셨고(출 16:35), 분명히 백성들은 정기적으로 물을 마셔야 했을 테지만, 내레이터가 선택적으로 들려주는 이야기는 시내산을 가리키는 문학적 프레임 효과에 기여한다.

그뿐만이 아니다. 하나님의 사자는 시내산 이전과 이후 두 차례에 걸쳐 히브리 사람들을 이방의 왕으로부터 보호한다(출

14:19-20; 민 22:21-35). 시내산 이전에는 이스라엘이 아말렉 족속과 싸운다(출 17:8-16). 시내산 이후에도 이스라엘이 아말렉 족속과 싸운다(민 14:39-45). 시내산 전후에 모세는 미디안 사람을 만나 안내를 받는다(출 18장; 민 10:29-32). 시내산 전후에 모세는 리더십을 감당해야 하는 부담을 느껴(출 18:17-18; 민 11:10-15) 다른 사람들에게 그 책임을 위임하기 시작한다(출 18:24-26; 민 11:16-17). 이 예는 의도적으로 인용한 것이다. 민수기 11장에서 모세는 출애굽기 18장에 나오는 이드로의 언어를 명시적으로 재사용한다. 이드로는 모세의 리더십 책임에 대해 말하면서 "이 일이 자네에게는 너무 힘겨운 일이어서, 자네 혼자서는 할 수 없네"(출 18:18)라고 한다. 그리고 모세는 시내산에서 "저 혼자서는 도저히 이 모든 백성을 짊어질 수 없습니다"(민 11:14)라고 말하며 이드로의 말을 받아들인다.

또한 민수기 14장에 나오는 정탐꾼의 보고에 대한 이스라엘 백성의 반응은 홍해를 건너기 전 바로 군대에 대한 반응(출 14:10-12)과 유사하다. 두 상황 모두에서 그들은 이집트를 떠난 것을 한탄한다. 시내산 이전과 이후에 일어난 이야기가 이렇게 비슷하다면, 이스라엘이 산에서 보낸 1년 동안 어떤 변화가 있었는지 궁금해지기 시작할 것이다. 실제로 변화가 있었다.

고립된 공간: 하나님 백성이 되어 가는 장소

시내산 이전과 이후의 유사성에도 불구하고 큰 변화가 일어났다. 히브리 사람들 중에는 더 나은 삶을 찾아 이집트를 탈출한 난민과 노예 출신이 섞여 있었다. 그들은 잘 조직된 군대가 되어 지파별로 등록하고 행진하며 시내산을 떠났다. 하지만 변화는 쉽지 않았다. 광야 여정 초반에는 큰 질문들이 그들을 괴롭혔다. 우리는 안전할까? 어디로 가는 걸까? 메뉴는 뭘까? 누가 책임자이지? 야웨는 어떤 신일까? 야웨는 우리에게 무엇을 기대하실까?

하이킹을 하다 길을 잃어 본 사람이라면 충분히 공감할 것이다. 도착하고 싶은 곳은 분명한데, 현재 어디를 향하고 있는지 몰라 어떻게 가야 할지 알 수가 없는 것이다. 또는 인생에서 길을 잃고 지나온 곳과 가고 싶은 곳 사이에 갇혀 있다고 느꼈을 수도 있다. 자신이 무엇을 하고 싶은지 알지만 그 목표를 달성하는 데 필요한 동력을 얻지 못하는 경우다. 이러한 상태를 설명하는 단어가 있다. 바로 경계성(liminality)이다. 이 단어는 '문턱'을 의미하는 라틴어 '리멘'(limen)에서 유래했다.[7] 방에 들어가지도 나오지도 못한 채 문 앞에 서 있는 자신을 상상해 보라. 그곳이 바로 경계 공간이다. 예를 들어 공항도 경계 공간이다. 아무도 그곳에 살지 않는다. 우리는 모두 다른 곳으로 가는 길에 지나치는 중이다.

처음으로 경계성에 대해 이야기하기 시작한 사람은 인류학자들이었다. 그들은 누군가의 지위나 정체성을 바꾸는 의식의 한 단계를 설명하기 위해 이 단어를 사용했다. 사회학적으로 말하자면, 경계 공간은 사회적 지위를 잃고 타인에게 의존하는 존재로 전락하는 과도기적 공간이다. 성인식부터 장례식까지, 전 세계의 모든 인간 의식에는 경계성이라는 요소가 포함되어 있다. 이후 경계성은 심리학, 정치, 대중문화, 종교 등에도 광범위하게 적용된다. 잠시 후 이스라엘의 경계성 경험을 살펴보겠다. 하지만 그 전에 우리 모두가 경계성을 경험하는 방식에 대해 생각해 보았으면 한다. 예를 들어, 결혼식은 신랑과 신부를 분리시켜 제한적인 공간에 머무르게 한다. 결혼식이 진행되는 동안 신랑과 신부는 결혼한 것도 미혼인 것도 아니다. 그들은 새롭고 상징적인 옷을 입고 반지, 촛불, 서약, 키스 등 새로운 삶을 함께할 다른 상징을 살핀다. 하객들은 주례자가 두 사람을 "남편과 아내"로 선언하고, 그 둘이 새로운 정체성을 가지고 공동체에 다시 합류하는 것을 환영하면서 그들의 신분 변화를 목격한다.

여성은 임신하면 경계에 도달한다. 그녀는 공식적으로 모성의 문턱에 서 있지만 아직 야간 수유, 기저귀, 훈육, 유모차 밀기, ABC 노래 부르기 등 대부분의 측면을 경험하지 못했다. 경계성은 일반적으로 일시적이지만 장기화될 수도 있다. 나의 첫 임신은 유산으로 끝났다. 임신은 했지만 안을 아이가 없는 이상한 처지에 놓인 것이 슬픔의 일부였다. 그해 어머니의 날은 특히 어색하고 고통스러웠다. 내가 엄마였을까 아니었을까? 나는 어느 쪽에도 속하지 않았다.

경계성을 즐기는 사람은 거의 없다. 우리는 본능적으로 질서와 소속감, 예측 가능성을 추구한다. 그 어색한 어머니의 날이 지난 몇 달 후 나는 다시 임신을 했고, 행복하게도 그 무기력한 상태를 벗어날 수 있었다. 신분의 모호함이 해결되자 슬픔은 대부분 해소되었다. 하지만 어떤 사람들은 그렇게 운이 좋지 않다. 이민자나 난민은 합법적으로 일하거나 체류할 수 있는 서류가 없어 항상 이방인처럼 느끼고, 뿌리를 내려야 할지 짐을 꾸려야 할지 모르는 불안한 상태에서 오랜 시간을 보내기도 한다.

대학은 의도적으로 경계성을 만든다. 학생들은 집을 떠나 완전히 새로운 환경에서 새로운 기대와 역할을 부여받는다. 교수진과 교직원의 도움으로 학생들은 자신의 정체성을 재구성하고 소명을 발견하기 위해 자신을 면밀히 살핀다. 하지만 이들이 계속 대학에 머무는 것은 아니다. 이제 어느 정도 적응했다고 느낄 때쯤이면 '현실 세계'로 내몰려 본격적인 성인으로서 다시 시작해야 한다. 졸업은 학계와 외부 세계 사이의 전환을 기념하기 위해 고안된 의식이다. 어느 정도는 사회에서 새로운 역할을 수행할 수 있는 자격을 부여함으로써 학생들을 재정의한다. 졸업생들은 식장을 건너면서 인생의 새로운 계절로 가는 문턱을 넘는다.

이스라엘에게 이집트에서 가나안으로 가는 광야 여정은 경계 공간이다. 광야는 단순히 **통과하는** 장소를 넘어 이스라엘이 **되어 가는** 작업장이다. 광야는 그들을 자신으로 만들어 주는 일시적인 목적지다. 경계 공간은 항상 이런 역할을 한다. 우리를 변화시킨다.

이스라엘 자손은 이집트의 노예 생활에서 해방되었지만 아직 최종 목적지에 도착하지 못했다. 자신이 누구인지, 어떻게 생존해야 하는지, 앞으로 어떤 일이 벌어질지에 대해 알고 있던 모든 것이 이집트를 탈출하던 운명의 밤에 사라졌고, 그들은 취약하고 불확실한 상황에 놓이게 된다. 그들은 새로운 체제에서 어떻게 살아야 할지 모른다. 그러나 하나님은 그들을 경계 공간에서 약속하신 땅으로 인도하기 위해 서두르시지 않는다. 그들은 아직 준비가 되지 않았다. 이 공허한 공간에 있을 때 야웨께서 말씀하신다. 야웨는 인간 존재의 근본적인 질문에 놀랍고 새로운 방식으로 답하시며, 지도자, 인도, 보호, 공급에 대한 그들의 요구에 대한 해결책으로 자신을 제시하시고, 그분의 백성으로서의 정체성과 소명에 대한 열쇠로 자신의 이름을 계시하신다. 야웨는 그분을 신뢰함으로써 새로운 방향으로 걸어가도록 이스라엘 자손을 초대하신다. 시내산은 그들의 경계 경험의 일부다. 시내 광야에서 그들은 정신을 혼미하게 만드는 이집트와 가나안의 방해 요소로부터 자유로워진다. 고립된 상태에서 그들은 하나님의 음성을 들을 수 있다. 이전의 정체성을 잃은 그들은 본래의 모습으로 거듭날 준비가 되어 있다.

우리는 안전한가? 안전 찾기

우리는 이스라엘의 광야 방황으로부터 수 세기나 떨어져 있지만, 인간의 기본적인 본능을 많이 공유하고 있다. 이스라엘 자손들처럼 우리도 밤에 안전하게 눈을 감고 잠들 수 있을지 알고 싶어 한다. 불확실성은 불안을 낳는다.

학생들과 함께 광야 이야기를 읽으면서 가장 많이 받는 질문은 바로 이것이다. "이스라엘 자손들은 어쩜 그렇게 빨리 하나님의 구원 능력을 잊을 수 있었을까요?" 이집트에서 열 차례의 극적인 재앙을 목격하고, 자기 집 식구들은 그 재앙에서 살아남았으며, 이웃들이 여정을 위해 기꺼이 은과 금과 옷을 내주었고, "나가라!"라는 바로의 명령까지 들었던 그 사람들이 바로가 맹렬히 추격하자마자 금세 태도를 바꿔 버린다. 히브리 사람들은 겁에 질렸다. 그들은 외친다.

"이집트에는 묘 자리가 없어서, 우리를 이 광야에다 끌어내어 죽이려는 것입니까? 우리를 이집트에서 끌어내어, 여기서 이런 일을 당하게 하다니, 왜 우리를 이렇게 만드십니까? 이집트에 있을 때에, 우리가 이미 당신에게 말하지 않았습니까? 광야에 나가서 죽는 것보다 이집트 사람을 섬기는 것이 더 나으니, 우리가 이집트 사람을 섬기게 그대로 내버려 두라고 하지 않았습니까?" (출 14:11-12)

이러한 반응에 놀란다면, 그것은 우리가 경계 공간의 방향 감각 상실 효과를 과소평가하고 자신의 안정성을 과대평가하기 때문이다. 아마 다음의 사고 실험이 도움이 될 것이다. 자신이 대학생이라고 상상해 보라. 어느 날 교수님이 특별한 발표를 하며 수업을 마친다. "여러분! 환상적인 소식이 있습니다. 한 기부자가 올해 여러분의 나머지 등록금과 지금까지 쌓인 학자금 대출금을 모두 갚아 주기로 약속했습니다."
이 말이 사실이라는 것을 깨닫자, 놀랐던 학생들은 모두 기뻐한다. 교실은 기쁨의 환호성과 안도의 눈물로 가득 찼다. 소란이 가라앉자 교수님이 몇 가지 지침을 내린다. "기부자의 제안을 받고 싶은 사람은 모두 소지품을 챙겨서 나를 따라오세요." 학생들은 당연히 가방을 챙겨 따라간다. 어떻게 이 기회를 놓칠 수 있겠는가! 하지만 어디로 데려가는지는 알 수 없다. 학생들은 복도로, 뒷계단으로, 카페테리아 뒤쪽 인도를 따라 주차장으로 내려간다.

"여기서 기다려요." 교수님이 말씀하신다. "금방 돌아올게요."

교수님은 관리동 건물로 가시더니 오랫동안 사라지셨다. 처음 몇 분 동안은 모두 교수님이 어디로 가셨는지, 얼마나 오래 기다려야 하는지 궁금해하며 즐거워한다. 하지만 시간이 흐르고 해가 중천에 뜨자, 배에서 점심시간임을 알리는 신호가 온다. 기다리는 시간이 길어질수록 이게 장난은 아닌지 의심이 들기 시작한다. 어딘가에 몰래 카메라가 설치되어 있어서 나의 순진한 모습을 찍고 있는 건 아닌지 목을 빼고 두리번거린다.

이런 일이 당신에게 일어난다면 어떨 것 같은가? 당신이라면, 교수님이 다시 나타나실 때까지 주차장에서 얼마나 오래 기다리릴 수 있겠는가? 교수님이 한 말의 진정성을 얼마나 빨리 의심하기 시작하겠는가? 피곤하고 배가 고프거나 일이 어떻게 진행될지 상상할 수 없을 때, 멋진 약속은 훨씬 믿기 어려워진다. 에이브러햄 매슬로(Abraham Maslow)는 1943년에 발표한 에세이에서 그런 주장을 펼쳤으며, 이 글을 통해 '욕구 단계설'(Hierarchy of Needs)이 대중화되었다.[8] 그는 생리적 욕구(음식, 물, 공기, 수면)와 안전에 대한 욕구 같은 특정 욕구가 기본적이라고 주장했다. 이러한 욕구가 충족되지 않으면 사람들은 사랑, 존경, 자아실현과 같은 더 높은 수준의 욕구에 집중할 동기를 잃게 된다. 어떤 사람들은 매슬로의 단계가 집단주의 사회가 아닌 개인주의 사회를 반영하기 때문에 이스라엘 자손의 광야 방황을 이해하는 데 적절하지 않다고 비판하기도 한다. 또한 매슬로의 인본주의적 관점에도 동의하지 않을 수 있다. 그는 인간의 모든 욕구가 본질적으로 선하다고 주장하며, 그러한 욕구에 대한 우리의 성향이 죄로 인해 얼마나 타락할 수 있는지를 인식하지 못했다. 매슬로의 가정과 달리, 우리는 모든 욕구를 충족시키려고 노력해도 우리가 의도한 사람이 되지 못한다. 하지만 그의 전반적인 생각은 도움이 된다. 음식, 물, 안전한 거주지와 같은 기본적인 욕구가 충족되지 않으면 사람들은 가치나 신념 또는 기회에 대한 고차원적인 사고와 관련된 약속에 대해 금방 관심을 잃게 된다. 모세가 이집트에서 이스라엘 자손에게 구원에 대한 하나님의 위대한 약속을 전달했을 때를 기억하는가? "모세가 이스라엘 자손에게 이와 같이 전하였으나, 그들은 무거운 노동에 지치고 기가 죽어서, 모세의 말을 들으려고 하지 않았다"(출 6:9). 영광스러운 약속이었지만, 그들은 그 약속을 믿지 않았다.

배고픔, 갈증, 두려움은 우리를 강력하게 구속한다(요즘은 인터넷 접속이 안 되는 것도 마찬가지다). 야웨는 이 사실을 알고 계신다. 놀랍게도 야웨는 이스라엘 자손이 시내산으로 향할 때 불평하거나 당황해도 꾸짖지 않으신다. 그저 그들의 필요를 채워 주실 뿐이다. 야웨는 이 여정을 통해 자신의 신뢰성을 보여 주신다. 출애굽기에 나오는 야웨의 돌보심에 대한 몇 가지 예를 소개한다.

바로는 마침내 이스라엘 백성을 내보냈다. 그러나 그들이 블레셋 사람의 땅을 거쳐서 가는 것이 가장 가까운데도, 하나님은 백성을 그 길로 인도하지 않으셨다. 그것은 하나님이, 이 백성이 전쟁을 하게 되면 마음을 바꾸어서 이집트로 되돌아가지나 않을까, 하고 염려하셨기 때문이다. 그래서 하나님은 이 백성을 홍해로 가는 광야 길로 돌아가게 하셨다. (출 13:17-18)

야웨는 먼저 이스라엘의 안전을 보장하신다.

주님께서는, 그들이 밤낮으로 행군할 수 있도록, 낮에는 구름기둥으로 앞서 가시며 길을 인도하시고, 밤에는 불기둥으로 앞 길을 비추어 주셨다. (출 13:21)

덥고 먼지가 많은 사막에서는 서늘한 밤에 여행하는 것이 더 좋을 수 있다. 하나님은 틀림없이 밤낮으로 인도해 주신다. 그분은 모든 것을 생각하셨다.

[주님께서 모세에게 말씀하셨다] "너는 지팡이를 들고 바다 위로 너의 팔을 내밀어, 바다가 갈라지게 하여라. 그러면 이스라엘 자손이 바다 한가운데로 마른 땅을 밟으며 지나갈 수 있을 것이다. 내가 이집트 사람의 마음을 고집스럽게 하겠다. 그들이 너희를 뒤쫓을 것이다. 그러나 나는 바로와 그의 모든 군대와 병거와 기병들을 전멸시켜서, 나의 영광을 드러내겠다. 내가 바로와 그의 병거와 기병들을 물리치고서 나의 영광을 드러낼 때에, 이집트 사람은 비로소 내가 주님임을 알게 될 것이다." 이스라엘 진 앞을 인도하는 하나님의 천사가 진 뒤로 옮겨가자, 진 앞에 있던 구름기둥도 진 뒤로 옮겨가서, 이집트 진과 이스라엘 진 사이를 가로막고 섰다. 그 구름이 이집트 사람들이 있는 쪽은 어둡게 하고, 이스라엘 사람들이 있는 쪽은 환하게 밝혀 주었으므로, 밤새도록 양 쪽이 서로 가까이 갈 수 없었다. (출 14:16-20)

두 가지 주목할 점이 있다. 첫째, 하나님은 이스라엘 자손에게 탈출할 길을 제공하신다. 가장 쉬운 길이 아니라, 자신의 능력을 나타내고 가장 큰 영광을 받으실 수 있는 길을 선택하신다. 둘째, 하나님은 어둠 속에서 공격에 대한 두려움을 없애기 위해 진영에 불을 밝혀 밤새 안전을 제공하신다.

신뢰는 저절로 생기는 것이 아니다. 하나님도 그렇게 되기를 바라지 않으신다. 하나님은 당신이 신뢰할 만한 분임을 이스라엘 자손이 깨달을 때까지 인내심을 가지고 그들을 위해 일하신다. 이스라엘 자손에 대한 하나님의 인도와 보호는 하나님과 모세에 대한 신뢰를 고양시킨다(출 14:31 참조). 광야는 하나님의 교실이다. 하나님께는 이스라엘 자손들 안에서 이루셔야 할 일이 있는데, 그것은 그들이 뿌리 뽑힌 상태, 즉 경계 공간에 있을 때만 이룰 수 있다.

메뉴가 뭘까? 신뢰하는 법 배우기

이스라엘 자손들은 멀리 여행하지도 않았지만, 사실 사흘이 지나자 물이 절실해졌다(출 15:22). 매슬로가 말한 것처럼, 오늘 목이 마르다면 지난주에 아무리 극적인 돌파구를 찾았다 해도 소용없다는 데 동의할 것이다. 그래서 그들은 모세를 원망하기 시작한다. 올바른 대응은 기도하고 하나님께 도움을 요청하는 것이었을 테지만 말이다. 모세는 그렇게 했고, 하나님은 도와주셨다. 이 사건은 전염병에 관한 내러티브와 비교해서 읽으면 더욱 인상적이다. 이집트에서 나일강이 피로 변한 첫 번째 재앙의 결과는 "마실 수 없는 물"(출 7:24)로, 이는 곧 이집트에 대한 심판이었다. 이스라엘 자손들이 마라에 도착했을 때 '마실 수 없는 물'을 발견하지만, 야웨는 모세에게 쓴 물을 단 물로 바꾸는 방법을 보여 주셨고(출 15:23-25), 이것은 그분의 백성에게 축복이 된다.[9]

   6주 후 식량이 떨어지고, 사람들은 낙담하기 시작한다. "차라리 우리가 이집트 땅 거기 고기 가마 곁에 앉아 배불리 음식을 먹던 그 때에, 누가 우리를 주님의 손에 넘겨주어서 죽게 했더라면 더 좋을 뻔하였습니다. 그런데 당신들은 지금 우리를 이 광야로 끌고 나와서, 이 모든 회중을 다 굶어 죽게 하고 있습니다"(출 16:3). 다시 한 번, 하나님의 응답은 자비로 가득하다. 하나님은 하늘에서 양식을 내리겠다는 계획을 발표하신다. 이집트에서는 하나님이 "우박을 내리셨지만"(출 9:18, 23), 여기서는 "먹을 것을 내리신다"(출 16:14). 이집트에서는 메뚜기가 "와서" 땅을 "덮어" 모든 농산물을 먹어치웠지만(출 10:14-15), 이제 하나님은 온 땅에 "와서" 땅을 "덮는" 메추라기의 형태로 백성들이 먹을 고기를 공급하신다(출 16:13).[10]

   그러나 하나님이 공급하시는 식량은 단순한 먹을 것이 아니다. 그것은 "그들이 하나님의 지시를 따르는지, 따르지 않는지 시험하는 것"(출 16:4)이기도 하다. 하나님은 미래의 기근에 대비하기 위해 식료품 저장고를 채우시는 대신(지금은 장거리 여행 중이지 않은가!), 매일의 신뢰 연습으로 그들을 초대하신다. 하나님은 매일 아침 각자에게 필요한 만큼의 하루치 식량을 공급하신다. 이런 식으로 이스라엘 자손은 매일 그분을 의지하는 법을 배운다.

그분의 지시를 무시하는 사람들은 다음날 아침 그들이 모은 여분의 음식에서 구더기를 발견한다.

매주 여섯째 날에는 하나님이 두 배로 공급해 주신다. 이런 식으로 이스라엘은 안식일 준수의 리듬, 즉 6일 동안 일하고 하루를 쉬는 리듬을 배운다. 야웨는 어린아이에게 인내심을 가지고 순종과 보상을 가르치는 부모처럼 온 민족을 훈련시키신다. 40년 동안 먹을 것을 공급하시며 자신의 영광을 드러내시고, 순종과 신뢰의 습관을 길러 주신다! 광야에서의 궁핍은 야웨의 성품이 더 크게 드러나는 기회를 제공한다. 하나님은 오직 혼란스러운 상태에서만 배울 수 있는 것들을 가르치신다. 시내산으로 가는 길에 히브리 사람들은 하나님이 어떤 분인지, 어떻게 그분을 의지하며 살아야 하는지 알게 된다.

하나님은 결혼 후 처음 몇 달 동안 나에게 비슷한 교훈을 주셨다. 캠퍼스 밖에서 혼자 살아 본 적이 없었기 때문에, 나는 돈 문제에 대해 긴장했다. 장을 보고, 집세를 내고, 예산대로 생활하는 데 여전히 익숙하지 않았다. 어느 날 저녁식사로 스파게티를 만들기 위해 식료품을 사러 갔다. 베이커리 코너의 프랑스 빵 진열대 옆에 서 있던 기억이 난다. 마늘빵이 맛있어 보였지만, '한 끼 식사로 한 덩어리가 필요할까? 현명한 선택일까?' 고민했다. 지금 생각해 보면, 99센트짜리 빵 하나를 두고 그렇게 고민했던 게 이상하게 느껴진다. 나는 결국 빵을 사지 못한 채 허탈한 기분으로 가게를 나섰다. 그렇게 집에 도착하고 얼마 지나지 않아 뒷문을 두드리는 소리가 들렸다. 옆집 이웃이 프랑스 빵 한 덩이를 들고 서 있었다. "빵을 너무 많이 샀어요. 이거 드실 수 있겠어요?" 그 전에도 그 후에도 누군가 프랑스 빵을 가져다준 적이 없었다. 그날 하나님은 내게 크고 분명한 메시지를 보내 주셨다. "내가 너의 공급자란다. 내가 알아서 할게." 그 빵은 내 배를 채우는 만나 이상이었다. 내 영혼을 위한 만나였다. 이스라엘 자손처럼 나도 하나님이 공급해 주실 것을 신뢰하는 법을 배웠다.

누가 책임자인가? 지도자 임명

경계 공간에서 표면으로 떠오르는 또 다른 질문은 "누가 책임자인가?"이다. 학교에서 조별 과제를 해본 사람이라면 누구나 공감할 수 있는 문제다. 누군가가 주도권을 잡기 전까지는 아무 일도 이루어지지 않는다. 초등학교 선생님이 결근하여 대체교사가 필요할 때마다 비슷한 리더십 공백이 발생한다. 아이들은 하루가 어떻게 흘러갈지 모르는 불확실성에 직면한다. 대체교사는 어떤 분일까? 나에게 뭘 요구하실까? 엄격한 분일까, 아니면 재미있고 친절한 분일까? 어김없이 한두 명의 학생이 그 공백을 틈타 자신의 권위를 주장하고 대체교사를 통제하려 할 것이다.

궁극적으로 야웨가 결정하신다. 모세를 지도자로 임명하신 분이 바로 야웨다. 모세는 필연적으로 이스라엘의 불평에 직면하게 된다. 그러나 모세는 그들의 불만이 사실은 하나님에 대한 원망인데, 단지 자신을 향한 것뿐임을 인식한다(출 16:8). 그럼에도 불평의 표적이 되는 것은 쉽지 않다. 모세는 르비딤에서 이스라엘 자손들이 목마름에 대해 또다시 불평하자 한계점에 도달한다.

"이 백성을 제가 어떻게 해야 합니까? 그들은 지금이라도 곧 저를 돌로 쳐서 죽이려고 합니다"(출 17:4). 이때 하나님은 모세에게 지팡이로 호렙산에 있는 반석을 치라고 말씀하시며 백성들의 기도에 직접 응답하신다. 장로들이 보는 앞에서 물이 흐른다. 나일강을 쳐서 이집트의 물을 마실 수 없게 만들었던 바로 그 지팡이가 이제 이스라엘 자손에게 생수를 공급하는 은혜의 지팡이가 된다.[11]

다음은 모세와 여호수아가 모두 공로를 인정받는 아말렉과의 전투다. 여호수아는 지상에서 전투를 벌이지만, 모세가 산 위에서 손을 들고 있는 동안에만 승리한다(출 17장). 이 두 사건은 모세에게 하나님이 지도자의 권위를 주셨음을 공개적으로 강조한다.

모세는 백성들의 요청을 야웨께 가져다 드리고 야웨의 응답을 발표하는 등 백성들에 대한 책임을 일관되게 짊어진다. 장인 이드로가 방문했다가 모세가 아침부터 밤까지 백성들을 위해 재판관 역할을 하는 것을 보고 놀란다(출 18장). 백성들은 하나님의 뜻을 알고 싶을 때마다 모세를 찾아온다. 이드로는 모세에게 이러한 책임의 대부분을 훈련된 관리들에게 위임하고 큰 사건만 담당하라고 조언한다.

모세의 리더십에 대한 하나님의 승인과 구조적 위계질서가 확립되면서 "누가 책임자인가?"라는 백성들의 기본적인 질문에 대한 답이 제시된다. 모세의 권위는 하나님에 의해 입증되고, 그의 수하에서 섬기는 지도자 네트워크에 의해 뒷받침된다. 그 결과 백성들은 하나님과 그분이 임명하신 지도자를 신뢰하는 법을 배우면서 안정감을 얻는다. 나중에 질투가 시작될 때 다시 생각해 볼 교훈이다.

이제 우리는 시내산에 도착한다.

더 깊이 생각하기

별표(*)가 있는 자료는 폭넓은 독자들이 사용 가능한 것들이다.
별표(*)가 없는 자료는 학문적인 연구를 원하는 이들을 위한 것이다.

* Peter Enns. *Exodus*. NIVAC. Grand Rapids: Zondervan, 2000.
* Terence E. Fretheim. *Exodus*. Interpretation. Louisville: Westminster John Knox, 2010. 『출애굽기』, 현대성서주석(한국장로교출판사).
* Jeff Manion. *The Land Between: Finding God in Difficult Transitions*. Grand Rapids: Zondervan, 2010.

Mark S. Smith. *The Pilgrimage Pattern in Exodus*. JSOTSup 239. Sheffield: Sheffield Academic, 1997.

바이블 프로젝트 관련 영상: "출애굽기 1-18장"

2 시내산에서의 경이로움

선물로서의 율법

신성한 약속

구름 기둥을 따라 3개월 동안 광야를 걸어 온 이스라엘 자손들은 땀에 흠뻑 젖고 더러워지고 지친 채 시내산에 도착했다(출 19:1). 그들은 무엇이 자신을 기다리는지 전혀 알지 못했을 것이다. 모세가 불길에 휩싸인 떨기나무에 대해 말했을까? 하나님이 그 언덕에서 자신에게 하신 대담한 약속에 대해 이야기해 주었을까?

이야기를 다시 정리해 보자. 모세는 히브리 사람이었지만 히브리 여인이 낳은 아기를 죽이려던 집안이 오히려 자신을 구해준 행운의 사건 덕분에 이집트 왕궁에서 자랐다. 하지만 모세는 성장한 후 히브리 사람을 학대하는 이집트 사람과 언쟁을 벌이게 된다. 모세는 그 남자를 죽여 모래 속에 묻었고, 곧바로 '바로의 지명 수배자'가 되었다. 그는 목숨을 걸고 도망쳐 시내 반도를 건너 미디안 땅에 들어가 목자가 되었고, 40년이라는 긴 세월 동안 이집트를 떠나 살았다.

어느 날 모세가 호렙이라는 지역에서 양을 치고 있을 때, 하나님은 타지 않는 수풀 속에서 불길로 나타나셨다. 놀란 모세는 호기심이 생겼다. 모세가 수풀에 다가가자 야웨께서 모세의 이름을 부르셨다. 하나님은 모세의 이름을 알고 계셨을 뿐만 아니라 그의 아버지, 할아버지, 증조할아버지의 이름도 알고 계셨다. (이 정도면 정말 옛날부터 알고 지낸 친구 아닌가?) 그분이 아브라함, 이삭, 야곱의 하나님이라는 사실을 알리신 것은 하나님이 아브라함에게 하셨고 그의 후손들에게 재확인하신 약속, 즉 아직 실현되지 않은 약속을 즉각 떠올리게 한다. 히브리 사람들이 이집트에 있을 때, 그들은 하나님의 눈에서 멀어진 것도, 마음에서 멀어진 것도 아니었다. 하나님은 여전히 땅과 자손, 축복에 대한 약속을 이루기 위해 일하고 계셨다. 이제 그분의 구원 계획이 선포될 때다.

이 신성한 약속에는 두 가지 측면이 있다. 하나님은 모세를 만나기 위해 나타나셨을 뿐만 아니라 모세에게 책임을 지고 나서라고 하셨다. 모세는 이 구원 프로젝트를 위해 하나님이 지정하신 특수 요원이었다. 하지만 모세는 이를 받아들이지 않았다. "제가 무엇이라고, 감히 바로에게 가서, 이스라엘 자손을 이집트에서 이끌어 내겠습니까?"(출 3:11). 40년 동안 도망자로 살아온 그는 하나님이 실수하시는 거라고 생각했다. 야웨는 대답을 회피하시고, "내가 너와 함께 있겠다"라며 중요한 교훈을 가르쳐 주셨다. 모세가 누구인지는 중요하지 않다. 중요한 것은 하나님이 그와 함께하신다는 사실이다. 그 순간, 그 거룩한 만남에서 하나님은 놀란 목자에게 약속을 주셨다. "네가 이 백성을 이집트에서 이끌어 낸 다음에, 너희가 이 산 위에서 하나님을 예배하게 될 때에, 그것이 바로 내가 너를 보냈다는 징표가 될 것이다"(출 3:12).

그뿐만이 아니다. 불붙은 떨기나무에서 하나님은 모세에게 자신의 이름도 계시하셨다. 이것은 큰 사건이다. 신들은 대부분 다른 사람들이 알아볼 수 없도록 가명으로 알려져 있었다. 적절한 신의 이름을 알면 권력에 접근할 수 있었다. 예를 들어「이시스와 레의 전설」이라는 고대 이집트 신화에서 한 신이 다른 신을 지배하려 하지만 상대방의 진짜 이름을 모르면 우위를 점할 수 없다.[1] 하지만 야웨는 자신의 이름을 숨기고 어느 정도 거리를 두는 대신 모세를 자신의 계시에 초대하신다. 모세와 히브리 사람들은 야웨를 직접 대할 수 있다. 이름을 부르면서.

   시내산을 떠나 이집트로 돌아가기 전에 모세는 하나님 앞에서 자신의 두려움을 털어놓는다. "그들이 저에게 '그의 이름이 무엇이냐?' 하고 물을 터인데, 제가 그들에게 무엇이라고 대답해야 합니까?" "그들이 저를 믿지 않고, 저의 말을 듣지 않고, '주님께서는 너에게 나타나지 않으셨다' 하면 어찌합니까?" "저는 본래 말재주가 없는 사람입니다." "제발 보낼 만한 사람을 보내시기 바랍니다"(출 3:13; 4:1, 10, 13). 하지만 하나님은 모세를 위해 또 하나의 놀라운 반전을 준비해 두셨다. 모세의 지팡이를 통해 그의 리더십을 확증하시고, 하나님의 능력을 극적으로 보여 주신 것이다. 야웨께서는 이미 아론을 모세의 조력자로 지명하셨다. "그가 지금 너를 만나러 온다"(출 4:14). 이보다 분명한 신적 약속이 있겠는가. 하나님은 모세의 입술에서 말이 나오기도 전에 이미 모세의 기도에 응답하기 시작하신 것이다. 아론이 오고 있었다.

   모세는 처가 식구들을 떠나 이집트로 돌아가고, 히브리 노예들을 규합하고, 바로와 대면하는 등 힘든 몇 달 동안 이 만남을 소중히 여겼을 것이다. 그런 와중에도 모세가 시내산에 대해, 그들을 모두 시내산으로 인도하겠다는 야웨의 약속에 대해 계속 생각했을까?

그리고 백성들은 여기가 그들이 향하는 곳이라는 것을 알고 있었을까? 그들은 1년 가까이 이곳에서 야영을 해야 한다는 사실을 알고 있었을까? 히브리 사람들은 가능한 한 빨리 가나안에 도착하기를 바랐을 것이다. 하지만 또 다른 놀라운 반전이 그들을 기다리고 있었다. 거룩한 여정에서 우회는 필수적이기 때문이다. 그들은 아직 가나안에 갈 준비가 되어 있지 않았다.

광야에서의 예배

예배는 그들이 이집트를 떠나려는 명분일 뿐만 아니라 하나님이 그분의 말씀을 지키셨다는 증거였다. 모세는 바로에게 자신들을 영원히 가게 해달라고 요구한 것이 아니다. 며칠 동안만 야웨께 예배드릴 수 있게 해달라고 요청했을 뿐이다(출 5:1). 이 요청은 허황된 것이 아니었다. 하나님이 히브리 사람들을 노예에서 완전히 해방시켜 새 땅으로 인도하겠다고 약속하셨음에도 모세가 바로에게 축소된 요청을 한 것은 이스라엘의 이집트 주인이 얼마나 인색했는지를 드러낸다. 바로는 이스라엘 자손들을 혹사하고 억압하며 자유만 박탈한 것이 아니다. 그는 이스라엘 자손들이 자신들의 하나님 야웨를 예배할 기회도 박탈했다. 바로의 반응은 야웨에 대한 직접적인 도전이다. 하나님의 대답은 단호하다. 야웨는 예배받기에 합당하시며, 그 어떤 경쟁자도 용납하지 않으신다.

시내산에서 모든 것이 바뀐다. 시내산에서 히브리 사람들은 자신들이 누구인지, 더 중요한 것은 자신들이 누구의 소유인지 발견한다. 이번 여정의 의제는 예배다. 오늘날 대부분의 사람에게 '예배'라는 단어는 일요일 아침의 찬양을 떠올리게 한다. 하지만 구약 시대에 예배는 하나님의 공급에 대한 회개와 감사의 표시로 하나님께 드리는 동물 희생 제사를 의미했다. 히브리 사람들이 광야에서 동물 희생 제사를 드렸던 것도 바로 이런 의미였다. 강제 노동에서 벗어나, 그들은 하나님의 용서를 기념하는 데 전념할 수 있었을 것이다.

그래서 야웨는 자기 백성을 데리고 나와 예배를 드리게 하셨다. 야웨는 자신의 약속을 지키셨다. 그들은 자유를 얻었다! 이제 그들은 의도된 대로, 하나님과의 관계를 바로잡고 하나님에게 마땅한 영광을 돌려드리기 위해 왔다. 그것은 신성한 약속이다. 그리고 하나님께 영광 돌리는 방법을 배우는 과정에서 그들은 자신의 소명을 발견한다. 하지만 그 소명은 그들이 기대하는 것과 달랐다.

프로필 업데이트

말에는 힘이 있다.

인생의 현재 상태가 마음에 들든 그렇지 않든, 당신은 누군가가 자신에 대해 한 말이 마음에 남았던 때를 떠올리고 기억할 가능성이 매우 크다. "정말 잘하시네요" 또는 "일을 그만두지 마세요"라는 말을 들었을 수도 있다. 나는 박사 과정 중 특히 암울했던 시기를 기억한다. 심각한 대인관계의 어려움으로 인해 힘이 많이 약해졌다. 결승선을 절뚝거리며 통과하려는데, 지도교수님들이 나를 따로 불러 세워 아직 할 일이 많이 남았다고 말씀하셨다. 나는 무너졌다.

그렇게 힘들 때 한 선배 교수님과 점심 식사를 했다. 그분은 "카먼, 나는 네가 졸업할 거라고 확신해. 넌 분명 멋진 일자리를 찾고 잘될 거야"라고 말씀해 주셨다. 그 말은 내게 큰 힘이 되었다. 나는 그 후 18개월 동안 그 말을 의지해 연구하고 집필을 마치는 데 매진했다. 그리고 그 말이 맞았다. 나는 글을 완성했고, 일자리를 찾았으며, 잘되고 있다. 하지만 만약 그분이 "카먼, 일자리가 부족해. 다른 일을 알아보는 게 어때?"라고 말했더라면 나는 그만두었을지도 모른다. 말에는 힘이 있다.

시내산에서 하나님의 첫 번째 메시지는 나머지 모든 명령의 토대를 마련한다. 이 말씀은 이스라엘 민족에게 새로운 궤도를 제시한다. 이 말씀을 놓치면 다른 모든 것을 잘못 해석할 가능성이 높다. 모세는 야웨를 만나기 위해 산으로 향하고, 하나님은 바로 본론으로 들어가신다.

모세가 산으로 올라가 하나님께로 가니, 주님께서 산에서 그를 불러서 말씀하셨다. "너는 야곱 가문에게 이렇게 말하여라. 이스라엘 자손에게 이렇게 일러주어라. '너희는 내가 이집트 사람에게 한 일을 보았고, 또 어미독수리가 그 날개로 새끼를 업어 나르듯이, 내가 너희를 인도하여 나에게로 데려온 것도 보았다. 이제 너희가 정말로 나의 말을 듣고, 내가 세워 준 언약을 지키면, 너희는 모든 민족 가운데서 나의 보물이 될 것이다. 온 세상이 다 나의 것이다. 그러므로 너희는 내가 선택한 백성이 되고, 너희의 나라는 나를 섬기는 제사장 나라가 되고, 너희는 거룩한 민족이 될 것이다.' 너는 이 말을 이스라엘 자손에게 일러주어라." (출 19:3-6)

출애굽의 은혜? 물론이다. 이집트에서 이스라엘 자손의 부르짖음에 응답하셨을 때, 야웨는 그들의 처지를 탓하지 않으셨다. 그들이 순진하거나 어리석거나 속았다고 말씀하시지 않고, 특별한 목적을 위해 구별된 보물이라고 말씀하셨다. 우리는 심판의 이야기들을 고립된 채로 읽기 때문에, 수많은 두 번째 기회의 긴 목록을 보지 못하고 은혜를 놓치게 된다. 구원의 맥락 없이 율법만 읽으면 구약의 하나님에 대한 왜곡된 그림을 얻게 된다. 이스라엘은 야웨를 그런 식으로 보지 않았다. 출애굽기 19:3-6은 은혜의 대표적인 예다. 이 단락에서 네 가지 은혜의 음표가 울려 퍼진다.

1. 이스라엘의 압제자에 대한 야웨의 결정적인 군사적 승리: "너희는 내가 이집트 사람에게 한 일을 보았다." 하나님은 이집트에게 승리하여 그분의 백성을 자유롭게 하셨다.
2. 광야에서 이스라엘을 돌보시는 야웨의 사랑: "나는 어미독수리가 그 날개로 새끼를 업어 나르듯이, 너희를 인도하여 나에게로 데려왔다." 야웨는 그들을 업어 안전하게 지켜 주셨다.
3. 언약의 신실함에 대한 야웨의 초대: "너희가 정말로 나의 말을 듣고, 내가 세워 준 언약을 지키면." 하나님은 가혹한 작업 감독이

아니시다. 그분은 이스라엘을 자신에게 이끄시며 그들에게 복을 주겠다는 약속을 하셨다.

4. 야웨는 이스라엘을 다른 나라들과 구별하여 특별한 임무를 위한 자신의 대사로 택하셨다: "너희는 모든 민족 가운데서 나의 보물이 될 것이다."

이스라엘의 새로운 지위의 의미를 완전히 이해하려면, 내가 가장 좋아하는 히브리어 단어를 알아야 한다. 바로 '세굴라'(segullah)다. NIV에서는 "보배로운 소유"(treasured possession)로 적절하게 번역되었지만, 이 단어의 폭넓은 쓰임을 이해하면 도움이 된다. '세굴라'는 구약성경에 여덟 번 등장한다. 두 번은 왕의 개인 보물을 가리키고(대상 29:3; 전 2:8), 나머지 여섯 번은 비유적으로 이스라엘을 야웨의 '소중한 백성'으로 언급한다(출 19:5; 신 7:6; 14:2; 26:18; 시 135:4; 말 3:17). 사람들을 저축 계좌와 동일시하는 것은 이상해 보인다. 어떤 의미에서 한 무리의 사람들을 보물로 여길 수 있을까?

성경만 사람을 지칭할 때 이 용어를 사용하는 것은 아니다. 관련된 고대 언어인 우가리트어와 아카드어에서도 왕과의 관계에서 특별한 지위를 누리는 사람, 특히 더 큰 책임을 맡기고 소중히 여기는 언약 파트너를 지칭할 때 같은 단어를 사용한다.[2] 사람이 특별한 목적을 위해 애써 번 돈을 정성껏 저축하고 그 모아 둔 것을 소중히 여기는 것처럼, 야웨께서도 모든 민족 중에서 이스라엘을 자신의 소중한 백성으로 선택하고 구원하셨다고 성경은 전한다. 노예에서 보물로. 구약성경의 아람어 역본에서 '세굴라'는 '사랑하

는 자'로 묘사된다.[3]

출애굽기 19:5-6의 문맥은 야웨의 '세굴라'로 불리는 이스라엘이 그 소중한 지위에 걸맞게 세상 속에서 어떤 역할을 감당할 거라고 기대되는지를 보여 준다. 그들은 열방에 대한 야웨의 대사 역할을 하는 '제사장 나라'이자 하나님의 목적을 위해 구별된 '거룩한 나라'가 되어야 한다. 내가 가장 좋아하는 책인 『하나님의 선교』(The Misson of God)에서 크리스토퍼 라이트는 이스라엘이 열방을 축복하기 위해 선택되었다고 강조한다. 그는 이렇게 말한다. "그들은 그들의 지위에 걸맞은 역할을 맡았다. 그 **지위**는 특별히 보배로운 소유물이 되는 것이다. 그 **역할**은 열방 가운데 제사장적이고 거룩한 공동체가 되는 것이다."[4]

이것은 참으로 고귀한 소명이다. 그리고 이 소명은 강요된 것이 아니다. 많은 사람이 야웨의 율법이 엄격하다는 인상을 받지만, 이 새로운 규정에 대한 사람들의 반응을 주목하라. "모세가 돌아와서 백성의 장로들을 불러모으고, 주님께서 자기에게 하신 이 모든 말씀을 그들에게 선포하였다. 모든 백성이 다 함께 '주님께서 말씀하신 모든 것을 우리가 실천하겠습니다' 하고 응답하였다"(출 19:7-8). 그들은 기꺼이 서명한다.

그런 다음 야웨는 지난 3개월 동안의 리더십 교훈(leadership lessons)이 잊히지 않도록 모세의 권위를 공개적으로 보여 줄 기회를 마련하신다. "주님께서 모세에게 말씀하셨다. '내가 짙은 구름 속에서 너에게 나타날 것이니, 내가 이렇게 하는 까닭은 내가 너와 말하는 것을 백성이 듣고서, 그들이 영원히 너를 믿게 하려는 것이다'"(출 19:9). 이 극적인 장면을 준비하기 위해 백성들은 옷을 빨고 성관계를 금한다. 이것은 하나님의 영광을 목도하기 위해 자신들을 구별하는 성별의 행위였다. 하지만 모세와 아론만 산에 올라가 하나님께 나아갈 수 있다. 천둥과 번개, 짙은 구름, 연기, 지진은 야웨의 놀라운 임재를 나타내는 신호다. 이 경외심을 불러일으키는 장면 한가운데서 야웨는 모세에게 직접 말씀하시고, 모세는 백성에게 메시지를 전달한다. 이 장면은 누가 책임자인지를 분명히 한다.

모세는 또 다른 메시지를 전달하여 공동체가 야웨의 말씀을 직접 들을 수 있도록 준비시킨다(출 19:20-25).

그런 다음 하나님이 다시 말씀하시는데, 이번에는 백성에게 직접 말씀하신다. 그분은 그들에게 계명을 주신다.

축하할 일

이제 대부분의 사람이 건너뛰고 싶어 하는 부분까지 왔다. 감히 말해도 될지 모르겠지만, 율법이다. 번개, 천둥, 영광, 벽에 그림을 그리기에 충분한 영감을 주는 내용을 담고 있는 출애굽기 19장 이후에는 허용되는 것과 허용되지 않는 것, 성막을 짓는 방법, 대제사장의 의복에 대한 자세한 지침이 담긴 잡초 같은 장들(출 20-39장)이 이어진다. 금송아지 이야기 같은 몇 가지 이야기가 이 장황한 이야기를 방해하지만, 우리는 대부분 이 부분을 건너뛰고 싶어 한다.

하지만 앞서 언급했듯이, 모세는 이러한 지침들에 대해 놀라울 정도로 긍정적인 태도를 취한다. 모세에게 율법은 기꺼이 받아들여야 할 선물이다. 그리고 이러한 정서는 모세 혼자만의 것이 아니었다. 실제로 성경에서 가장 긴 장인 시편 119편은 율법이라는 선물에 대한 찬양의 연장선상에 있다. 이 거침없는 열정을 확인해 보라(강조는 저자의 것).

- 주님의 증거를 지키며 온 마음을 기울여서 주님을 찾는 사람은, **복이 있다**(2절).
- 주님의 교훈을 따르는 이 **기쁨**은, 큰 재산을 가지는 것보다 더 큽니다(14절).
- 내가 주님의 법도를 열심히 지키니, 이제부터 이 넓은 세상을 **거침없이 다니게** 해주십시오(45절).
- 주님의 계명들을 내가 사랑하기에 그것이 나의 **기쁨**이 됩니다(47절).
- 주님의 증거는 내 마음의 **기쁨**이요, 그 증거는 내 영원한 **기업**입니다(111절).
- 재난과 고통이 내게 닥쳐도, 주님의 계명은 내 **기쁨**입니다(143절).

시편 119편은 아크로스틱(acrostic) 시다. 각 연은 히브리어 알파벳 순서에 따라 연결되어 있으며, 각 연의 모든 절은 같은 문자로 시작된다. 누군가 율법을 시적으로 찬양하는 이 시를 만들기 위해 많은 시간을 들였다. 시인은 율법을 높이 평가했다. 그는 율법이 만나 이후 최고의 것이라고 생각했다.

왜 그랬을까? 이스라엘 백성들은 왜 이 율법을 귀하게 여겼을까? 뭐가 그리 대단하다는 걸까? 그들의 열정을 이해하려면 그들의 입장에 서 볼 필요가 있다. 이스라엘 백성들은 신이 무슨 말을 하는지 알고 싶어 하던 시대에 살았다. 신들은 보통 우리처럼 소리를 내어 말하지 않았기 때문에, 제사장들은 신들이 자연에 남긴 신호를 읽는 법을 훈련받았다. 때때로 그들은 기름이나 밀가루를 물에 떨어뜨리고 그 결과를 해석하는 정교한 의식처럼, 신이 그들에게 무언가를 계시해 줄 수 있는 상황을 연출하기도 했다. 그들은 동물을 죽이고 그 간이나 창자(그렇다, 피 묻은 창자)를 살펴, 신이 무슨 생각을 하고 있는지 또는 다음에 무엇을 할 것인지에 대한 단서를 찾았다. 이상한 출생이나 결함이 있는 갓 태어난 동물을 관찰하기도 했고, 별을 연구하기도 했다. 그들은 미래를 예측하거나 신의 뜻을 분별하기 위해 필요한 모든 것을 하면서 죽은 자들과 접촉했다. 답이 보장되지는 않았다. 때때로 그들은 신이 무엇을 원하는지 알아낼 수 없었다. 고대 아시리아와 바빌로니아의 언어인 아카드어로 쓰인 고대 기도문의 발췌문을 확인해 보라. 출애굽기와 거의 같은 시기에 쓰인 "어떤 신에게 드리는 기도"(Prayer to Any God)는 인간이 신들의 뜻을 이해할 수 없다고 여겼던 이 시대 문학의 특징을 잘 보여 준다.[5]

> (저의) 주님의 노한 마음이 풀리시기를,
> 제가 모르는 신의 진노가 가라앉기를,
> 제가 모르는 여신의 진노가 가라앉기를,
> 그 신이 누구든, 그 신의 진노가 가라앉기를,
> 그 여신이 누구든, 그 여신의 진노가 가라앉기를…
> 오 (저의) 주님, 저의 잘못이 많고, 저의 죄가 큽니다,

오 저의 신이시여, 저의 잘못이 많고, 저의 죄가 큽니다,

오 저의 여신이시여, 저의 잘못이 많고, 저의 죄가 큽니다,

오 신이시여, 당신이 누구시든, 저의 잘못이 많고, 저의 죄가 큽니다,

오 여신이시여, 당신이 누구시든, 저의 잘못이 많고, 저의 죄가 큽니다!

저는 제가 무슨 잘못을 저질렀는지 알지 못하고,

제가 무슨 죄를 지었는지 알지 못하고,

제가 어떤 가증한 짓을 저질렀는지 알지 못하고,

제가 어떤 금기를 어겼는지 알지 못합니다![6]

기도는 고뇌에 젖어 있다. 기도하는 사람은 자신이 누구에게 기도하고 있는지("당신이 누구시든"), 자신이 신을 진노하게 한 것이 무엇인지("제가 무슨 잘못을 저질렀는지") 전혀 확신하지 못한다. 그는 모든 가능성을 빠짐없이 챙기려 허둥지둥 기도한다. 그는 신의 정체를 알고 그 신의 마음에 들기 위해 애를 썼다.

이스라엘은 그렇지 않았다. 하나님이 주도권을 잡으셨다. 하나님은 그들을 택하시고, 구원하시고, 자기 백성으로 삼으신 다음, 정확히 무엇을 기대하는지 말씀하셨다. 하나님이 말씀하셨다. 이스라엘은 추측할 필요가 없었다. 무엇이 그분을 기쁘게 할지 진노하게 할지 궁금해할 필요도 없다. 그분은 모든 것을 미리 분명히 말씀하셨다. 얼마나 자유로운가! 왜 사람들은 시내산에서의 길고 지루한 율법 장을 앞에 두고 안도의 한숨을 쉬었을까? 그 이유가 바로 이것이다.

나는 구원이 율법에 순종함으로써 이루어진다거나 복음이 우리의 노력에 달려 있다고 말하는 것이 아니다. 율법을 받을 때,

이스라엘 백성은 이미 이집트에서 구출된 상태였다는 사실을 기억하라. 하나님은 그들에게 "이 모든 것을 행하면 내가 너희를 노예에서 해방시켜 주겠다"라고 말씀하지 않으셨다. 그분은 먼저 그들을 구원하신 다음, 구원에 따르는 선물, 즉 자유인으로 살아가는 방법에 대한 지침을 주셨다. 모세와 시편 기자 모두 그렇게 하는 것이 더 낫다는 것을 깨달았다. 그들은 진정한 자유를 누리려면 경계를 명확히 해야 한다는 것을 깨달았다. 그들은 하나님의 율법이 은혜임을 깨달았다. 그것은 선물이었다!

당신의 공동체가 번잡한 교차로 바로 옆에 누구나 쉽게 접근할 수 있는 놀이터를 만들 계획이라고 상상해 보라. 누군가가 이 놀이터에 울타리가 없어야 아이들이 더 재미있게 놀 수 있을 거라고 주장한다면 이상하지 않을까? 그렇다. 달리는 차와 달리는 아이들 사이에 울타리를 만드는 것은 당연한 일이다. 그래야 아이들이 아무 염려 없이 자유롭게 놀 수 있다. 부모는 아이들의 일거수일투족을 지켜볼 필요 없이 휴식을 취할 수 있다. 좋은 놀이터에는 물리적 경계가 있다. 그래야 모두가 즐겁게 놀 수 있고 응급실에 가는 어린이가 줄어든다. 울타리는 선물이다! 울타리가 없는 놀이터는 자유를 주는 곳이 아니라 사고가 일어나기만 기다리는 곳이다.

이스라엘의 율법은 삶을 번성케 하는 울타리다. 율법은 다른 나라들이 야웨가 어떤 분이고 무엇을 기대하시는지 알 수 있게 하는 독특한 삶의 방식을 형성한다. 율법은 이스라엘이 하나님의 은혜를 얻는 수단이 아니었다. 이스라엘 백성도 우리처럼 은혜로 구원을 받았다. 그러나 그들의 순종은 야웨에 대한 언약의 헌신,

즉 충성을 표현했다. 그리고 그것은 그들로 하여금 언약 관계의 혜택을 누릴 수 있는 위치에 있도록 했다.

언약은 이스라엘 백성에게 풍요로운 땅과 많은 자손, 이방 민족에게 야웨를 대신해 그분의 축복을 전하는 통로가 될 기회 등 놀라운 축복을 약속했다. 다른 신을 숭배하거나 이웃을 배신하는 행동을 한다면 이러한 특권 중 어느 것도 실현될 수 없다. 그들의 사회가 다른 사람들에게 야웨의 성품을 가리키려면 모든 관계에서 그 성품을 반영해야 했다. 탐욕이나 정욕, 우상숭배가 공동체에 발판을 마련하도록 허용했다면, 야웨는 그들을 징계하고 회개를 촉구하셔야 했을 것이다. 그들의 반역은 언약의 다른 측면, 즉 저주로 표현된 엄중한 경고를 활성화할 것이다(신 28장 참조). 야웨와의 언약으로의 초대는 그 자체로 선물이었으며, 선행으로 얻은 것이 아니기에 마음대로 작성할 수 있는 백지수표가 아니었다.

구약의 율법은 사업, 농업, 요리, 식생활, 복장, 예배, 통치, 인간관계, 건강, 심지어 연간 달력까지 이스라엘 백성의 삶의 거의 모든 측면과 관련되어 있었기 때문에, 하나님의 언약 백성이 된다는 것은 이 모든 측면에서 변화되어야 함을 의미했다. 율법은 자기 절제와 자기 베풂의 사랑이 특징인 다른 종류의 삶을 빚어낸다. 모든 구성원이 이웃을 사랑하고 보호하기 위해 적극적으로 노력하는 공동체를 상상해 보라!

시내산에서 미로처럼 얽힌 지침에 들어갈 때 이 점을 명심하라. 이 율법은 선물이다. 좋은 소식이다. 야웨께서 말씀하신다. 그리고 그분은 자신의 백성이 자유 속에서 사는 기쁨을 누릴 수 있도록 경계를 설정하신다.

법 제정? 고대 이스라엘에서 율법이 기능하는 방식

내 아들이 프레리 크리스천 아카데미에서 5학년을 마쳤을 때, 학교에서 연례 시상식이 열렸다. 이날은 아들의 담임 선생님인 앤드리스 선생님이 38년간의 교직 생활을 마치고 은퇴하는 날이었기 때문에 일반적인 졸업식보다 뜻깊었다. 앤드리스 선생님은 학생들에게 예수님을 따르는 평생 프로젝트에 대한 비전을 제시하며 연설했다. 그는 학생들에게 계속 성장하고 신실함을 유지하도록 영감을 주었다. 그러나 그가 학생들에게 마지막으로 한 말은 놀라울 정도로 평범했다. 그는 "잊지 마세요"라고 말하고는 잠시 멈칫했고, 학생들은 "자기 침대 정리하는 것을"이라고 답하며 그의 말을 마무리했다. 이것은 분명 그가 매일 하는 말이었다.

앤드리스 선생님의 조언에는 이유가 있었다. 그는 평범한 성실함과 일상적인 책임감의 힘을 알고 있었다. 조금씩, 시간이 지날수록, 우리가 지속적인 변화를 가져올 수 있는 규율과 체계를 갖춘 사람이 되기 때문이다. 까다로워 보이지만, 구약의 율법은 앤드리스 선생님의 교훈과 같은 효과를 지니고 있다. 야웨께서 이스라엘 백성을 '보배로운 소유'라고 부르며 시내산에서 영감을 주는 첫 번째 연설을 하신 후에 주어진 계명들은 다소 당황스럽게 느껴질 것이다. 적어도 현대 독자들에게는 그렇다. 하지만 정말 그럴까?

율법을 읽기 전에, 우리가 무엇에 관해 말하고 있는지 확실히 알아 두어야 한다.

'율법'(law)은 히브리어 단어 '토라'를 정확하게 번역하기에 너무 좁고 오해의 소지가 있다. '가르침'으로 번역하는 것이 더 좋다. 토라는 단순한 법률보다 넓은 범위를 포괄한다. 그리고 '율법'은 토라에 포함된 내용을 설명하기에 가장 적합한 단어가 아니다. 그 이유는 다음과 같다.

현대 서구 사회에서 '법'은 입법부가 성문화한 법령으로, 행정부가 집행할 수 있는 구체적인 벌칙이 포함된 필수 행동이나 금지된 행동을 나타낸다. 여기에는 정확한 세부 사항이 길게 명시된 경우가 많다. "안전벨트 착용은 의무입니다"라는 말은 달리는 차 안에서 안전벨트를 착용하는 것이 좋은 생각일 뿐만 아니라, 안전벨트를 착용하지 않는 것은 불법이기에 소정의 벌금이 부과되거나 심지어 운전면허를 잃을 수도 있음을 의미한다. 실제로 미국 오리건주에서 안전벨트 착용은 811.210 법령으로, 어길 시에 D급 교통법규 위반으로 처벌될 수 있다. 이 법령 하나만 봐도 한 페이지를 가득 채울 만큼 작은 글씨로 되어 있다. 또 다른 섹션에는 이 법령에 대한 열한 가지 예외가 나열되어 있다.

고대의 '법'은 이와 같은 방식으로 작동하지 않았다.

고대 문화를 연구하는 학자들은 고대의 법이 법령보다 가설에 불과했다는 사실을 인식하기 시작했다.[7] 모든 종류의 목록은 지혜를 보여 주는 주요 수단이었다. 함무라비[Hammurabi; 또는 그의 이름 철자 그대로 '함무라피'(Hammurapi)]에 대해 들어 보았을 것이다. 함무라비는 기원전 18세기에 바빌로니아를 통치했으며, 282개의 법령으로 구성된 그의 법전으로 가장 잘 알려져 있다. 함무라비 법전의 사본이 수세기 동안 계속 제작되었다는 것은 함무라비와 같은 통치자가 통치 지혜의 모범으로 여겨졌음을 의미한다. 그의 법전은 법적 구속력이 없었기 때문에 법정에서 인용되지 않았지만, 판사들이 정의에 대한 성찰을 불러일으키기 위해 연구하는, 시민 사회에 대한 현명한 심의 모음집이었다. 판사나 원로가 특정 조항이 유용하다고 생각했을 수는 있지만, 그 조항을 모든 경우에 적용해야 할 의무는 없었다.

시내산 율법이 '지혜로서의 율법'이라는 고대의 범주에 부합할 수 있을까? 나는 그렇다고 생각한다. 놀라울 정도로 엄청난 수의(정확히 613개) 율법 조항에도 불구하고, 고대 이스라엘에서 율법이 시행되었다는 이야기는 거의 찾아볼 수 없다.[8] 구약 시대에 시내산에서 받은 지침은 지혜의 본보기, 즉 언약을 지키는 이스라엘 백성의 초상화로 이해되었을 것이다. 이 지침은 가치 있는 삶으로의 초대였다. 그렇다. 야웨는 이스라엘의 헌신을 요구하시지만 그분의 헌신 없이는 안 된다. 야웨의 가르침은 사랑의 관계에 내재되어 있다.

내 남편 대니와 나는 아이들에게 집안일을 시키고 있다. 아이들은 방을 청소하고, 저녁식사 준비를 돕고, 놀이 시간 전에 숙제를 끝내야 한다. 우리가 이웃의 다른 아이들에게 명령을 내리기 시작하면 이상할 것이다. "콜튼! 와서 쓰레기 버려!" 또는 "테론, 농구하기 전에 이 민들레 뽑아"라고 말한다면, 그 아이들은 당황한 표정으로 우리를 쳐다볼 것이다. 우리에게는 그 아이들에게 집안일을 시킬 권한이 없다. 그뿐만 아니라 우리에겐 그 아이들과의 관계가 없다. 가정에서 아이들과의 관계는 집안일 그 이상으로 정의된다. 우리는 함께 식사하고, 게임을 하고, 산책을 하고, 늦은 밤에 대화를 나눈다. 포옹과 눈물, 생일 파티와 휴가가 있다.

집안일은 가족 생활의 한 측면일 뿐이다.

때때로 우리가 구약의 율법을 마치 하나님이 다른 집 아이들에게 명령을 내리는 부모인 것처럼 읽는 것은 아닌지 궁금하다. 그분은 도를 넘거나, 지나치게 까다롭거나, 부정적인 분으로 보인다. 하지만 하나님의 지시는 무작위로 내려진 것이 아니며 지나치지도 않다. 그것은 야웨의 가족을 위한 '집안 규칙'이다. 율법은 가족 구성원 간의 평화를 보장한다. 율법은 그 자체가 중요한 것이 아니라 중요한 것—사랑의 관계—을 위한 배경이다. 집안일을 하고 규칙을 지키기 위해 우리에게 가족이 있는 것이 아니다. 우리가 집안일을 하고 집안 규칙을 가지고 있는 것은 가족생활을 원활하게 하기 위해서다.

시내산에서 주어진 하나님의 지시는 상호 헌신을 포함하는 구속적 관계라는 맥락에 놓여 있다. 이 사실을 깨닫지 못하면, 우리가 당황하는 것은 당연한 일이다.

더 깊은 연구를 위하여

Daniel I. Block. *How I Love Your Torah, O LORD!: Studies in the Book of Deuteronomy.* Eugene, OR : Cascade, 2011. Chapter 1.

* Roy Gane, *Old Testament Law for Christians: Original Context and Enduring Application.* Grand Rapids: Baker, 2017.

Michael LeFebvre. *Collections, Codes, and Torah: The Re-characterization of Israel's Written Law.* LHBOTS 451. New York:

T&T Clark, 2006.

Austin Surls. *Making Sense of the Divine Name in Exodus: From Etymology to Literary Onomastics*. Winona Lake, IN: Eisenbrauns, 2017.

John Walton. *Ancient Near Eastern Thought and the Old Testament: Introducing the Conceptual World of the Hebrew Bible*. 2nd ed. Grand Rapids: Baker, 2006. Chapter 13 on Law and Wisdom.

* Christopher J. H. W right. *The Mission of God: Unlocking the Bible's Grand Narrative*. Downers Grove, IL: IVP Academic, 2006. 『하나님의 선교』(IVP).

바이블 프로젝트 관련 영상: "율법", "여호와: 주", "제사와 속죄", "출애굽기 19-40장"

3 중요한 거래

소명으로서의 언약

돌에 새겨진 계약: 왜 두 개의 돌판인가?

야웨의 극적인 등장과 은혜로운 초대를 서막으로, 하나님은 자신의 대리인으로 임명된 백성들에게 지시를 내리신다(출 20:1-17). 그분은 나중에 이 지시를 "십계명"이라고 부르신다(출 34:27-28). 십계명은 야웨께서 이스라엘과 맺으신 언약의 공식적인 조건이다(출 31:18 참조). 시내산에서 주어진 다른 계명들과 달리, 하나님은 십계명을 모든 백성이 듣도록 직접 말씀하셨다.

십계명

이 말씀들을 영어로 "십계명"(Ten Commandments)이라고 부르는 것이 일반적이지만, 성경은 결코 그렇게 부르지 않는다. 이 말씀들은 항상 "열 개의 말씀"(Ten Words)으로 불린다. 여기에서 '십계명'(decalogue)이라는 용어가 유래했는데, 이는 그리스어 '데카'(*deka*, 열)와 '로고스'(*logos*, 말씀)를 합쳐 만든 단어다. '말씀'(Word)의 히브리어(*dabar*, '다바르')는 영어의 '말'(word)보다 넓은 의미를 지닌다.

'다바르'는 말뿐 아니라 '물질' 또는 '사물'을 지칭할 수도 있다. 앞으로 살펴보겠지만, '열 개의 말씀'에는 열 개 이상의 계명이 포함되어 있다.

나중에 야웨는 십계명을 두 개의 돌판에 새기신다. 왜 두 개일까? 십계명에 대한 가장 큰 오해 중 하나는 십계명이 하나의 돌판에 다 들어가지 않았다는 것이다. 모세와 두 돌판에 대한 대부분의 예술 작품은 모세가 '제1권'과 '제2권'을 들고 있는 것으로 가정한다. 그러나 우리는 성경 본문을 통해 각 돌판의 양면에 계명이 기록되었다는 것을 알고 있다. "모세는 돌아서서 증거판[eduth] 둘을 손에 들고서 산에서 내려왔다. 이 두 판에는 글이 새겨 있는데, 앞뒤에 다 새겨 있었다"(출 32:15).

'증언'으로 번역되기도 하는 히브리어 '에두트'(eduth)는 조약 문서를 뜻하는 복수형 전문 용어다. 2장에서 언급된 '세굴라'와 마찬가지로, '에두트'는 아카드어 같은 관련 언어에서 조약 문서를 지칭한다.[1)]

히브리어로 된 십계명이 모두 171단어에 불과할 정도로 간결하다는 점을 감안할 때, 그 돌판이 모세의 손보다 크지 않더라도, 돌판 한 장의 양면에 쉽게 들어갈 수 있었을 것이다. (이 단락과 다음 단락은 영어로 총 200단어다.) 그렇다면 왜 두 개의 돌판을 만들었을까? 그 답을 찾기 위해서는 고대 근동의 다른 조약 문서를 살펴봐야 한다. 당시에는 조약 문서를 돌에 새겨 서로 한 부씩 사본을 만드는 것이 일반적인 관행이었다. 조약 당사자들은 그 사본을 자신의 신전에 보관했다.[2] 이렇게 하면 각자의 신들이 양측이 조약 조건을 충실히 이행하는지 감시할 수 있었다. 아래에 인용한 고대 히타이트 제국의 문서를 보라. 이는 (이름을 부르기도 쉽지 않은) 하티의 수필루이우마(Suppiluiuma of Hatti)왕과 미탄니의 샤티와자(Shattiwaza of Mitanni)왕이 맺은 조약이다. 양국은 신들이 조약을 감독할 수 있도록 돌판을 자기 나라 신전에 보관했다.

> 이 돌판의 사본이 아린나의 태양 여신 앞에 놓였는데, 이는 아린나의 태양 여신이 왕권과 여왕권을 관장하기 때문이다. 미탄니 땅에서는 카하트의 [성소의] 영주인 테슈브 앞에 [사본이] 놓여 있다. 그들은 정기적으로 [간격을 두고] 미탄니 땅의 왕과 후리 왕국의 아들들 앞에서 그것을 읽어야 한다.[3]

이스라엘의 언약의 경우, 오직 한 신만 언약에 대한 두 당사자의 신실함을 보장할 수 있다. 바로 야웨다. 따라서 조약의 두 사본은 모두 야웨의 감시 아래 이스라엘 성막의 지성소에 놓이게 된다. 돌판은 언약의 두 당사자인 야웨와 이스라엘이 둘 사이의 언약에 구속되어 있음을 나타낸다.

십계명에 대한 또 다른 오해는 십계명이 하나님과 관련된 계명과 사람과 관련된 계명으로 깔끔하게 나뉜다는 것이다. 이 불행하고 깊이 뿌리박힌 오해는 수세기 전으로 거슬러 올라간다. 한 예를 들자면 하이델베르크 요리문답이 있다.

Q. 십계명은 어떻게 나뉘나요?

A. 두 개의 돌판으로 나뉩니다. 첫 번째 돌판에는 하나님과의 관계에서 우리가 어떻게 살아야 하는지를 가르치는 네 가지 계명이 있습니다. 두 번째 돌판에는 여섯 가지 계명이 있으며, 우리가 이웃에게 어떤 의무를 다해야 하는지 가르쳐 줍니다.[4]

계명들을 인위적으로 구분하는 것은 언약이 어떻게 작동하는지에 대한 부적절한 관점을 보여 준다. 언약 공동체에서 삶의 모든 부분은 이 백성에게 자신을 헌신하신 하나님에 대한 경배와 충성을 나타낸다. 그들이 다른 사람을 대하는 방식은 하나님을 향한 그들의 마음을 드러낸다. 다윗이 이웃의 아내를 탐하여 간음하고 그 남편을 살해하는(십계명 중 세 가지를 범하는) 죄를 지은 후 예언자 나단을 대면했을 때, 그는 "내가 주님께 죄를 지었습니다"(삼하 12:13)라고 대답한다. 나중에 그는 야웨께 "주님께만, 오직 주님께만, 나는 죄를 지었습니다"(시 51:4)라고 기도한다. 소위 사람에 대한 계명이 다윗에겐 모두 하나님과 깊이 연결되어 있었다.

반대로 이스라엘 사람 한 명이라도 야웨께 반역하면 공동체 전체가 하나님의 심판이라는 위험에 처하게 된다. 대표적인 예가 아간인데, 그는 하나님의 분명한 지시에도 불구하고 여리고의 전리품 일부를 보관하여 이스라엘이 아이성 전투에서 패배하게 만들었다(수 7장). 십계명은 모두 하나님을 향한 올바른 성품을 반영하며, 열 가지 계명 모두 언약 공동체 전체에 영향을 미친다. 이스라엘 백성은 이 계명을 지킴으로써 하나님께 영광을 돌릴 뿐 아니라 신앙 공동체가 번성할 수 있게 한다.

나는 어렸을 때 짐 베이커(Jim Bakker) 스캔들 직후 들었던 설교를 절대 잊지 못할 것이다. TV 설교자이자 PTL(Praise the Lord) 재단의 설립자인 그는 공금을 횡령하고 기부자에게 거짓말을 했으며, 한 여성을 강간한 혐의로 체포되었다. 우리 목사님은, 자세히 설명하진 않았지만, "기독교인이 모든 우스갯소리의 대상이 되었다"라고 한탄했다. 그분의 말이 맞았다. 한 목회자의 타락은 복음주의 전체에 좋지 않은 영향을 미쳤고, 기독교는 위선자로 가득 차 있고 설교자들은 믿을 수 없다는 많은 사람의 의심을 확인시켜 주었다. 2006년에는 당시 미국 복음주의협회 회장이던 테드 해거드(Ted Haggard)가 남성 경호원과의 섹스 및 마약 스캔들에 휘말리면서 또다시 이런 일이 발생했다.

좋든 싫든 간에, 회사, 스포츠 팀, 클럽 또는 신앙 공동체의 한 구성원이 나쁘게 행동할 때 이런 일이 일어난다. 그것은 공동체 전체와 그들이 대표하는 것에까지 영향을 끼친다. 개인적인 죄 같은 것은 없다. 우리가 하는 행동이 중요하다. 우리뿐만 아니라 팀원 모두에게 중요하다.

이스라엘의 경우, 이 문제는 단순한 연좌제보다 훨씬 심각했다. 온 나라가 공동으로 야웨와 계약을 맺었기 때문에, 한 사람의 충실하지 못한 행동은 땅을 더럽혀 다른 모든 사람을 처벌의 위험에 처하게 했다(레 18:28 참조). 한마디로 "모두는 하나를 위하여, 하나는 모두를 위하여"였다.

십계명이 돌판에 기록되었기 때문에, 사람들은 흔히 고대 이스라엘에게 주어진 토라의 무수히 많은 구체적인 율법과 달리 십계명은 역사상 모든 사람에게 적용된다고 생각한다. 하지만 당시의 조약에 대해 우리가 알고 있는 바에 따르면, 이러한 사고방식은 고대 문화와 동떨어진 것이다. 십계명 앞에는 특정 대상에 대한 명확한 진술이 있다. "나는 너희를 이집트 땅 종살이하던 집에서 이끌어 낸 주 너희의 하나님이다"(출 20:2). 십계명은 고대 문화에 아주 특화된 언어로 되어 있다("이웃의 소를 탐내지 말라"). 이 계명은 다른 나라에 전달된 적이 없다. 구약의 예언자들은 이웃 민족에 대한 심판을 선포할 때(예를 들어, 암 1-2장) 십계명을 기준으로 삼지 않았다. 대신 인간의 기본적인 품위라는 기준에 따라 평가했다. '오만하고 어리석은가?' '다른 나라의 불행을 이용하거나 부당하게 폭력을 행사했는가?'와 같은 기준은 분명 십계명에서 나온 것이 아니다.

그렇다. 고대의 맥락에서 십계명은 이스라엘 백성만을 위한 것이었다.[5] 토라는 야웨의 백성인 이스라엘에게 주어진 선물이었다. 그들은 그 계명을 지키기로 서약했다. 그렇다면 그들은 정확히 무엇을 행하기로 동의한 걸까?

율법이라는 선물: 자유에 대한 명령

십계명은 성경에서 가장 유명한 구절 중 하나다. 회당이나 교회에서 자라지 않은 사람도 십계명이 무엇인지, 즉 사람들이 하지 말아야 할 행동에 대한 하나님의 명령이 무엇인지에 대해 막연하게라도 알고 있는 경우가 많다. 안타까운 점은 이러한 명령이 일반적으로 맥락에서 분리되어 있다는 것이다. 사람들은 '하지 말라'는 계명에만 집중하고, 그 배경이 되는 하나님의 구원이라는 드라마틱한 이야기를 놓친다.

맥락이 중요하다. 나는 지구상에서 가장 검소한 조부모님 밑에서 자랐다고 생각했다. 눈의 피로를 견딜 수 없기 전까지 불을 켜는 것이 허용되지 않았다. 종이, 물, 음식 한 입도 낭비할 수 없었다. 남은 음식은 항상 다음 식사를 위해 보관했다. 빨래는 밖에 널어 말렸다. 낡은 옷은 먼저 수선한 후에야 누비이불이나 걸레로 사용되었다. 낡은 카펫은 텃밭의 콩과 당근이 늘어선 줄 사이의 통로가 되었다. 지퍼백은 다시 사용하기 위해 세척했다. 나무 조각은 장작 난로에 넣어 태웠고, 난로 위에선 주전자가 물 끓는 소리를 내고 죽 냄비가 익어 갔다. 어른이 된 후, 우리가 "오마"라고 부르던 네덜란드 할머니와 고국(the old country)을 방문했을 때, 이 모든 검소함을 훨씬 잘 이해할 수 있었다. 네덜란드는 바다를 매립한 땅에서 바람을 이용해 물을 퍼 올리고, 곡물을 갈고, 기름을 짜고, 전기를 생산한다. 제2차 세계대전 동안 어머니 없이 동생들을 돌보던 오마는 먹을 것이 부족해 튤립 구근을 먹었다고 한다. 2주 동안 오마의 나무 신발을 신고 걸으면서, 그녀가 왜 그토록 검소함을 중요하게 여겼는지 이해할 수 있었다.

십계명을 이해하려면 십계명을 맥락 속에서 읽어야 한다. 우리는 이미 이집트에서 구출된 후에야 율법을 받았다는 큰 맥락을 살펴보았다. 이제 근접 문맥을 살펴보겠다. 첫 번째 진술은 "너희는 하지 말라"가 아니라 "나는 너희를 이집트 땅 종살이하던 집에서 이끌어 낸 주 너희의 하나님이다"(출 20:2)이다. 나를 기억하느냐? 400년 동안 억압받던 너희 백성을 구출한 게 바로 나다. 이 선언은 이후에 이어질 모든 진술에 대한 의제를 설정한다. 십계명을 공공장소에 게시하면서 2절을 생략하면, 십계명이 불운한 이스라엘 백성에게 지워진 부담이나 속박처럼 보일 것이다. 그러나 십계명은 노예 상태에서 그들을 구출하신 하나님, 그들과 헌신적인 관계를 맺으신 하나님, 자신의 이름을 드러내신 하나님이 그들에게 주신 명령이다. 그 다음에 오는 것은 무엇이든 이 열 가지 경계가 가능하게 하는 자유의 한 차원이며, 그 안에서 그들의 삶이 번성할 수 있다. 그들을 구원하신 하나님이 그들에게 선물을 주신 것이다!

열까지 세기: 첫 번째 계명

십계명을 세는 것은 의외로 까다롭다.[6] 출애굽기 34:28과 신명기 4:13이 모두 그렇게 말하고 있기 때문에 우리는 십계명이 열 개라는 것을 안다. 히브리어 본문에 있는 특별한 표기는 이 계명을 세는 두 가지 가능한 방법을 보존한다. 해석의 역사에 따라 다른 방법도 등장했는데, 차이점은 처음 다섯 절과 마지막 두 절을 어떻게 처리하느냐에 관한 것이다. 유대인 해석가들은 종종 서문(출 20:2)을 첫 번째 "말씀"(Word)으로 간주한다. [성경은 이를 "십계명"(Ten Commandments)이라고 부르지 않고 "열 개의 말씀"(Ten Words)이라고 부르기 때문에 실제로는 명령이 아닌 '말씀'이 담겨 있다고 보는 것이 타당하다.]

기독교인들 사이에는, 개혁주의와 가톨릭/루터교의 두 가지 주요 접근 방식이 있다. 개혁주의는 "다른 신들을 섬기지 말라"와 "우상을 만들지 말라"를 첫 번째와 두 번째 계명으로 삼는 반면, 가톨릭과 루터교는 이 두 계명을 함께 첫 번째 계명으로 삼는다. 마지막 계명인 "탐내지 말라"가 두 개로 나뉘어 있기 때문에 여전히 열 개의 계명으로 끝난다("탐내지 말라"가 두 번 나온다).

계명을 세는 방식에 따라 계명에 대한 해석도 달라진다. 전통적인 개혁주의 견해를 살펴보자.

서문: 나는 너희의 하나님 야웨다(2절)
1계명: 다른 신들을 섬기지 말라(3절)
2계명: 너희를 위하여 새긴 형상을 만들지 말라(4-6절)

'형상'에 대한 명령을 독립적인 계명으로 간주하는 개혁주의 교회는 야웨를 포함한 어떤 신의 형상도 만들 수 없다고 결론지었다. 개혁주의 교회의 벽에는 하나님, 성경 인물 또는 성도에 대한 그림이 없다. 신혼 시절에 오마와 전화 통화를 했던 기억이 난다. 나는 크리스마스 시즌에 걸 수 있는 예수님의 탄생 그림을 찾고 있다고 말했다. 나는 찾은 그림들이 모두 밝은 피부, 금발 머리, 파란 눈동자뿐이어서 좌절감을 느끼고 있었다. 하지만 오마는 다른 이유로 좌절감을 느꼈다.

오마는 수화기 저편에서 꾸짖듯 말했다. "글쎄, 우리는 어떤 형상도 만들지 말아야 하니 아예 그림을 걸지 않는 게 좋을 거다."

나는 깜짝 놀랐다. 성탄 장면이 새긴 형상이라고? 네덜란드 개혁주의 교회에서 자란 그녀에게는, 예배의 대상이 아닐지라도,

하나님을 나타내는 어떤 그림이나 형상도 금지 대상이었다. 나는 예수님이 인간이 되신 하나님이므로 예수님을 예술적으로 묘사하는 것은 이 계명을 위반하는 것이 아니라고 주장했다. 하지만 오마는 꿈쩍도 하지 않았다.

가톨릭 교회는 이 계명을 다르게 해석한다.

서문: 나는 야웨 너희 하나님이다(2절)
1계명: 다른 신을 섬겨서는 안 되며
　　　형상을 만들어서도 안 된다(3-6절)

가톨릭 전통에서는 "다른 신을 섬기지 말라"와 "형상을 만들지 말라"를 하나의 명령으로 간주하기 때문에, 형상 금지 명령을 **다른 신들의** 형상을 금지하는 것으로 해석한다. 그 결과 유일하신 참 하나님과 위대한 신앙 인물에 대한 화려한 예술적 표현을 허용한다. 당신의 교회 내부를 보여 주면, 당신의 교회가 계명을 어떻게 세는지 알려 주겠다.

나는 앞서 설명한 세 가지 접근 방식을 모두 조합하여 계명을 센다. 대부분의 해석자는 출애굽기 20:2-6을 두세 부분으로 나누지만, 나는 이 구절을 하나의 명령으로 간주한다.

1계명: 나는 야웨 너희의 하나님이다.
　　　너희는 다른 신을 섬겨서는 안 되고
　　　형상을 만들어서도 안 된다. (2-6절)

나는 서문(출 20:2)을 첫 번째 계명의 일부로 본다. 그 부분은 야웨만을 예배해야 하는 이유를 제시한다. 즉, "나는 너희를 자유케 한 하나님이므로, 너희는 나만을 경배해야 한다"는 것이다. 마찬가지로 '형상 금지' 명령은 '다른 신을 섬기지 말라'는 명령과 하나로 묶여야 한다. 여기에는 역사적 이유와 문법적 이유 두 가지가 있는데, 역사적 이유는 고대 세계에서 예배와 형상이 함께 사용되었기 때문이다. 예배하지 않는 형상을 소유하는 것이 무의미한 것처럼, 신에 대한 형상 없이 신을 제대로 숭배하는 것은 불가능했을 것이다. 형상의 핵심은 예배다. 형상은 예배의 수단이다.

이 계명을 함께 읽어야 하는 문법적 이유는 5절에 "너희는 그것들에게 절하거나, 그것들을 섬기지 못한다"는 말씀에 있다. 예배의 대상은 복수이지만 앞 줄의 '형상'은 단수다. 이 금지는 앞 문장의 생각, 즉 다른 신들(복수)을 금지하는 명령을 이어 가는 것임에 틀림없다. 출애굽기 20:2(또는 신 5:6-10)의 키아즘 구조(또는 문학적인 '샌드위치' 구조)는 이 두 구절을 함께 읽어야 한다는 나의 주장을 뒷받침한다.[7]

A 나는 야웨 너희의 하나님이다(2절)
  B 너희는 다른 신들을 섬겨서는 안 되고(3절)-복수
    C 형상을 만들어서도 안 된다(4절)-단수
  B' 그것들에게 절하거나 그것들을 섬겨서는 안 된다(5a절)-복수
A' 나는 야웨 너희의 하나님이다(5b절)

형상을 금하는 것은 야웨만 예배하라는 명령의 심각성을 강

조한다. 이 명령은 이스라엘 백성에게 야웨만 하나님**이라고** 설득하려 애쓰지 않는다. 대신 이스라엘 백성에게 야웨만 **예배하라고** 촉구한다. 다양한 선택지에서, 야웨는 예배받기에 합당한 유일하게 합법적인 신이다. 십계명은 **유일**신론(monotheism, 하나의 신만 존재하는)이 아니라 **단일**신론(henotheism, 하나의 신만 섬기는)을 가르친다. 다른 신이 존재한다는 말은 아니지만, 이스라엘 백성과 이웃 나라 백성은 정기적으로 이교도 신전에서 신의 은총을 구함으로써 다른 신들이 존재한다고 생각했다. 야웨의 독특함은 그분이 배타적인 예배를 요구한다는 데 있었다.

　이것이 첫 번째 계명이다. 야웨 외에 다른 신을 섬기지 말라. 두 번째 계명은 우리가 이해해야 할 매우 중요한 계명이다. '주 너희 하나님의 이름을 함부로 부르지 말라'는 계명에는 당신이 들었던 것보다 훨씬 많은 것의 성패가 달려 있을 수 있다.

보이지 않는 문신: 두 번째 계명

　나는 '주님의 이름을 함부로 부르는 것'이 "예수" 또는 "하나님"을 욕설로 사용하는 것이라고 생각하며 자랐다. 우리 집에서는 "가쉬!"(gosh) 또는 "홀리 카우!"(holy cow)라고만 해도 25센트를 내야 했다. 둘 다 불경하다는 이유에서였다. 아버지는 "소가 어떻게 거룩해!"라고 말씀하셨다. 물론 아버지의 말씀이 맞다. 완곡하게 표현된 욕설도 실제 욕설과 마찬가지로 불쾌한 태도를 드러내며, 그 유해성은 동일하다. 대니와 결혼한 후, 대니가 "오, 홀리!"(Oh, Holy!) 대신 "오, 롤리!"(Oh, Lolly!)라고 말하는 버릇이 나에게도 옮았다. 꽤 괜찮은 표현이었다. 하나님의 이름과 전혀 닮지 않았고, 꽤 명랑하게 들리는 장점이 있었다. "내가 바보였어!"(Silly me!) 같은 역할을 했다. "오, 롤리!"는 우리가 교회의 새로운 주일학교 반을 맡아 롤리라는 이름의 아이를 만나기 전까지는 잘 먹혔다. 우리는 롤리의 이름을 함부로 부르고 있다고 생각했고 대안을 찾아야 했다.

분명, 하나님의 이름을 욕설로 사용하는 것은 바람직하지 않다. 어떤 식으로든 하나님을 불명예스럽게 만드는 것은 참으로 심각한 문제다. 하지만 지속적인 연구 결과, 나는 우리 대부분이 하나님의 이름에 관한 계명, 즉 내가 '이름 계명'이라고 부르는 계명을 잘못 이해하고 있다고 확신하게 되었다. 이 계명이 실제로 무엇을 의미하는지 설명하려면 히브리어로 돌아가서 새로운 번역을 시도해야 한다.

> 너희는 너희 하나님 야웨의 이름을 함부로 **지니지**(혹은 carry) 말아야 한다. 야웨는 자신의 이름을 함부로 **지니는**(혹은 carry) 사람을 죄 없다고 여기지 않으실 것이기 때문이다. (출 20:7, 저자 번역)

대부분의 번역가는 이런 표현만으로는 의미가 잘 통하지 않는다고 생각했다. 결국 이름은 '들어 올리거나 옮기는 것'이 아니라 '말하는 것'이기 때문이다. 많은 해석자들은 이 구절에서 무언가가 생략되었다고 여겼다. 이스라엘 사람들에게는 분명했겠지만 우리에게는 분명하지 않은 무언가가 있다는 것이다. 그리고 대부분 생략된 무언가가 하나님의 이름을 말하는 것과 관련이 있다고 결론 내리다 보니, 이 계명은 특정 상황에서 하나님의 이름을 말하는 행위를 금지하는 것으로 해석되었다.

어떤 이들은 하나님의 이름을 '입술로' 들어 올린다(즉, 말하다)라고 해석하고, 어떤 이들은 하나님의 이름을 향해 '손을' 든다(즉, 오른손을 들어 맹세하다)라고 해석한다. 그들은 종종 성경 안팎의 다른 구절들을 근거로 자신들의 해석이 옳다고 주장한다. 문제는 거의 모든 해석자가 이 계명과 가장 밀접하고 관련성 있는 구절, 즉 아무것도 추가하지 않고 이 계명을 조명하는 구절을 놓치고 있다는 사실이다.

그 구절은 출애굽기 28장이다. 성막 건설에 대한 지침 안에(자세한 내용은 나중에 자세히 설명하겠다) 대제사장이 입을 옷에 관한 계획이 담겨 있다. 대제사장은 성소의 공인된 집례자이기 때문에, 자신이 원하는 대로 옷을 입을 수 없었다. 오늘날 복음주의 교회의 목사들이 설교할 때 정장에 넥타이를 매기도 하고 청바지에 샌들을 신기도 하는 것과 달리, 대제사장은 특정 예복을 입어야 했다(이에 대해서도 나중에 자세히 설명하겠다). 가장 눈에 띄는 부분은 금실로 정교하게 짜인 에봇으로, 거기에는 열두 지파의 이름이 하나씩 인장처럼 새겨진 열두 개의 보석이 달려 있었다. 그리고 모세는 대제사장이 성막 안팎을 드나들 때 "이스라엘 아들들의 이름이 새겨진 판결 가슴받이를 달고" 다녀야 한다고 말한다(출 28:29). 이스라엘의 첫 대제사장이 된 모세의 형 아론은 집례할 때마다 말 그대로 이 지파의 이름을 '지니고' 다녔다.

아론은 또한 이마에 '야웨'라는 이름을 부착했다. 이마에 쓰는 관에 "주님께 거룩"이라는 글귀가 새겨진 금패가 달려 있었는데, 이 글귀는 히브리어로 '코데쉬 라야웨'(qodesh layahweh)다. 여기서 '야웨'라는 이름 앞에 붙은 전치사 '라메드'(l)는 소유를 나타내는(~의) 관용적인 표현이다. 이 책이 내 책이라는 것을 모든 사람이 알 수 있게 하려면 표지 안쪽의 이름 앞에 '라메드'를 써서 내 책이라고 알리는 것이 일반적인 히브리어 표현 방식이다. 이마에 '라야웨'(layahweh)라고 적힌 패를 달면 대제사장이 야웨를 섬기기 위해 구별되었음을 분명히 알 수 있다. 대제사장은 오직 야웨께 속해 있다. 그는 다른 누구도 섬기지 않는다.

고대 근동의 인장

고대 근동에서는 물건의 소유권을 선언하거나 진위 여부를 확인하는 일반적인 방법으로 인장을 찍고 봉인했다. 점토판에는 종종 그 내용을 승인하거나 규정에 동의하는 사람들의 인장이 찍혀 있었다. 포도주나 올리브 오일이 담긴 병은 생산자의 공인 인장이 찍힌 점토 덩어리로 봉인하여 제품의 품질을 확인했다. 심지어 신의 이름이 새겨진 인장도 발견되었다. 이 인장은 사원 경내에서 사원을 대표하여 공식적인 업무를 수행하기 위해 사용되었을 것이다.

일부 인장에는 단순히 그림만 새겨져 있었지만, 특히 이스라엘에서는 글귀가 새겨진 인장도 있었다. 글귀가 새겨진 대부분의 이스라엘 인장은 히브리어로 '라메드'라고 불리는 문자 'l'과 인장의 소유자를 나타내는 개인 이름을 사용했다. 이 문맥에서 '라메드'는 소속을 의미하는 전치사다. 대제사장이 착용하는 보석에는 "인장 반지를 새기듯이 각 사람의 이름을 새겼으며"(출 28:21), 대제사장의 이마에 새겨진 패에는 인장에서 볼 수 있는 문구가 새겨져 있었다. "거룩, 야웨께 속한"(출 28:36, 저자 번역). 이는 그가 야웨에 대해서는 지파를 대표하는 공인된 인물이자, 지파에 대해서는 야웨를 대표하는 공인된 인물임을 의미한다.

그렇다면 이것은 이름 계명과 어떤 관련이 있을까? 앞서 보았듯이, 대부분의 해석자는 이스라엘이 야웨의 이름을 지니고 다니는 것이 말도 안 된다고 가정하고 다른 가능성을 찾는다. 하지만 바로 여기 이름 계명과 가장 가까운 곳에서 야웨께 속하도록 구별된 대제사장이 열두 지파의 이름을 지니고 다닌다. 이름 계명을 이해하는 열쇠는 바로 여기에 있다!

열두 보석은 대제사장이 야웨 앞에서 전체 국가를 대표한다는 것을 나타낸다. 그의 이마에 있는 패는 그가 야웨의 인가를 받은 국가의 대표임을 나타낸다. 이제 이스라엘이 시내산에 처음 도착했을 때인 출애굽기 19장의 극적인 선언을 떠올려 보라. 그곳에서 하나님은 당신의 백성에게 보배로운 소유, 제사장 나라, 거룩한 나라와 같은 칭호를 부여하셨다. 하나님의 보배로운 소유로서 이스라엘의 소명, 즉 그들의 타고난 임무는 나머지 인류에게 하나님을 대표하는 것이다. 제사장은 야웨와 사람들 사이를 중재하는 역할을 수행한다. 그들은 야웨를 섬기기 위해 구별되었다.

우리는 이것이 대제사장과 어떻게 연결되는지 알 수 있다. 대제사장은 모든 민족의 소명을 시각적으로 보여 주는 모델이다. 대제사장이 이스라엘 백성에게 야웨를 대표하는 것처럼, 이스라엘은 열방에게 야웨를 대표한다. 모든 이스라엘 사람은 아론을 보면서 국가로서의 소명을 상기한다. 아론이 섬기기 위해 구별된 것처럼("거룩한"), 이스라엘 역시 구별된 존재다("거룩한 나라"). 시내산에서 야웨는 이스라엘을 자신의 나라로 선포하시고 이스라엘이 자신의 소명을 살아 내도록 그들을 해방시키신다. 그 소명은 열방에 대해 야웨의 이름을 지니는 것, 즉 야웨를 잘 대표하는 것이다.

시내산에서 야웨는 백성들에게 자신의 이름을 함부로 부르지 말라고 경고하신다. 따라서 이 명령을 지키는 것은 고속도로에서 누군가 내 앞에 끼어들었을 때 "오, 야웨!"(Oh, Yahweh!)라고 말하거나 팀이 터치다운 패스를 놓쳤을 때 불만을 품고 "지저스 크라이스트!"(Jesus Christ!)라고 말하는 것 이상의 의미를 지닌다. 야웨의 이름을 함부로 부르지 말라는 명령을 지키면 우리의 모든 삶의 방식이 바뀐다.

그렇다면 이름 계명은 십계명의 나머지 계명과 어떤 관계가 있을까? 다른 계명들과 비교했을 때, 이 계명은 하나님의 열 계명에 속하기에 너무 광범위하지 않을까?

성공 공식: 처음 두 계명

십계명과 야웨께서 시내산에서 주신 다른 모든 명령의 주요 차이점 중 하나는 전달 방식이다. 다른 명령들은 모세가 중개자 역할을 한다. 하나님은 산 위에서 모세에게 말씀하시고 모세는 백성들에게 그 메시지를 전달한다. 하지만 십계명은 그렇지 않다. 시내산을 오르내리는 모세의 동선을 주의 깊게 추적해 보면, 하나님이 말씀을 시작하실 때, 모세는 백성들에게 산에 오르지 말라고 다시 한번 경고하기 위해 산에서 내려와 백성들과 함께 하나님으로부터 십계명을 듣는다.

계명을 세는 방법과 처음 두 계명이 무엇을 말하는지에 대한 내 생각이 옳다면, 다른 모든 계명의 배경을 설정하는 가장 중요한 두 계명부터 시작해 보자. 이 계명들은 긍정적으로 진술된다.

1. 오직 야웨만 섬기라.
2. 야웨를 잘 나타내라.

이 두 계명은 구약성경, 그중에서도 특히 예언서에서 자주 반복되는, 야웨께서 이집트에서 이스라엘 자손에게 하신 선언을 반영한다. "너희를 나의 백성으로 삼고, 나는 너희의 하나님이 될 것이다"(출 6:7). 예레미야와 에스겔은 이 공식적인 선언을 자주 반복함으로써, 이것을 언약 갱신을 상징하는 약칭처럼 사용한다. 나는 너희 하나님이고, 너희는 나의 백성이다.[8] 다른 나라의 신들과 달리 야웨는 조각된 형상으로 표현될 수 없었고(20:4), 그 대신 자신의 이름을 계시한 백성으로 표현되어야 했다(20:7). 야웨가 그들을 자신의 소유라고 주장하셨기 때문에, 그들의 말과 행동은 그분의 주권을 반영해야 했다. 십계명의 처음 두 계명과 이 계명들이 표현하는 언약 공식은 이스라엘이 어떻게 소명을 성공적으로 수행해야 하는지 나타낸다. 이스라엘은 하나님의 위대하심을 나타내기 위해 그분만을 경배해야 했다. 다른 신을 숭배하면 하나님의 영광이 줄어들 것이다. 이스라엘은 모두 하나님의 소유가 되어야 했다.

이 두 가지 계명은 언약 관계를 바로 세운다. 야웨는 예배를 받으실 만한 유일한 신이다. 이스라엘은 자신들이 그분께 속해 있음을 깨닫고 세상에서 그분을 나타내는 존재로 살아야 한다. 그분의 이름을 함부로 지니는 것은 그분과 언약 관계를 맺으면서도 주변 이교도들과 다를 바 없이 사는 것이다. 이어지는 이야기에서 이스라엘의 운명은 항상 이 두 가지 계명을 어기는 것, 즉 야웨만을 경배하지 않거나 야웨를 잘 나타내지 않는 것으로 귀결된다.

십계명의 나머지 계명은 이 처음 두 계명으로 확립된 언약 공식에서 흘러나오며, 직장, 가족, 갈등, 결혼, 재산, 평판 등 상상할 수 있는 모든 삶의 영역에서 언약의 신실함이 어떤 모습인지 구체화한다. 다니엘 블록(Daniel Block)은 십계명을 "권리 장전"(bill of rights)이라고 부른다.[9] 그러나 블록은, 미국 헌법의 권리 장전과 달리, 십계명이 자신의 권리가 아니라 이웃의 권리에 초점을 맞추고 있다고 지적한다. 모든 이스라엘 사람의 임무는 다른 사람의 자유를 보호하는 것이다. 그리고 이것은 십계명을 지킴으로써 이루어진다. 이제 나머지 여덟 계명에 대해 자세히 알아보자.

(타인의) 권리 장전

언약의 '성공 공식'인 처음 두 계명이 자리를 잡으면 나머지 여덟 계명을 살펴볼 수 있다.

3. 안식일을 기억하라. 안식일 계명은 그리스도인들이 자신과 무관하다고 생각할 가능성이 가장 큰 계명이다. 우리는 왜 안식일 계명이 불편할까? 안식일 계명은 온 가족의 쉴 권리를 보호하고 지속 가능한 삶의 리듬을 보장한다. 이 새로운 사회에서는 그 누구도(동물을 포함하여!) 24시간 내내 노예처럼 일할 수 없다. 노예제도는 과거의 일이다. 안식일은 야웨의 공급에 대한 신뢰의 표현이며, 일주일에 6일 동안 만나를 거두어들이는 광야에서 가장 먼저 실천된 것이다. 다른 모든 사람의 섬김을 받으면서 집의 주인만 안식일을 누리는 것이 아니다. 오히려 가족 전체가 이 은혜의 리듬에 자유롭게 참여하게 된다.

안식일에는 사전 계획이 필요하다. 미리 식사를 준비하고, 집안을 정리하고, 집안일을 하고, 숙제를 끝내야 한다. 안식일은 단순히 노동을 쉬는 날이 아니라 다른 6일 동안의 결과를 누리는 날이다. 출애굽기 20장은 하나님의 창조 사역을 이스라엘 안식일의 모델로 삼는다. 적을 물리치고 왕국이 평화로워진 후 왕좌에서 쉬는 왕처럼, 야웨는 우주에 질서를 가져온 후 쉬신다. 피곤해서 낮잠이 필요하신 것이 아니다. 오히려 그분은 편안히 앉아 성공의 열매를 즐기실 수 있다.

4. 너희 부모를 공경하라. 우리는 이 계명이 아이들을 위한 것이라고 생각하는 경향이 있지만, 청중이 바뀌었음을 나타내는 요소는 없다. 성인도 부모를 공경해야 한다. 이것은 고대 이스라엘처럼 다세대 가정이 있는 문화에서 특히 중요하다. 내 친구는 이 계명을 따라 매일 모험을 하고 있다. 그와 그의 아내와 네 자녀는

두 어머니와 한 할머니와 함께 작은 집에서 살고 있다. 세 세대에 걸쳐 네 명의 어머니가 한 집에 사는 것은 말할 것도 없이 도전적인 일이지만, 이 가족은 각 어머니를 존중할 방법을 찾아야 한다고 믿고 있다.

부모의 명예를 지키는 것은 시내산 언약이 대대로 이어지도록 보장한다. 신약성경에서는 이를 "약속이 딸려 있는 첫째 계명"(엡 6:2)이라고 부른다. "너희 부모를 공경하여라. 그래야 너희는 주 너희 하나님이 너희에게 준 땅에서 오래도록 살 것이다"(출 20:12). 하지만 이것은 무엇을 의미할까? 부모를 공경하는 사람은 무르익은 노년까지 살게 된다는 뜻일까? 꼭 그렇지는 않다. 경건하고 부모를 공경하는 사람들이 젊어서 죽는 경우를 쉽게 볼 수 있지 않은가? 이 계명은 노년을 약속하는 것이 아니라, 언약을 지키는 한 한 민족 전체가 그 땅에서 계속 살게 될 것을 약속한다. 부모의 신앙을 버리는 것은 비참한 결과를 초래할 것이며, 백성들은 추방과 죽음에 처할 수도 있다.

나머지 계명들은 모두 상호 신뢰가 특징인 공동체를 만드는 데 기여한다. 각각의 언약 구성원이 이웃의 생명, 배우자, 재산, 평판을 보호한다면 모든 사람이 살며 번영할 수 있는 공간을 확보하게 될 것이다.

5. 살인하지 못한다. 이 계명은 이웃의 생존권과 분쟁 발생 시 공정한 재판을 받을 권리를 보호한다. 이스라엘 공동체는 분쟁을 해결하도록 하나님이 권위를 주신 사람들을 무시하고 개인이 스스로 문제를 해결해서는 안 된다. 분노는 정의를 지키지 못한다. 언약 공동체에서 복수는 설 자리가 없다.

6. 간음하지 못한다. 각각의 이웃은 경쟁으로부터 자유로운 결혼을 할 권리가 있다. 언약 공동체가 번성하려면 이웃(그리고 배우자!) 간의 관계가 상호 신뢰를 바탕으로 구축되어야 한다. 모든 남자의 임무는 이웃의 아내를 약탈하는 것이 아니라 이웃의 결혼 관계와 이웃의 아내를 보호하는 것이다.

결혼이 야웨와의 언약을 반영하기 때문에, 성적 친밀감은 결혼을 위해 유보되어 있다. 두 경우 모두에서, 두 사람은 배타적인 헌신 관계를 맺는다. "나는 당신의 것이고, 당신은 나의 것입니다." 결혼이 하나님의 의도대로 이루어지려면 두 당사자는 서로에게 전적으로 헌신해야 하며 다른 누구에게도 자신을 내어 주지 않아야 한다.

7. 도둑질하지 못한다. 모든 이스라엘 사람은 이웃의 탐욕으로부터 자유로울 개인의 재산권을 지니고 있다. 결혼과 마찬가지로 이웃의 재산을 보호하는 것은 모든 사람의 일이다. "마을 방범대"(Neighborhood watch)는 매우 오래된 아이디어이며 성경에도 나와 있다. 이웃의 소유를 빼앗는 것은 감사가 부족하고 나의 필요를 채워 주실 하나님에 대한 신뢰가 부족함을 보여 준다.

8. 너희 이웃에게 불리한 거짓 증언을 하지 못한다. DNA 검사, 지문 채취, CCTV, 거짓말 탐지기가 없던 시대에는 한 사람의 말이 큰 비중을 차지했다. 정의로운 사회를 유지하려면 누구도 이웃에게 억울한 누명을 씌우지 않아야 했다. 각 사람의 평판은 진실에 달려 있었다. 비방은 공동체를 산(acid)처럼 갉아먹을 것이다. 오늘날처럼 기술이 발전한 시대에도, 거짓 고발은 여전히 상처를 남기며, 때로는 치명적인 결과를 초래한다. 내 말과 네 말 중 누구

의 말이 옳을까?

9-10. 너희 이웃의 집을 탐내지 못한다. 너희 이웃의 아내나 남종이나 여종이나 소나 나귀나 할 것 없이, 너희 이웃의 소유는 어떤 것도 탐내지 못한다. 십계명은 전혀 강제할 수 없는 놀라운 두 가지 계명으로 마무리된다. 정욕은 마음의 상태인데, 어떻게 이웃의 소유나 아내를 탐냈다는 것을 증명할 수 있을까? 이 계명의 내적 특성은 전체 율법의 기능을 암시한다. 이것은 현대적 의미의 법률이 아니라 인격 형성이다. 이 지침은 외적인 행동과 내적인 동기를 모두 포함하여 언약을 지키는 이스라엘 사람의 이상적인 모습을 그려 준다.

대학 시절 한 친구가 기숙사 방 벽에 이런 글귀를 붙였다. "자신이 가진 것을 원하는 사람은 행복하다." 맞는 말이다. 만족은 더 많은 것을 얻는 데 있는 것이 아니라, 이미 가진 것에 감사하는 데 있다. 또 다른 친구는 "내일 아침에 일어날 때 오늘 하나님께 감사한 것만 남아 있다면 어떨까?"라는 질문을 던졌다. 부족한 것을 갈망하는 것은 우리를 쓸쓸하고 음울하게 만든다. 그것은 우리에게 많은 것을 허락하신 하나님과 우리 사이에 벽을 쌓는 일이다.

그게 전부다. 이것이 하나님의 10대 계명이다. 언약 규정들은 야웨께서 시내산에서 주신 나머지 모든 가르침의 근원이자 씨앗이다.

이스라엘 백성이 야웨로부터 직접 들은 이 첫 번째 말씀은 그들에게 상당한 인상을 남겼다. 간단히 말해, 그들은 겁에 질렸다. "온 백성이 천둥소리와 번개와 나팔 소리를 듣고 산의 연기를 보았다. 백성은 그것을 보고 두려워 떨며, 멀찍이 물러섰다"(출 20:18). 야웨께서 나타나신 드라마틱한 장면을 본 백성들은 모세를 중재자로 삼으려 한다. "어른께서 우리에게 말씀하십시오. 우리가 듣겠습니다. 하나님이 직접 우리에게 말씀하시면, 우리는 죽습니다"(출 20:19).

모세는 이상한 방식으로 그들을 안심시킨다. 먼저 "두려워하지 마십시오"(출 20:20)라고 말한다. 그러나 그는 곧바로 그들의 두려움이 하나님의 목표 중 일부임을 알려 준다. "하나님이 당신들을 시험하시려고 나타나신 것이며, 당신들이 주님을 두려워하여 죄를 짓지 못하게 하시려고 나타나신 것입니다"(20:20). 그렇다면 어느 것이 옳을까? 두려워해야 할까, 아니면 두려워하지 않아야 할까?

피터 엔즈(Peter Enns)는 출애굽기 주석에서 출애굽기를 이렇게 표현한다. "두려워하지 마십시오. 하나님이 여러분에게 자신을 맛보게 하시는 것은, 이 기억이 여러분으로 하여금 죄를 짓지 않도록 하려는 것입니다."[11] 다시 말해, 산에서 우레와 같이 말씀하신 하나님을 신뢰해도 된다. 그분은 당신을 해치시려는 게 아니다. 물론 그분은 당신에게 높은 수준의 행동을 요구하신다. 하나님은 당신에게 많은 것을 기대하신다. 그러나 그분은 당신이 언약에 신실하기를 원하신다. 하나님은 당신을 위하신다. 그래서 그분이 얼마나 놀라운 분인지 당신이 보게 하신다.

출애굽기 20장에서 우리는 율법이 그 자체로 목적이 아니라는 것을 배운다. 율법은 이스라엘이 야웨를 알고 세상에서 소명을 실천하는 수단이다. 모세가 다시 산에 올라갈 때 하나님은 모세에게 훨씬 긴 지침 목록을 주신다. 십계명이 최종적인 말씀이 아님을 금방 알게 된다.

더 깊은 연구를 위해

Daniel I. Block. *How I Love Your Torah, O LORD!*: Studies in the Book of Deuteronomy. Eugene, OR : Cascade, 2011. Chapters 2 and 3.

Daniel I. Block. *The Gospel According to Moses: Theological and Ethical Reflections on the Book of Deuteronomy*. Eugene, OR: Cascade, 2012. Chapters 4, 5, and 8.

Carmen Joy Imes. *Bearing YHWH's Name at Sinai: A Reexamination of the Name Command of the Decalogue*. BBRSup 19. University Park, PA: Eisenbrauns, 2018.

Michael Harrison Kibbe. *Godly Fear or Ungodly Failure?: Hebrews 12 and the Sinai Theophanies*. ZNTW 216. Berlin: de Gruyter, 2016.

*Jan Milič Lochman. *Signposts to Freedom: The Ten Commandments and Christian Ethics*. Translated by David Lewis. Eugene, OR: Wipf & Stock, 2006.

* Sandra L. Richter. *The Epic of Eden: A Christian Entry into the Old Testament*. Downers Grove, IL: IVP Academic, 2008.

바이블 프로젝트 관련 영상: "율법"

4 이제 무엇을 할 것인가?

제사장 직분 위임

지금부터: 지속적인 지도의 필요성

야웨께서 이스라엘을 이집트의 노예 생활에서 구출하시고, 광야에서 그들을 돌보시며, 시내산에서 자신을 계시하시고, 이스라엘을 자신의 보배로운 소유로 초대하여 열방에 자신을 나타내게 하시는 등 많은 일이 이미 일어났다. 3장에서는 십계명을 살펴보았고, 십계명이 야웨와 그분의 이름을 지닌 사람들 사이에 수립된 언약 관계의 중심이라는 사실을 알게 되었다. 하지만 그 뒤에 나오는 다른 율법들은 어떨까? 그리고 성막은 이 그림에 어떻게 들어맞을까?

십계명만으로는 불완전하다. 삶의 많은 영역이 여전히 손대지 않은 채로 남아 있다. 출애굽기 20:22-23:19에는, 시내산에서 하나님이 주신 다른 지침의 긴 목록이 있다. 학자들은 종종 이 세 장을 '언약 법전'(Covenant Code) 또는 '언약의 책'(Book of the Covenant)이라고 부른다. 이 지침들은 올바른 예배, 공정한 고용 관행, 부상 시 합당한 처벌, 타인의 재산 도난 또는 분실에 대한 처벌, 공동체 구성원 중 약자에 대한 책임, 소송 시 적절한 행동, 절기 준수 등 다양한 영역에서 언약에 충실한 모습이 무엇인지 구체화해 준다.

하지만 이 장들에서 가장 인상적인 것은 그다음에 나오는 내용이다. 이스라엘 백성이 알아야 할 모든 것을 들었다고 생각하지 않도록, 그들이 산을 떠날 때 야웨는 계속해서 그들을 인도하겠다고 약속하신다.

이제 내가 너희 앞에 한 천사를 보내어 길에서 너희를 지켜 주며, 내가 예비하여 둔 곳으로 너희를 데려가겠다. 너희는 삼가 그 말에 순종하며, 그를 거역하지 말아라. 나의 이름이 그와 함께 있으므로, 그가 너희의 반역을 용서하지 않을 것이다. (출 23:20-21)

야웨의 이름을 지닌 야웨의 공식 대리인 역할을 하는 천사는 (1) 여행 중 보호, (2) 약속의 땅으로 가는 길 안내, (3) 지속적인 가르침, (4) 전투에서의 리더십 등 네 가지 영역에서의 중요한 필요를 충족시킨다(출 23:20-23). 이 구절 이후에는 천사에 대한 언급이 거의 없기 때문에 천사들이 실제로 어떻게 일했는지 정확히 알 수 없지만, 핵심은 분명하다. 이스라엘에게 율법은 전부도 끝도 아니다. 율법은 지속적인 지침을 대체하지 않는다. 하나님이 무엇을 기대하시는지 알게 되었다고 해서 이스라엘이 '정착'된 것은 아니다. 현실의 삶은 엉망이다. 그들은 계속해서 질문할 것이고, 야웨는 그들에게 자신의 지시가 필요할 거라고 예상하신다.

그 후 몇 달 동안 어떤 일이 일어났는지를 엿볼 수 있는 몇 장면이 등장한다. 레위기 24:10-23에는 한 사람이 야웨를 저주하는 어떤 사람과 싸우는 이야기가 나온다. 분명한 처벌이 따라야

했지만, 장로들은 야웨를 저주한 남자가 이스라엘 사람 어머니와 이집트 사람 아버지 사이에 태어난 혼혈 이스라엘 사람이었기 때문에 어떻게 해야 할지 잘 몰랐다. 그들에게는 명확한 지침이 필요했다. 시내산 율법이 외국 사람이나 혼혈 이스라엘 사람에게도 적용될까? "사람들은 그를 가두어 놓고, 주님의 뜻이 그들에게 밝혀질 때까지 기다렸다"(레 24:12). 모세가 야웨께 물었고, 그 결과 향후 언약 공동체의 일원인 외국 사람과 관련된 모든 사건에 적용할 수 있는 명확한 지침을 받았다. "이 법은 이스라엘 사람에게는 말할 것도 없고, 함께 사는 외국 사람에게도 같이 적용된다"(24:22). 이로써 해결되었다.

고등학생 시절 나의 첫 일자리가 기억난다. 기독교 서점에서 일했는데, 처음에는 사무실에서 송장을 작성하고, 그다음에는 현장에서 판매량을 계산하는 일을 했다. 예상대로 나는 먼저 오리엔테이션을 받았다. 매장 매니저인 마틴(Martin)은 나를 데리고 매장을 둘러보면서 각 직원들을 소개하고 상품이 어떻게 정리되어 있는지 보여 주었다. 근무 시간을 어떻게 기록하는지, 출퇴근 카드를 어디에 제출해야 하는지, 맡은 업무가 무엇인지, 컴퓨터가 어떻게 작동하는지 등을 배웠다. 하지만 그 오리엔테이션이 마틴을 본 마지막은 아니었다. 매일 출근하면 마틴을 찾는 것이 나의 첫 번째 임무였다. 마틴은 펜과 리갈 패드(legal pad: 줄이 처진 황색 용지 묶음—옮긴이)가 달린 클립보드를 들고 다녔다. 그는 그것을 '할 말' 목록이라고 불렀다. 페이지 왼쪽에는 모든 직원에게 '알려야 할' 사항들이 적혀 있었고, 페이지 맨 위에는 각 사람의 이름이 적힌 세로줄이 그어져 있었다. 그 결과 격자 모양 표가 만들어졌다. 나는 출근하면 마틴을 찾아가 나에게 전달할 사항이 무엇인지 물어보곤 했다. 그는 자신의 차트를 확인하여 마지막으로 내게 말한 내용을 확인하고 거기서부터 시작하여 내 이름 아래에 있는 각 항목에 확인 표시를 하곤 했다. "토마스 넬슨 출판사에서 보낸 어버이날 선물이 도착했어요. 정문 왼쪽에 진열되어 있어요." 확인! "다음 주 목요일 저녁 7시부터 10시까지 재고 조사가 있어요. 올 수 있나요?" 확인! "누군가 게이더 보컬 밴드(Gaither Vocal Band)의 새 앨범에 대해 묻는다면, 다시 주문한 상태라고 답해 주세요." 확인! 그렇게 진행되었다. 마틴은 훌륭한 상사였다. 그의 성공 요인 중 하나는 우리 모두로 하여금 일을 잘해 내는 데 필요한 정보에 접근할 수 있게 한 것이다. 마틴은 업무가 진행되는 동안 항상 직원들 곁에 있었다. 자신이 자리를 비울 때는 다른 사람을 매니저로 임명하여 직원들이 알아야 할 정보를 알려 주었다.

물론 이스라엘에게 하나님은 마틴 이상이다. 하나님과 이스라엘의 관계는 그 어떤 직장 관계보다 친밀하고, 영구적이며, 중요하다. 하지만 나의 첫 일자리에 비유하자면, 시내산은 이스라엘에게 오리엔테이션이었다. 그들은 그들의 하나님과 자신들의 정체성, 역할에 대해 배웠다. 야웨의 기대치가 자세히 설명되어 있었다. 하지만 업무 오리엔테이션처럼 율법도 그 자체만으로는 충분하지 않았다. 시내산은 정적인 지침 목록보다 훨씬 많은 것을 약속하는 장기적인 협력 관계의 시작에 불과했다. 이스라엘은 미래의 도전에 직면하면서 더 많은 가르침을 필요로 했다. 그리고 이스라엘의 상황이 변함에 따라 하나님의 지침도 때때로 바뀌었다.[1]

야웨와의 관계는 이제 막 시작되었다. 야웨의 기대를 알았으니, 다음 단계는 공식적인 관계를 맺는 것이었다.

계약 체결: 언약 비준

시내산 가르침은 야웨께서 이스라엘과 맺은 언약의 경계를 스케치한 것이다. 엄밀히 말하면 이것은 새로운 언약이 아니다. 야웨는 창세기 15장에서 아브람과 계약을 맺으며 그의 후손에게 광활한 땅을 약속하셨다. 이제 야웨는 그 약속을 이행하기 위한 조치를 취하면서 "나에게 순종하며, 흠 없이 살아라"(창 17:1)가 무엇을 의미하는지 구체적인 규정을 설명하신다. 사람들은 종종 이것이 다른 언약이라고 생각하지만, 야웨는 이스라엘을 구출하는 자신의 목적을 직접적으로 나타내신다. 아브라함에게 맹세했고 이삭과 야곱에게 반복했던 맹세를 이행하고 계신다. 여기에 새로운 약속은 없다. 단지 하나님이 하신 선언과 그 선언의 혜택을 누리기 위해 수반되는 내용을 새로운 세대가 알아야 할 필요가 있을 뿐이다. 이스라엘이 시내산에 도착하기 전까지, 아브람의 후손들은 가나안과 이집트의 다른 민족들 사이에 섞여 사는 체류자였을 뿐이었다. 하나님은 자신의 백성을 이집트에서 불러내시면서, "내가, 아브라함과 이삭과 야곱에게 주기로 손을 들어 맹세한 그 땅으로 너희를 데리고 가서, 그 땅을 너희에게 주어, 너희의 소유가 되게 하겠다. 나는 주다"(출 6:8)라는 언약을 다시 한 번 기억하신다.

신명기는 하나님이 약속하신 땅에 들어가기 전에 모세가 마지막으로 남긴 설교라는 정황에서 시내산에서 받은 가르침을 정리한 책이다. 신명기는 조약 문서가 아니지만, 다른 고대 근동의 조약과 어느 정도 유사성을 지니고 있다. 히타이트 조약과 마찬가지로 신명기의 언약 낭독에는 제목(1:1-5), 역사적 서문(1:6-4:49), 규정 목록(5-26장), 성전에 문서를 보관하는 지침(31:9-13), 의식에 대한 설명(27장), 증인 목록(31:26), 축복과 저주(28장) 등이 포함되어 있다.[2] 이러한 유사성에도 불구하고 이스라엘의 언약과 고대 근동의 조약 사이에는 몇 가지 차이점이 두드러진다. 국제 조약은 일반적으로 국가 간의 행동을 규제한다. 더 큰 왕(종주)은 더 작은 왕(가신)과 조약을 맺는다. 종주-가신 조약(suzerain-vassal treaty)에서 종주는 보통 가신을 군사적으로 보호하는 대가로 모든 결정권을 행사한다. 다른 국가와 동맹을 맺지 말라. 동맹국을 공격하지 말라. 필요한 조공을 반드시 보내라. 이스라엘 백성에게는 다른 역학 관계가 작용한다.

이 경우 종주는 '더 큰 왕'이 아니라 하나님이다. 하나님은 위대한 왕이시다. 그분의 조약 파트너는 왕이 없는 나라다. 사실상 이스라엘 백성 한 사람 한 사람이 언약의 파트너 역할을 한다.[3] 따라서 조약 또는 언약의 의무는 국제 관계가 아닌 대인 관계와 관련이 있다. 네 이웃도 내가 보호하기로 맹세한 나의 가신이다. 그러니 살인하지 마라. 다른 신을 숭배하는 것은 다른 나라와 동맹을 맺는 것처럼 종주에게 불충성하는 행위가 될 수 있다. 그러니 다른 신을 숭배하지 마라. 너는 야웨의 가신으로 임명되어 여러 민족 가운데서 야웨를 대신하도록 임무를 받았다. 그러니 야웨의 이름을 함부로 부르지 마라. 야웨는 약탈자들로부터 네 이웃을 보호하기 위해 헌신하고 계신다. 그러니 도둑질하지 마라. 도둑질은 야웨를 대적하는 행위다.

이스라엘의 언약은 국제적인 것보다는 개인 간의 관계에 초점을 맞추고 있다. 이는 각 가정이 야웨와의 관계로 초대되어 그분의 보호를 누리기 때문이다. 그림 4.1은 이러한 차이를 설명하고 있다.

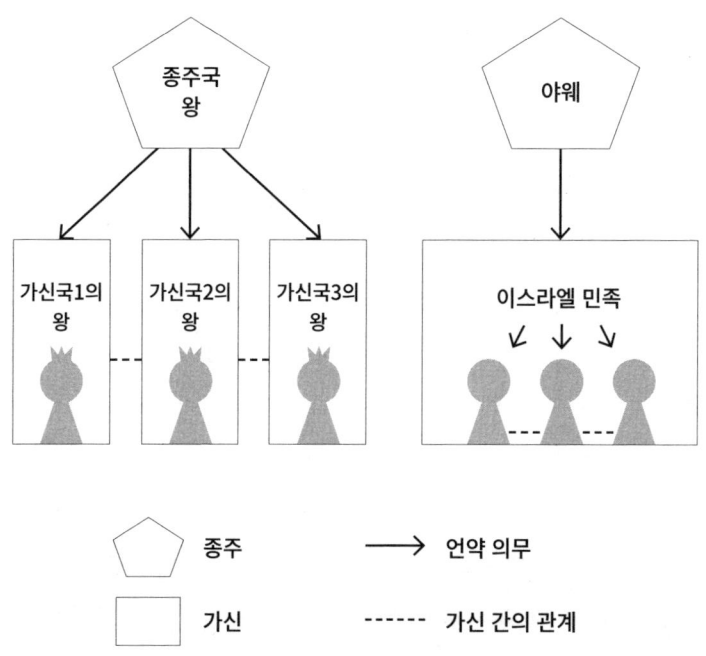

■ 그림 4.1. 고대 근동의 종주-가신 조약과 이스라엘과 야웨의 언약 비교

십계명과 언약의 책에 대한 이스라엘의 반응은 만장일치였다. "모세가 내려와서 백성에게 주님의 말씀과 법규를 모두 전하니, 온 백성이 한 목소리로 주님께서 명하신 모든 말씀을 지키겠다고 대답하였다"(출 24:3). 이에 따라 모세는 언약을 비준하기 위한 조치를 취한다(24:4).

- 미래 세대를 위한 증거로 야웨의 지시를 기록한다.
- 계약의 중요성을 강조하기 위해 동물 희생 제물을 바치는 제단을 쌓는다.
- 언약의 당사자인 열두 지파를 나타내는 열두 기둥을 세운다.

전체 의식에는 중요한 의미가 담겨 있다. 번제는 공동체의 죄를 깨끗하게 한다. 화목제물은 야웨와의 소통을 회복시킨다. 제물에서 나온 피의 절반은 제단에 뿌려진다. 그런 다음 모세는 백성에게 언약의 책을 낭독한다. 백성들은 다시 "주님께서 명하신 모든 말씀을 받들어 지키겠다"(출 24:7)고 대답한다. 모세는 그들에게 나머지 피를 뿌린다. 우리는 이 그림에서 감동보다 역겨움을 느낄 가능성이 더 크다. 우리는 이 그림이 너무나 이질적이어서 이 행동의 상징적 의미를 놓치기 쉽다. 피는 생명과 정결의 중요한 상징이다. 피는 백성들을 영적으로 정결하게 하고, 언약을 확정지으며, 언약 구성원으로서의 지위를 공적으로 표시한다. 또한 구운 고기가 이방 땅에서의 마지막 식사를 떠올리게 하듯, 이 피는 이집트에서 문설주에 칠한 유월절 양의 피를 떠올리게 해 하나님의 보호를 연상하게 했을 것이다.[4]

전형적인 고대 근동의 조약을 염두에 둔다면, 전체 인구에게 피를 뿌리는 행위는 매우 심오한 일로 다가올 것이다. 왕국 간에 맺은 조약은 조공을 바치기 위해 세금을 인상하는 것 외에 일반 백성들과 거의 관련이 없었을 것이며, 그 효과도 거의 없었을 것이다. 그러나 모든 이스라엘 백성은 언약의 구성원이다. 모든 사람에게 언약을 지킬 책임이 있다. 그래서 모든 사람에게 피가 뿌려진다.

사실 제사를 드리면서 사람들에게 피를 뿌리는 일은 거의 일어나지 않는다. 예외는 제사장 위임식인데, 제사장 위임식 때는 의식 중에 피가 뿌려진다(레 8:30). 따라서 이 비준식에서 뿌려지는 피는 이스라엘의 제사장적 소명을 강화한다. 이스라엘 백성은 제사장으로 구성된 하나의 왕국, 즉 야웨의 세굴라로 구별된 나라다.

이 언약이 외국에서 비준되었다는 데는 열두 지파가 모두 공평한 위치에서 출발한다는 의미도 있다. 어떤 지파도 이 중요한 순간을 주관할 수 없다.[5]

비준이 끝난 후 모세는 장로들을 데리고 산 위로 올라가 야웨의 면전에서 언약의 식사를 함께 한다. 모세는 두 돌판과 성막 지침을 받기 위해 나머지 길을 직접 올라가고, 자신이 없는 동안 아론과 훌에게 권한을 위임한다. 야웨가 그들의 하나님이 되시려면 그분이 그들 가운데 거하실 수 있도록 준비해야 한다. 하지만 이스라엘이 약속 준수에 실패하는 데는 그리 오랜 시간이 걸리지 않았다. 모세가 돌아왔을 때 공동체는 혼란에 빠진다.

산산조각 나다: 깨어진 언약

모세가 없는 동안 이스라엘 백성들은 초조해졌다. 시간이 지나도 모세가 산에서 돌아올 기미가 보이지 않자 사람들은 불안해졌다. 모세는 산 위로 사라졌고, 모세의 하나님은 접근불가였다. 리더십의 공백이 찾아온다. 이스라엘이 광야에서 얻은 교훈은 최근의 일인데도, 점점 희미해져 간다. 그들은 의지할 수 있는 실체를 원한다. 눈에 보이는 신과 그들을 도와줄 지도자를 원한다. 하나님에 대한 어떤 형상도 만들지 않기로 합의했음에도, 그들은 아론에게 말한다. "일어나서, 우리를 인도할 신을 만들어 주십시오"(출 32:1).

아론이 백성들의 요청에 순응한 것을 어떻게 정당화할 수 있을까? 그는 누구보다 잘 알았을 것이다. 나중에 현장에 도착한 모세도 같은 의문을 품는다. "이 백성이 형님에게 어떻게 하였기에, 형님은 그들이 이렇게 큰 죄를 짓도록 그냥 놓아 두셨습니까?"(출 32:21) 그는 하나님의 다른 형상이 아니라 야웨의 교통수단을 형상화하는 것이라고 생각했을지도 모른다. 주변 문화권에서는 송아지나 황소의 형상을 한 신을 숭배하기도 했고, 신이 황소를 타고 있는 모습을 상상하기도 했다. 어쩌면 아론이 야웨의 명령과 백성들의 요구 사이에서 섬세한 타협을 시도한 것인지도 모른다. 그러나 나는 이미 다른 신을 숭배하거나 형상을 만드는 것이 모두 같은 명령을 위반하는 것이라고 주장했다. 어느 쪽이든 아론은 도를 넘은 것이다. 백성들이 바친 금으로 송아지를 만든 후, 아론은 아무 말도 하지 않는다. 그의 침묵은 백성들이 선포하는 계기를 제공한다. "이스라엘아! 이 신이 너희를 이집트 땅에서 이끌어 낸 너희의 신이다"(출 32:4). 아론이 즉각 제단을 쌓고 야웨께 제사를 지낸다. 이것은 사태를 수습하려는 시도일까, 아니면 그들을 다시 올바른 예배로 돌리기 위한 눈속임일까?

어쨌든 그것은 효과가 없었다. 백성들은 제단에 제물을 바치면서도 "흥청거리며 뛰놀았다"(출 32:6). 이는 축제가 난잡한 파티로 변했음을 나타낸다.[6] 야웨는 그들의 경건한 모습에 속지 않으신다. "어서 내려가 보아라. 네가 이집트 땅에서 이끌어 낸 너의 백성이 타락하였다"(출 32:7). 야웨께서 산 위에 있는 모세에게 하신 말씀은 거의 코미디에 가깝다. 관계가 끊어진 것이 감지되는가? 이제 그들은 모세의 백성이다. 아론의 의도가 무엇이었든, 야웨는 금송아지를 백성들이 절한 우상으로 여기신다. 그리고 그들을 "목이 뻣뻣한 백성"(개역개정), 즉 고집불통이라고 부르며 그들을 멸망시키고 모세를 위대한 민족으로 만들겠다는 계획을 발표하신다. 하나님은 처음부터 다시 시작할 준비를 하신 것이다.

모세는 역사상 단 한 번뿐인 기회를 거절한다. 대신 "주님, 어찌하여 주님께서 큰 권능과 강한 손으로 이집트 땅에서 이끌어 내주신 주님의 백성에게 이와 같이 노하십니까?"(출 32:11)라고 말하며 상황을 바로잡는다. 그는 이들이 야웨의 백성이기 때문에 야웨의 명성이 위태로워진다는 사실에 집착한다. 그는 마치 동료와 대화하듯 자연스럽게 하나님을 언급한다. "어찌하여 이집트 사람이 '그들의 주가 자기 백성에게 재앙을 내리려고, 그들을 이끌어 내어, 산에서 죽게 하고, 땅 위에서 완전히 없애 버렸구나' 하고 말하게 하려 하십니까?"(출 32:12) 모세는 이집트로 돌아갔을 때의 신문 기사 헤드라인을 상상할 수 있다. "탈출한 노예들,

야웨에게 학살당하다!" 이 뉴스의 의미는 이스라엘의 일시적인 반란으로 인한 좌절감보다 훨씬 심각했을 것이다. 이방 나라들은 야웨가 어떤 분인지에 대해 잘못된 인상을 갖게 될 것이다. 아브라함, 이삭, 야곱에게 이스라엘을 큰 민족으로 만들고 땅을 주겠다고 스스로 맹세하셨으니까, 야웨께서 화를 내시는 것은 옳다. 하지만 지금 이스라엘을 멸망시키는 것은 자신의 성품을 부정하시는 것이고, 자신의 약속을 어기시는 것이다. 모세에게는 어떤 개인적인 영광도 이토록 참혹한 결과보다 중요할 수 없었다.

모세의 태도는 더 깊이 생각해 볼 만하다. 우리라면, 세상의 주목을 한몸에 받는 동시에 자신을 괴롭힌 사람들에게 복수할 수 있는 기회를 마다할 이유가 있을까? 과연 그런 동기가 있기나 할까? 모세에게는 하나님이 제안하신 행동으로 인해 초래될 하나님의 불명예가 다른 모든 것보다 우선했다. 그래서 모세를 "땅 위에 사는 모든 사람 가운데서 가장 겸손한 사람"(민 12:3)이라고 부르는지도 모르겠다. 그는 시내산에서 자신을 하나님의 명성보다 앞세우기를 거부한다.

이 이야기의 가장 큰 미스터리는 야웨께서 돌이키신다는 점이다(출 32:14). 모세의 간구에 응답하여, 하나님은 자기 백성을 멸망시키지 않기로 결정하신다. 이것은 내게 많은 질문을 불러일으킨다. 모세의 기도가 효과적이었던 이유는 그가 하나님의 성품에 따라 행동해 달라고 하나님께 요청했기 때문일까? 그렇다면 왜 하나님이 자신의 성품에 따라 일관되게 행동하시도록 상기시켜 드려야 했을까? 모세가 기도하지 않았다면 어떤 일이 벌어졌을까? 우리는 알 수가 없다.

모세가 산에서 내려와 그들의 반역을 직접 목격하면서 이야기는 더욱 복잡해진다. 본문은 "모세는 화가 나서(his anger burned), 그는 손에 들고 있는 돌판 두 개를 산 아래로 내던져 깨뜨려 버렸다"(출 32:19)라고 말한다. 그의 분노가 타올랐다고? 이것은 야웨께서 산에서 자신에 대해 말씀하신 것과 정확히 일치한다. "내 진노가 그들에게 불타도록 나를 내버려두라"(32:10). 모세가 산에서 침착하고 이성적으로 행동할 수 있었던 것은 하나님이 보신 것을 그가 아직 보지 못했기 때문은 아닐까 궁금해진다. 이제 그는 그것을 보고 날려 버린다. 그는 언약의 돌판을 깨뜨림으로써 언약이 이미 파기되었음을 생생하게 보여 준다.

모세가 돌판을 깨뜨린 것은 분명 그들의 관심을 끌었을 것이다. 아론의 반응은 인간 본성의 전형적인 모습을 보여 준다. "이 백성이 악하게 된 까닭을 아시지 않습니까?" 그는 그들의 요청을 정확히 인용하지만, 자신의 반응은 의역함으로써 반란에서 자신이 맡은 역할을 감춘다. "그들이 금붙이를 가져 왔기에, 내가 그것을 불에 넣었더니, 이 수송아지가 생겨난 것입니다"(출 32:24). 내레이터는 이미 아론이 이 프로젝트에 얼마나 많이 개입했는지 이야기하고 있다. 아론은 "그들에게서 그것들을 받아 녹여서, 그 녹인 금을 거푸집에 부어 송아지 상을 만들었다"(32:4). 아론이 장인이라는 사실은 보고에서 편의상 빠져 있다.

이야기는 난교를 끝내기 위한 레위인들의 용감한 행동과 하나님의 자비를 간절히 구하는 모세의 간청으로 끝난다. 모세는 새로운 나라의 지도자가 되는 것을 기꺼이 포기할 뿐 아니라, 완고한 민족을 살리기 위해 주님의 생명책에 기록된 자신의 이름도 기꺼이 지워 버린다(출 32:32). 정말 감동적이다! 그러나 이스라엘 백성을 향한 자비는 모세 혼자만의 것이 아니다. 야웨는 이미 구출 계획을 세우고 계셨다. 그들의 반역은 그분에게 놀라운 일이 아니었다.

자비의 청사진: 성막 건축 계획

황금 송아지 사건에서 가장 주목할 만한 점은 바로 그 앞부분에 나온다. 우리가 건너뛴 일곱 장에는 성막 건축에 대한 자세한 계획이 담겨 있다. 성막은 야웨의 임재가 이스라엘 백성 가운데 거하게 하는 동시에 그들의 반역으로 인한 파괴적인 영향으로부터 그들을 구제할 특별한 장막이다. 이스라엘 백성은 언약의 조건에 동의했지만, 하나님의 첫 번째 명령은 언약을 어겼을 때 용서받을 수 있는 방법을 모세에게 명확하게 설명하시는 것이었다. 이것이 바로 은혜다!

나는 남편과 컬럼비아강 협곡에서 결혼 20주년을 기념했다. 컬럼비아강은 오리건과 워싱턴의 경계를 이루며 미국 대륙에서 가장 숨막히는 경치를 자랑하는 곳이다. 우리는 협곡을 따라 펼쳐진 아름다운 폭포들 중 하나인 브라이덜 베일 폭포에서 가까운 위치에 있는 브라이덜 베일 롯지를 다시 방문했다. 이곳은 신혼여행 명소였다. 우리는 매일 아침 숙소 문을 나서서 경치 좋은 고속도로를 건너고 나무 사이를 지나 전망대까지 걸어가곤 했다. 그 전망대에서는 컬럼비아강과 강 남쪽 강둑을 가로지르는 분주한 고속도로, 워싱턴 북쪽의 나무가 우거진 산들을 볼 수 있었다. 우리는 가파른 절벽 밑에 있는 고속도로에서 100피트 정도 위에 있었다. 현명한 공원 관리인이 전망대 가장자리를 따라 튼튼한 울타리를 설치했다. 이 울타리 덕분에, 가장자리까지 안전하게 올라가 추락할 염려 없이 모든 경치를 만끽할 수 있었다.

성막이 이와 같았다. 야웨께서 임재하시는 핫스팟은 성막의 가장 안쪽 방에 숨겨져 있었고, 제사장들만 들어갈 수 있는 바깥 성막이 그곳을 지켰다. 성소로 들어가는 입구는 또 한 겹의 휘장으로 둘러싸인 경계로 보호되었으며, 그 경계 입구는 제단 근처에 있었다. 어린아이가 실수로 성소에 들어가 일곱 개의 등불이 달린 촛대를 넘어뜨리면 안 되기 때문이었다. 죄인인 이스라엘 백성이 하나님의 거룩한 임재에 너무 가까이 다가갔다가 폭력적인 죽음을 당하는 일은 없었다. 성막의 외곽 경계는 위험으로부터 그들을 보호하는 동시에 가까이에서 생활할 수 있게 해 주었다.

성막의 배치는 안전한 거리에서 야웨의 영광을 바라볼 수 있게 해 주었고, 의식 위반에 대한 두려움 없이 그분의 세심한 임재를 확신할 수 있게 했다. 율법과 마찬가지로, 성막도 보호 울타리를 쳐서 은혜를 베풀었다.

야웨의 위험한 임재

야웨가 선한 분이면서 위험한 분이라고 말하는 것은 모순적으로 보인다. 그러나 둘 다 그분의 성품의 한 측면이다. 야웨는 사랑이 많으시기

때문에 악을 용납하지 않으신다. 그분은 "악과 허물과 죄를 용서하는 하나님"(출 34:7)이다. 우리가 겸손하게 하나님께 나아가 죄를 회개하면, 그분은 우리에게 용서라는 은혜를 베푸신다. 그러나 우리가 죄를 깨닫지 못하거나 반역한 상태로 하나님 앞에 나아가면 그분의 거룩하심은 우리에게 정결을 요구한다.

이것을 태양에 비유할 수 있다. 태양은 지구에 빛과 온기를 제공하지만, 너무 가까이 가면 화상을 입을 수 있다.[7] 야웨의 존재를 위험하게 만드는 것은 불결한 우리가 직면해야 하는 그분의 정결함이다. 이스라엘 백성은 도덕적, 제의적 부정함으로 인해 하나님과 가까이할 수 없기 때문에 하나님과의 사이에 벽이 필요하다.

'제의적 정결'(ritual purity)은 오늘날 우리에게 낯선 개념이므로 약간의 설명이 필요하다. 레위기는 이스라엘 백성이 지켜야 할 정결의 두 가지 주요 범주인 제의적 정결과 도덕적 정결에 대해 설명한다. 레위기 18-20장은 이스라엘 백성에게 도덕적 정결의 영역에 대해 가르친다. 이 범주는, 주어진 명령 중 몇 가지가 여전히 자의적으로 보일지라도, 우리의 옳고 그름에 대한 감각과 연결되어 있기 때문에 이해하는 데 어렵지 않다. 하나님은 부도덕한 행동을 용납하지 않으신다. 이스라엘 백성은 바르게 살아야 한다. 제의적 정결에 대한 율법은 레위기 11-15장에 요약되어 있다. 제의적으로 부정한 것이 죄로 간주되지는 않았지만, 제의적 정결은 성전 활동(즉, 제사)에 참여하기 위한 필수 요건이었다. 제의적 부정함은 시체, 생식 체액(월경혈, 오로, 정액), 곰팡이, 피부병 등 죽음과 관련된 물질이나 규정된 식단을 벗어난 부정한 음식 섭취로 인해 발생했다.[8] 부정함은 일시적인 것이었다. 일정 시간을 기다렸다가 목욕하고 제사를 드림으로써 다시 깨끗해지면 되었다.

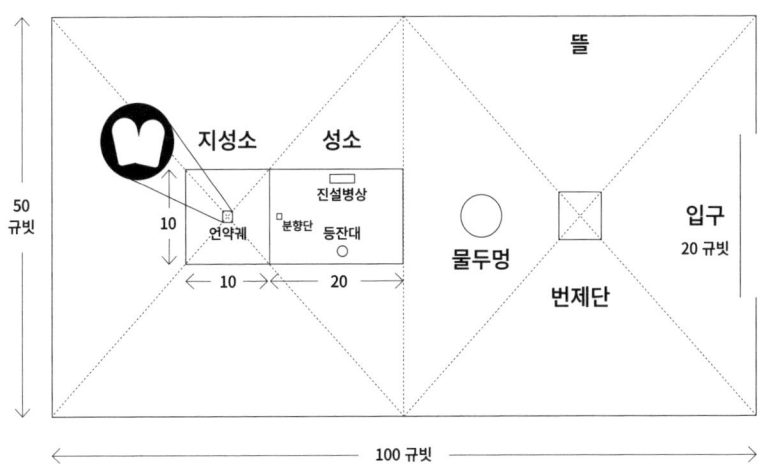

■ 그림 4.2. 성막 도표

    흰색 리넨으로 만든 바깥쪽 경계는 성막 뜰의 신성함을 보장한다. 성막의 뜰에는 제물이나 제물을 가져온 사람만 들어갈 수 있다. 제사장들은 시체나 곰팡이 또는 기타 제의적으로 부정한 것과 접촉되지 않도록 조심해야 한다. 성막 자체는 더 정교하고 밝은 색 천으로 만들어져 내용물의 중요성을 나타낸다. 성막에는 시각을 위한 등잔대, 후각을 위한 향, 미각을 위한 진설병 등 감각적인 예배 경험을 가능하게 하는 상징적 도구들이 보관되고 유지된다. 대제사장이 입장하면 옷에 달린 종소리가 울리고 피가 뿌려지는 등 청각과 촉각이 모두 동원되는 봉헌 의식이 거행된다. 그룹이 수놓아지고 금을 입힌 나무 기둥으로 고정된 가장 정교한 휘장 뒤에는 대제사장이 1년에 단 한 번만 들어가는 내실(the inner sanctuary)이 있다. 내부에는 순금을 입힌 화려한 나무 상자인 언약궤가 있으며, 그 안에는 언약의 돌판과 광야에서 하나님이 공급하신 다양한 증표가 들어 있다.

이로써 야웨께서 이스라엘과 맺으신 언약을 유지하기 위한 은혜로운 대비책인 성막의 설계가 완성된다. 하지만 성경 전체에서 가장 지루한 구절인, 금송아지 사건 이전의 설계 지침을 다룬, 일곱 장이 출애굽기 35-39장에서 거의 그대로 반복된다! 이 사실만으로도 우리는 대부분 출애굽기 후반부를 건너뛰게 된다. 왜 전체를 두 번이나 말해야 할까? 여기에는 사실 중요한 이유가 있다. 모세가 하나님의 지시를 얼마나 진지하게 받아들였는지 강조하기 위해서다.

성막은 창의적인 자기표현을 위한 선택형 모험 수단이 아니다. 프로젝트의 모든 측면은 사전에 세심하게 계획되어 있다. 성막의 각 기물은 신학적인 의미를 담고 있다. 색의 구성도 의도적인 것이다(이 부분은 나중에 자세히 설명하겠다). 하나님은 여러 분야에서 창의력을 발휘하도록 우리를 초대하시지만, 자신의 거처에 관해서는 직접 수석 디자이너 역할을 담당하신다. 모세의 임무는 그저 비전을 전달하고 그 비전이 실행되도록 하는 것이며, 출애굽기가 보여 주듯 그는 이 일을 꼼꼼하게 수행한다.

자기표현을 중시하는 시대를 살고 있는 우리에겐 세부적인 순종에 대한 이러한 관심이 이해하기 어려울 수 있다. 현대에 비유하자면 건축법을 들 수 있다. 남편은 해외 선교사가 되기 전에 건축 제도사로 일했다. 나는 그가 적절한 주차 공간의 수, 각 주차 공간의 폭, 장애인 접근을 위해 지정된 장소의 적절한 수, 적절한 보도 폭과 연석 높이, 난간, 계단 턱 등 건축법을 준수하기 위해 지루한 작업을 했던 것을 기억한다. 필리핀의 수도 마닐라로 이사하기 전까지는 이 모든 것이 귀찮은 일처럼 보였다. 건축법이 거의 없거나 아예 없는 인구 1,800만 명의 도시에서 생활하는 것은 위험했다! 어딘가를 걷는 것은 '위험을 감수하는 일'이었다. 보행로에는 움푹 파인 구멍이 메워지지 않은 채 방치되어 있었다. 계단 높이는 고르지 않고 일정하지 않았다. 계단에는 난간이 아예 없는 경우가 많았다. 주차장이 없거나 장애인을 위한 편의시설이 없는 사업체도 많았다.

마닐라에서의 봉사활동 중 하나는 빈곤 지역 유치원 프로그램을 진행하는 현지 봉사팀을 돕는 일이었다. 어느 여름, 유치원 원장이 여행 계획을 세우면서 콘크리트 건물의 2층 바닥을 교체하는 공사 인부들 감독하는 일을 도와줄 수 있는지 물어 왔다. 나는 건물 안전에 대해 전혀 몰랐고, 그저 며칠에 한 번씩 나타나 작업 현장을 꼼꼼히 살피는 척만 하면 되었다. 그 경험을 통해 나는 자신이 하는 일을 잘 아는 건축물 준공 검사관이 얼마나 중요한지 새롭게 인식하게 되었다.

이스라엘의 성막 지침은, 건축 규정처럼 물리적 안전을 최우선으로 한 것이 아니다. 물론 절차를 제대로 따르지 않으면 물리적인 결과가 따랐지만, 이 지침들의 주요 목적은 우주에서 가장 강력한 존재가 거하기로 선택하신 백성들의 영적 건강과 안전을 보장하는 데 있었다. 이러한 지침은 혼돈에 질서를 가져오고 그분의 임재가 그들 가운데 지속될 수 있게 하는 하나님의 신중하고 인내심 있는 방법이었다.

성공을 위한 옷차림: 아론과 제사장들

하나님이 혼돈에 질서를 가져다주시는 또 다른 방법은 성막의 성소에서 일할 제사장을 임명하는 것이다. 아론은 대제사장으로 자원하지 않았다. 그의 아들들도 마찬가지다. 야웨께서 그들의 이름을 불러 선택하신 것이다. 그들은 빈손으로 왔다. 특별한 자격을 갖춘 것도, 유니폼을 입은 것도 아니다. 그들은 하나님의 임재를 돌보는 자, 성막을 관리하는 책임자, 죄 용서를 확인하는 과정의 전문가가 된다. 하지만 먼저 그들은 옷을 입어야 한다.

성막에 들어가 제사드리는 권한을 부여받는 제사장의 위임식 계명은 출애굽기 29장에 나오며, 레위기 8-9장에서 시행된다. 우리에게는 이상한 의식처럼 보일 수 있지만, 이 의식에는 분리, 한계, 재통합이라는 진정한 의식의 모든 요소가 포함되어 있다.[9] 의식은 공동체에서 누군가의 지위를 바꾸고 새로운 정체성을 부여한다. 의식이 제대로 진행되려면, 다른 사람들과 구별된 상태에서 의식이 진행될 수 있도록, 당사자를 중립 지역인 제한된 공간으로 데려가야 한다. 그 후 새로운 신분으로 공동체에 다시 합류할 수 있다. 이것이 바로 제사장 위임식에서 일어나는 일이다. 아론과 그의 아들들은 백성들과 구별되어 "회막 어귀"라 불리는 곳으로 인도된다. 이곳은 말 그대로 '경계'(liminal은 라틴어 *limen*, 즉 '문턱'에서 유래했음을 기억하자) 공간이다. 그곳에서 모세는 그들을 공개적으로 씻기고 정성스럽게 만든 의복을 입힌다. 아론의 아들들은 흰색 리넨 속옷을 입고, 두건을 쓰고, 여러 가지 색의 띠로 묶은 겉옷을 입는다.

아론은 누구보다도 화려한 예복을 입는다. 흰색 속옷 위에 여러 가지 색상의 띠를 착용하고, 청색 겉옷을 걸치는데, 그 밑단에는 금방울과 석류가 번갈아 달려 있다. 그 위에는 금색 실로 수놓은 여러 색상의 앞치마를 입는다. 어깨 끈에는 두 개의 보석이 달려 있는데, 각각 열두 지파 중 여섯 지파의 이름이 새겨져 있다. 흉패에는 열두 개의 보석이 박혀 있으며, 각 보석에는 각 지파의 이름이 새겨져 있다. 이 보석들은 이스라엘 열두 지파에 대한 언약을 날마다 야웨께 상기시키며, 열두 지파로 하여금 모두 야웨의 사역에서 각자의 자리를 차지할 수 있게 해 준다. 어느 누구도 소외될 수 없다. 그들은 모두 야웨께 속해 있다. 그들은 모두 야웨의 보배로운 소유다. 아론은 머리에 관을 쓰는데, 관에는 청색 실로 꼰 끈에 묶인 순금 패가 달려 있고, 패에는 '주님께 거룩'(히브리어로 '코데쉬 라야웨')이라고 적혀 있다.

이 옷은 아론을 야웨 앞에서 모든 이스라엘 백성을 대표하고 백성들 앞에서는 야웨를 대표하는 존재로 만들어 준다. 아론은 이스라엘을 위해 효과적인 의식을 수행함으로써 성막의 일부가 된다. 그는 바깥쪽 뜰과 안쪽 성소 사이의 공간을 가로지르며 두 세계를 중재한다. 사실, 그의 옷은 "안쪽으로 뒤집힌 성막"이다.[10] 지성소의 재료에 상응하는 보라색, 청색, 붉은색, 금색 실로 짠 가장 정교한 옷은 그의 가장 바깥옷이다. 그 안에는, 성막 뜰 바깥 휘장 재료에 상응하는 평범한 흰색 리넨 속옷을 입고 있다.[11]

대제사장은 1년에 단 하루, 속죄일에만 하나님의 임재의 중심인 지성소에 들어간다. 우리는 대제사장이 지성소에 들어가면서 이스라엘 지파의 이름을 지니고 들어갈 거라고 예상할지 모르지만, 그는 그렇게 하지 않는다. 오히려 아론은 두 세계 사이의 중재자 역할을 상징하기 위해 모시로 만든 옷과 관만 착용하라는 지시를 받는다. 속죄일에 그는 성막의 뜰에 어울릴 만한 평범한 옷을 입고 가식 없이 야웨의 임재 가운데로 나온다. 그의 소박한 옷차림은 그가 지성소에 진정으로 속한 존재가 아님을 상기시켜 주는 것일지도 모른다.

업무 개시: 제사 제도

레위기 1-7장은 제사장들의 직무 안내서처럼 읽힐 수 있지만, 사실 이 장들은 모든 사람과 관련이 있다. 나는 아들 이스턴이 겨우 일곱 살 때 이 장들을 오디오로 들었던 일을 절대 잊지 못할 것이다. 아무도 이스턴에게 레위기가 지루하다고 경고하지 않았다. 오히려 그 반대였다. 우리는 레위기와 속죄에 대한 바이블 프로젝트 영상을 시청했기 때문에, 이스턴은 의욕이 넘치고 준비가 되어 있었다. 내레이터가 설명하는 동안 이스턴은 완전히 매료되었다. 고의적 죄, 비고의적 죄, 흠 없는 염소, 한 쌍의 새, 곡식 제물 등 고대의 절차와 관련된 문서의 논리를 따라가려고 애쓰는 동안, 그의 머릿속에서 작은 톱니바퀴들이 돌아가는 것을 볼 수 있었다. 한번은 아이가 내게 오디오를 멈춰 달라고 하더니 의아하다는 듯 물었다. "엄마, 너무 가난해서 새를 가져오지 못하면 곡식을 가져올 수 있다고 했잖아요. 하지만 이번에는 그런 말이 없었어요." 이스턴이 이 내용에 몰두하는 모습을 보면서 고대 이스라엘 사람들이 이 말씀을 얼마나 큰 관심을 가지고 들었을지 짐작할 수 있었다. 이것은 국가의 안보와 개인의 안녕에 관한 문제였다.

제사 규정은 은혜로 가득 차 있다. 야웨는 깨어진 관계의 회복과 죄 용서를 위한 분명한 조치를 제공하신다. 이 장들에서 반복되는 후렴은 "그리고 그들은 용서받을 것이다"라는 환희의 선포다.

제사장의 훈련은 오늘날 은행 창구 직원의 훈련과 비슷했을 것이다. 둘 다 창의성보다는 엄격한 규정 준수를 필요로 하는 직업이다. 돈은 통일된 방식으로 신중하게 계산해야 한다. 창구 직원은 기분이 좋다고 해서 돈을 나눠줄 수 없고, 기분이 나쁘다고 해서 고객 서비스를 거부할 수도 없다. 자금 추적을 위한 자신만의 시스템을 만들 수도 없다. 은행 규정에서 조금만 벗어나도 해고될 수 있다.

아론과 그의 아들들의 지위가 높아졌다고 해서 그들이 원하는 대로 할 수 있는 것은 아니다. 은행의 창구 직원처럼, 이스라엘의 제사장들은 자신이 훈련받은 데서 조금도 벗어나면 안 된다. 그들의 일에는 창의성을 발휘할 여지가 없다. 제사장은 절차의 수호자이자 규약의 관리자다. 레위기 9장에는, 제사장들이 자신의 직무를 얼마나 진지하게 받아들였는지 보여 주기 위해, 제사장들이 첫 제사를 드리는 날에 대한 진지한 설명이 나와 있다. 공동체를 정결하게 하는 데 필요한 제물을 준비한 후, "주님의 영광이 모든 백성에게 나타났다. 그 때에 주님 앞에서부터 불이 나와, 제단 위의 번제물과 기름기를 불살랐다"(레 9:23-4). 하나님의 불은 그들의 제물을 받으셨다는 증거다. 불은 희생제물을 태움으로써 상징적으로 백성들의 죄를 소멸시켰다.

레위기 10장 바로 다음 이야기는 제사장들이 예배를 주도적으로 이끌었을 때 어떤 일이 벌어지는지를 보여 준다. 아론의 아들 나답과 아비후는 뭔가 창의적인 시도를 해 보고 싶었던 모양이다. 그들은 하나님이 명하신 것과 다른 불과 향을 향로에 넣고 야웨께 바친다. 하나님이 명령하신 시간도, 장소도, 방법도 아니었다. 야웨는 감동하지 않으신다. "주님 앞에서 불이 나와서 그들을 삼키니, 그들은 주님 앞에서 죽고 말았다"(레 10:2). 9장에서 제물의 형태로 죄를 태웠던 바로 그 불이 이제 야웨의 명령보다 나은 예배 방법을 안다고 생각하는 담대한 죄인들을 태워 버린다. 이스라엘 공동체의 다른 영역에서는 혁신이 환영받지만, 성막에서는 야웨께서 용납하실 수 없다. 그 대가가 너무 크기 때문이다. 공동체 전체의 정결이 위태로워질 수 있고, 따라서 그들 가운데 거하시는 거룩하신 하나님과 평화롭게 살아갈 수 있는 능력 또한 위협받게 된다.

이런 점이 신경 쓰인다면, 오늘날 세무, 제약, 간호, 항공 등 정책을 엄격하게 준수해야 하는 직업을 생각해 보라. 정책을 벗어나는 것은 사기가 되거나 정말 위험할 수 있다.

나답과 아비후에게 물어보라.

더 깊은 연구를 위하여

Michael J. Chan and Brent A. Strawn, eds. *What Kind of God?: Collected Essays of Terence E. Fretheim.* Siphrut 14. Winona Lake, IN: Eisenbrauns, 2015. Part 2.

* Peter Enns. *Exodus*. NIVAC. Grand Rapids: Zondervan, 2000.

* Terence E. Fretheim. *Exodus*. Interpretation. Louisville: Westminster John Knox, 2010. 『출애굽기』, 현대성서주석(한국장로교출판사).

Carmen Joy Imes. *Bearing YHWH's Name at Sinai: A Reexamination of the Name Command of the Decalogue.* BBRSup 19. University Park, PA: Eisenbrauns, 2018.

바이블 프로젝트 관련 영상: "언약", "출애굽기 1-18장", "출애굽기 19-40장", "거룩", "레위기"

5 준비 완료
약속의 땅을 위한 준비

우리와 함께하시는 하나님

이스라엘 자손은 한동안 시내산에 진을 쳤다. 경이로움으로 가득 찬 기간이었다. 그들은 자신들이 누구인지, 즉 야웨의 특별한 대표자로 임명된 열두 지파의 연합체임을 알게 되었다. 또한 야웨께서 이 역할을 통해 자신들에게 기대하시는 것이 무엇인지를 깨달았다. 그것은 이웃의 권리를 보호하고 야웨만 경배하는 삶의 방식이었다. 그들은 도덕적 실패에 대처하는 방법과 하나님의 임재에 들어갈 수 있도록 제의적 정결을 유지하는 방법도 배웠다. 이러한 교훈은 그들이 하나님의 백성으로 성장하는 데 결정적인 역할을 했다. 하지만 모세는 시내산에서 이보다 훨씬 중요한 또 다른 경이로움을 경험했다. 야웨를 직접 만난 것이다.

A. W. 토저는 "하나님에 대해 생각할 때 우리의 마음에 떠오르는 것이 우리에게 가장 중요한 것"이라고 말한 적이 있다.[1] 타문화권 기독교 사역자에 대한 던컨 웨스트우드(Duncan P. Westwood)의 연구에 따르면, 한 사람이 하나님에 대해 지니고 있는 이미지와 어려움에 직면했을 때의 회복력 사이에는 강력한 상관관계가 있는 것으로 나타났다.[2]

하나님에 대해 생각할 때 어떤 그림이 떠오르는가? 웨스트우드는 참가자들에게 유리창 네 개에 하나님에 대한 이미지를 그리도록 하여, 인생의 주요 단계를 따라 그 이미지가 어떻게 발전해 왔는지 묘사하게 하는 활동을 개발했다. 그의 연구에 따르면 하나님에 대한 건강한 이미지에는 세 가지 뚜렷한 특징이 있다.

1. 친밀한 존재
2. 삶의 다양한 단계를 통한 진전 또는 성장
3. 하나님의 신비와 광대함을 포용할 수 있는 능력[3]

우리가 지닌 하나님에 대한 이미지에 이러한 특징이 있다면, 우리는 불안과 우울감에 시달릴 가능성이 훨씬 줄어들고 삶의 어려움에 직면했을 때 더 큰 회복력을 갖게 될 것이다. 삶은 우리에게 다양한 경험을 선사한다. 하나님을 멀리 계시고 진노로 가득 찬 분으로 본다면, 우리는 하나님이 우리를 반대하신다고 생각하게 될 것이다. 그러면 극심한 실패감에 빠지거나 하나님의 호의를 얻기 위해 끊임없이 애쓰는 삶을 살게 될 수 있다. 반면에 하나님을 자비로운 분으로만 본다면, 불의를 경험할 때 그분과 갈등을 일으킬 수 있다. '자비로우신 하나님이 어떻게 이런 일을 허용하실 수 있을까?'라고 생각하거나, '억압하는 가해자들을 어떻게 풀어 주실 수 있을까?'라고 생각할 것이다. 대신 하나님을 좀 더 총체적으로 생각하면, 하나님의 방식을 이해하려는 집착에서 벗어날 수 있고 궁극적으로 정의를 실현하실 하나님을 신뢰할 수 있을 것이다. 이러한 희망은 우리를 회복력 있게 만든다.

시내산은 이스라엘 자손들에게 하나님에 대한 이미지를 어떻게 변화시켰을까? 하나님에 대한 그들의 이미지는 이집트에서 구체화되기 시작했다. 각각의 재앙은 이집트와 이스라엘 자손 모두에게 야웨가 이집트의 신들보다 강력한 신이며, 동료 인간을 학대하는 사람들에게 책임을 묻는 신이라는 것을 보여 주었다. 이미 이집트에서는 하나님의 정의와 자비가 나란히 나타났다.

이스라엘 자손은 시내산에서 경외심을 불러일으키는 우레 가운데 야웨의 영광을 마주한다. 모세는 산에서 하나님의 말씀을 들은 다음 진 밖의 장막에서 정기적으로 그분의 말씀을 듣는다. 하지만 여전히 뭔가 부족하다. 모세는 야웨를 더 온전히 알고 싶다는 열망을 나타낸다. "제가 주님을 섬기며, 계속하여 주님께 은총을 받을 수 있도록, 부디 저에게 주님의 계획을 가르쳐 주십시오"(출 33:13). 하나님이 시내산을 떠날 때 함께 가겠다고 약속하시자, "모세가 주님께 아뢰었다. '주님께서 친히 우리와 함께 가지 않으시려면, 우리를 이 곳에서 떠나 올려 보내지 마십시오. 주님께서 우리와 함께 가지 않으시면, 주님께서 주님의 백성이나 저를 좋아하신다는 것을 사람들이 어떻게 알 수 있겠습니까? 주님께서 우리와 함께 계시므로, 저 자신과 주님의 백성이 땅 위에 있는 모든 백성과 구별되는 것이 아닙니까?'"(출 33:15-6). 모세에게 야웨의 인격적인 임재는 결코 양보할 수 없는 것이었다. 야웨가 없는 이스라엘은 아무것도 아니었다. 그들이 존재하는 모든 이유는 야웨가 누구신가에 달려 있었다.

당신과 나도 마찬가지다. 우리에게 가장 중요한 것은 우리가 누구에게 속해 있느냐다.

하나님은 어떤 분일까? 출애굽기 33-34장에서 모세는 하나님의 영광을 가까이 볼 수 있는 천 년에 한 번 있을까 말까 한 기회를 얻는다. 그는 언약 규정을 다시 새기기 위해 두 번째 돌판 세트를 들고 산에 올라간다. 시내산 정상에서 야웨는 자신을 알고 싶다는 모세의 간절한 요청에 응답하신다. 야웨는 모세에게 자신을 직접 보여 주셨고, '야웨'라는 이름이 의미하는 바와 자신의 성품을 드러내기 위해 이렇게 설명하셨다.

> 주, 나 주는 자비롭고 은혜로우며, 노하기를 더디 하고, 한결같은 사랑과 진실이 풍성한 하나님이다. 수천 대에 이르기까지, 한결같은 사랑을 베풀며, 악과 허물과 죄를 용서하는 하나님이다. 그러나 나는 죄를 벌하지 않은 채 그냥 넘기지는 아니한다. 아버지가 죄를 지으면, 본인에게 뿐만 아니라 삼사 대 자손에게까지 벌을 내린다. (출 34:6-7)

야웨는 죄를 짓는 사람들에게 은혜를 베푸시지만, 죄는 매우 심각하게 여기신다. 하나님의 은혜는 그분의 공의와 공존한다. 이 둘은 그분의 성품에 필수적인 요소다. 하나님의 성품의 다양한 측면을 긴장 속에서 함께 붙드는 것이 불안과 우울을 줄여 준다면, 이에 대해 깊이 생각해볼 가치가 있다. 하나님이 사람들이 살인을 저지르고도 도망가도록 내버려두신다면 그분을 사랑할 수 있을까? 물론 아닐 것이다. 하나님은 용서하시지만, 그 용서는 회개하는 마음으로 그분께 나아가는 사람들에게 정해진 경로—성막에서의 희생제사—를 통해 가능하다. 회개하는 살인자는 자신과 공동체와의 올바른 관계로 회복된다. 반면에 나답과 아비후에게서 보았듯이, 은혜의 수단을 무시하는 자들은 벌을 받아야 한다. 시내산에서 모세는 야웨가 누구신지에 대한 이미지를 완전히 업그레이드한다.

야웨의 기다란 코

출애굽기 34:6-7에서 내가 좋아하는 구절 중 하나는 "노하기를 더디 하고"이다. 이 표현을 히브리어로 문자 그대로 옮기면 '코가 길다'이다. 잔뜩 화가 난 사람의 콧구멍이 벌겋게 부은 모습을 상상해 보라. 얼굴이 붉어지고 분노에 차서 콧김을 내뿜을 것이다. 야웨는 그렇지 않으신다. 그분은 분노의 열기가 식을 만큼 충분히 코가 길기 때문에, 성급하게 행동하지 않으신다.

내가 가장 좋아하는 또 다른 구절은 "한결같은 사랑과 진실이 풍성한"이다. 이 표현은 히브리어로 '헤세드'와 '에메트' 두 단어에 해당한다. '헤세드'는 언약에 대한 야웨의 신실함, 즉 행동으로 표현되는 충성스러운 사랑을 나타낸다. 마찬가지로 '에메트'는 그분이 자신의 말에 충실하시다는 것을 나타낸다. 이스라엘 백성과 함께하기 위해 내려오신 하나님은 본질적으로 자신의 말을 지키시는 분이다.[4] 그래서 우리는 그분을 신뢰할 수 있다.

모세는 이 중요한 기회를 최대한 활용한다. 그는 야웨의 임재가 그들과 함께하시기를 간청하며 자신의 간절한 바람을 드러낸다. 모세는 단순히 산 정상에서의 놀라운 체험에 만족하지 않는다. 그는 이스라엘 자손이 어디를 가든지 그들 가운데 계시며 그들의 삶을 변화시키는 하나님의 임재를 갈망한다. 모세에게는 그것만이 중요했다. 야웨도 동의하신다. 그분은 자신이 얼마나 놀라운 분인지 열방에 보여 줄, "이 세상 어느 민족들 가운데서도 이루어진 적이 없는 놀라운 일"을 염두에 두고 계신다(출 34:10). 야웨는 위기에 처한 아내를 바라보는 남편처럼 질투하신다(출 34:14). 이스라엘의 가장 중요한 임무는 그분이 누구며 자신들을 위해 무엇을 하셨는지 기억을 쌓아 가는 것이다.

산에서 내려올 때, 모세의 얼굴은 말 그대로 빛이 났다.

당신도 마찬가지다. 하나님을 있는 그대로 보며 그분의 임재 안에서 시간을 보낼 때, 당신도 자신이 누구인지는 물론 자신이 누구에게 속했는지 알게 된다. 당신이 그분께 속해 있다는 사실을 아는 것만으로도 세상은 완전히 달라진다.

성막이 지어지자마자, 산꼭대기에서 모세에게 보이셨던 그 영광이 내려와 성소를 가득 채운다(출 40:35). 이는 야웨께서 약속의 땅으로 함께 가신다는 신호이자 그들이 고대하던 순간이다. "주님의 영광이 모든 백성에게 나타났다.…모든 백성은 그 광경을 보고, 큰소리를 지르며 땅에 엎드렸다"(레 9:23-24). 당연한 일이다.

그룹 프로젝트: 전투 인원 조사

이스라엘의 시내산 체류가 거의 끝났다. 그들은 야웨를 만났다. 그들은 성공하기 위해 무엇이 필요한지 배웠다. 그들은 필요한 사람이 되었다. 민수기는 행진을 위한 그들의 마지막 준비를 기술한다.

솔직히 친숙한 내용은 아니다. 민수기를 제대로 읽어 본 사람은 많지 않다. 성경 통독을 시작하는 사람들은 대개, 창세기나 출애굽기 정도는 읽지만, 레위기에 이르면 포기해서 민수기까지 도달하지 못한다. 사실 민수기가 모든 성경에서 사라지더라도, 우리는 대부분 민수기가 사라졌다는 사실을 눈치 채지 못하거나 신경 쓰지 않을 것이다. 우리는 민수기 없이도 살 수 있다. 그렇지 않을까?

민수기에도, 볼 수 있는 눈만 있다면, 경이로움이 담겨 있다. 민수기는 용사들에 대한 인구 조사로 시작된다(그래서 "민수기"라는 이름이 붙은 것이다). 우리는 이름 목록을 그다지 흥미롭게 생각하지 않는 경향이 있지만, 지도자 위치에 있는 사람들은 적어도 하나님이 체계적이시라는 데 감사할 것이다. 하나님은 오합지졸에 불과한 노예들을 데리고 시내산에서 단련시켜서 광야를 통과하는 여정 내내 인도하셨고, 심지어 진을 치는 방법까지 세세하게 알려 주셨다. 그런 다음 전체 작전이 원활하게 진행되도록 여러 지파에게 임무를 할당하셨다. 자유는 멀리 하늘에 있는 것이 아니며 철학적 개념도 아니다. 하나님의 비전은 민수기에서 구체화된다. 실용적이다. 노예로서의 삶만 알고 자기 결정에 대한 연습이 거의 없는 사람들이지만, 하나님은 그들이 있는 곳에서 그들을 만나시고 그들의 임무를 단순하게 만들어 주신다. 나를 따라오라. 여기서 진을 쳐라. 이걸 먹어라. 이 순서대로 줄을 서라.

그러나 하나님의 구체적인 지시는 놀라움의 시작일 뿐이다. 끝없이 이어지는 이름들과 숫자들의 목록, 우리 눈을 멍하게 만드는 이 목록들 바로 아래에, 이 책에서 가장 깊은 진리 중 하나가 숨겨져 있다. 이 목록은 복음이다.

당신이 이집트에 갇힌 히브리 노예 중 한 명이라고 잠깐 상상해 보라. 아브라함에게 주신 하나님의 약속, 즉 그의 후손이 모든 민족에게 복이 될 만한 위대한 이름을 지닌 위대한 민족이 될 것이라는 약속의 메아리는 희미해졌다. 현실은 오히려 그 반대였다. 당신은 무력하고 억압받는 존재가 되었다. 당신을 저주하는 자들은 날로 강해진다. 그러다가 가장 예상치 못한 순간에 도움이 찾아온다. 모세가 당신을 바로의 강력한 팔 아래서 이끌어 내면서 당신은 자유로워진다. 시내산에서 야웨의 위대한 능력을, 그리고 광야에서 돌보시는 공급을 직접 경험한다. 하나님이 아브라함에게 주신 약속—땅과 복, 하늘의 별처럼 많은 자손—은 당신의 세대를 위해 다시 새롭게 주어졌고, 그 성취가 거의 손에 잡힐 듯 가깝게 느껴진다. 점차 그분이 믿을 만한 분임을 알게 된다. 그로부터 1년 후, 즉 위대한 탈출을 한 지 1년이 지나자 별을 세어 볼 때가 되었다. 인구 조사 목록은 하나님이 그분의 위대한 약속 중 첫 번째 약속을 성취하셨음을 입증한다. 당신은 참으로 위대한 족속이다.

각 지파에서 한 명의 남자를 선정하여 지파별로 군대에 입대할 수 있는 남자 수를 세게 한다. 각 지파의 지도자가 지명될 때, 그의 가족(아내, 형제자매, 자녀)과 지파를 구성하는 더 넓은 범위의 가족에게 어떤 영향을 미칠지 상상해 보라.

> 르우벤 지파에서는 스데울의 아들 엘리술이요,
>
> 시므온 지파에서는 수리삿대의 아들 슬루미엘이요,
>
> 유다 지파에서는 암미나답의 아들 나손이요….
>
> (민 1:5-7)

할아버지는 팔짱을 끼고 우두커니 서 있다가 자신의 이름이 불리자 엄숙하게 고개를 끄덕인다. 아이들이 엄마의 치맛자락을 잡아당기며, 커다란 눈으로 엄마를 바라본다. 할아버지의 이름을 알아들었기 때문이다. 이름들의 행렬은 계수가 완료된 후 숫자들의 행렬로 절정에 이른다.

> 이스라엘의 맏아들 르우벤의 자손 가운데서, 군대에 입대할 수 있는, 스무 살이 넘은 모든 남자를, 각각 가문별, 가족별로, 그 머리 수대로, 하나하나 명단에 올렸다. 르우벤 지파에서 등록된 사람의 수는 사만 육천오백 명이다. (민 1:20-21)

하나님이 각 사람의 귀에 속삭이듯 말씀하신다. 너희는 더 이상 바로의 소유가 아니다. 너희는 내 것이다. 나는 너희 이름을 안다. 너희는 내 것이다. 너희는 소중하다. 너희는 평생 다른 사람의 왕국을 건설하기 위해 벽돌을 만들고 그들의 비전을 구현했다. 하지만 지금은 모든 게 달라졌다. 너희의 이야기는 이집트의 이야기보다 훨씬 오래되었다. 너희의 이야기는 약속으로 거슬러 올라가며, 너희의 미래는 가능성으로 가득 차 있다. 너희 가족의 이름이 새로운 민족의 명단에 올랐다. 너희는 소속되어 있다. 너희는 중요하다. 내가 너희에게 땅을 주면 너희는 스스로 다스릴 것이다.

민수기 7장에는 또 다른 행렬이 이어진다. 이번에는 각 지파 지도자들이 모세에게 성막을 지을 때와 동일한 예물을 바친다. 은쟁반과 은대접에는 고운 가루와 올리브기름이 담겨 있다(곡식제물). 금잔에는 향이 가득 담겨 있고, 번제물로는 수송아지 한 마리, 숫양 한 마리, 새끼 숫양 한 마리가, 속죄제물로는 숫염소 한 마리가, 화목제물로는 황소 두 마리, 숫양 다섯 마리, 숫염소 다섯 마리, 새끼 숫양 다섯 마리가 준비된다. 예물 행렬은 각 지파의 자부심이자 기쁨이었을 것이다.

우리는 보통 이 목록을 건너뛰지만, 할아버지의 이름이 적혀 있거나 삼촌이 고운 밀가루를 가득 담은 은그릇을 들고 있었다면 이 부분을 가장 좋아했을 것이다! 우리도 야웨를 향한 예배에 참여하게 된 것이다!

몇 년 전 예루살렘의 홀로코스트 박물관인 야드 바셈(Yad Vashem)을 방문할 기회가 있었다. 어떤 전시실에는 제2차 세계대전 당시 나치 정권에 저항하고 유대인 이웃을 구출하기 위해 노력한 '의로운 이방인들'에 대한 기록이 보관되어 있었다. 나는 그곳에서 할머니의 이름을 찾느라 몇 분을 보냈다. 할머니는 네덜란드 레지스탕스의 일원으로 자전거 핸들에 편지를 말아서 연합군 병사들에게 전달하셨다. 하지만 할머니는 유대인을 숨긴 것이 아니라 비행기가 격추된 후 낙하산을 타고 내려온 미군 병사 한 명만 숨겼기 때문에, 이름이 기록에 남지 않았다. 내가 그곳에서 할머니의 이름을 발견했다면 어땠을지 상상해 보라! 이처럼 기록된 이름 목록은 어떤 사람들에게 '지루하게' 보일 수 있지만, 조상을 기리는 사람들에게는 그렇지 않다.

시내산에 모인 사람들에게는 이 목록이 정말 짜릿했을 것이다. 하나님께 선택받았다는 증거, 소속되었다는 증거, 언약 공동체에 참여하고 있다는 증거니 말이다.

이스라엘 자손은 약 1년 전에 산에 도착했을 때와 같은 사람들이 아니다. 그들의 혼란과 불확실성은 강력한 지도자의 명확한 지시로 대체되었다. 그들의 진영은 하나님의 임재가 그들 가운데 집중되어 있는 성막을 중심으로 조직되었다. 그들이 누구인지는 야웨께 속해 있다는 사실에서 비롯된다. 각 개인에게는 이 공동체에서 각자의 자리와 해야 할 일이 주어져 있으며, 이동할 때 누가 무엇을 운반하는지도 정해져 있다. 그들은 가족으로 이집트를 떠났지만, 이제 지파로 시내산을 떠난다.

나는 군대 경험이 없지만, 이스라엘이 시내산에서 변화하는 과정은 신병 훈련소에서 병사들을 훈련하는 것과 비슷하다고 생각한다. 신병들은 다양한 배경과 개성을 지닌 다양한 지역에서 온다. 그들은 자신을 증명하고 싶어 하는 개인으로 온다. 처음에는 고집이 너무 세서 지도자에게 기꺼이 복종하지 않을 수 있다. 하지만 훈련이 끝날 무렵에는, 어떤 명령도 받아들일 준비가 되어 있고 어떤 상황에도 함께 맞설 수 있는 팀으로 거듭난다.

이스라엘 자손은 이제 하나의 국가가 되었다. 그리고 야웨는 그들을 위해 특별한 축복을 준비하셨다.

#복받은: 제사장의 축복

바로 이곳, 인구 조사가 한창인 가운데, 진을 치는 방법, 레위인과 다른 제사장 부족의 임무 분담, 진을 정결하게 유지하고 서원을 이행하기 위한 지침 사이에서, 즉 전혀 예상치 못한 곳에서 하나님은 또 다른 깜짝 선물을 준비해 두셨다. 하나님은 그 선물을 먼저 모세에게 맡기시고, 모세는 아론과 그의 아들들에게 전달하고, 아론은 온 민족에게 선포한다. '제사장의 축복기도'로 알려진 이 본문은 민수기의 아주 짧은 구절이지만, 워낙 아름다워서 오늘날 교회 예배에 포함되었다. 이 복음의 축복을 여러 번 들어 왔을 것이다. 그러나 이 축복은, 오랜 세월 이집트에서 감사할 겨를도 없이 고된 노동에 시달렸던 저주와 대조하여, 갓 주어진 자유의 빛 안에서, 야웨의 대표자로서의 새로운 소명을 완성하는 말씀으로 읽는다면 깊은 의미를 지닐 것이다. 하나님은 자신의 백성에게 복을 주기로 결심하셨고, 아론의 직무 설명에 이를 포함시키셨다. 복음이 여기 있다.

주님께서 모세에게 말씀하셨다.
"너는 아론과 그 아들들에게 말하여라.
그들이 이스라엘 자손에게 복을 빌 때에는
다음과 같이 빌라고 하여라.
'주님께서 당신들에게 복을 주시고,
당신들을 지켜 주시며,
주님께서 당신들을 밝은 얼굴로 대하시고,

당신들에게 은혜를 베푸시며,

주님께서 당신들을 고이 보시어서,

당신들에게 평화를 주시기를 빕니다.'"

(민 6:22-26)

놀라운 것은 그들이 이런 대접을 받을 만한 일을 거의 하지 않았다는 사실이다. 그들은 신뢰해야 할 때 징징대고, 불평하고, 의심하고, 반항하고, 두려움에 움츠러들었다. 그러나 하나님은 아브라함에게 하신 약속을 포기하지 않으셨다. 그분은 복을 주려는 계획에 전념하고 계신다.

다음 절에서 야웨는 자신의 지시를 마무리하신다. "그들이 나의 이름으로 이스라엘 자손에게 이렇게 축복하면, 내가 친히 이스라엘 자손에게 복을 주겠다"(민 6:27). 야웨의 이름으로 축복한다는 것은 본질적으로 야웨의 이름을 백성에게 부여하는 것이다. 야웨는 이미 시내산에서 그들을 자신의 백성으로 삼으셨다. 이제 그분은 그 사실을 정기적으로 상기시키기 위해 공식적인 축복을 제정하신다. 이제 그들은 야웨의 백성으로 명확히 구별된다.

이 축복은 야웨의 이름을 함부로 부르지 말라는 명령(출 20:7)을 상기시킨다. 이것은 성경에서 야웨가 자신의 백성에게 자신의 이름을 부여하신 가장 분명한 증거다. 고대 세계에서는 노예의 이마나 손, 팔뚝에 주인의 이름을 문신으로 새기는 경우가 많았다. 심지어 성전의 종들에게는 자신이 속한 신의 이름이나 상징이 새겨지기도 했다.[5] 이스라엘 자손은 이제 막 강제 노역에서 해방되었지만, 그들이 원하는 모든 것을 자유롭게 할 수 없는 또 다른 계약에 들어갔다. 이제 그들은 기꺼이 야웨께 속하게 되었다. 그들은 야웨의 이름을 지니고 야웨를 섬기는 데 목숨을 바친다. 그들의 새로운 주인은 그들에게 복을 주기로 결심한다. 그들은 그분의 보이지 않는 문양을 새긴다.

신명기 28:9-10은 다음 세대와 관련하여 이러한 현실을 반영하고 있다. "당신들이 주 당신들의 하나님의 명령을 지키고 그 길로만 걸으면, 주님께서는 당신들에게 맹세하신 대로, 당신들을 자기의 거룩한 백성으로 삼으실 것입니다. 이 땅의 모든 백성이, 주님께서 당신들을 택하셔서 자기의 백성으로 삼으신 것을 보고, 당신들을 두려워할 것입니다."

이 축복이 그들에게 내려지는 것은 이스라엘이 특별한 목적을 위해 선택되었다는 생각을 더욱 강화시킨다. 야웨의 이름을 지닌 자로서 그들은 열방 가운데서 야웨를 대표한다. 모든 사람이 야웨가 실제로 어떤 신인지 알아내기 위해 이스라엘 백성들을 지켜보고 있다. 그리고 그들은 곧 이스라엘을 건드리면 누구에게나 야웨의 대응이 임할 거라는 사실을 알게 된다.

민수기 후반부에 모압 왕 발락은 이 사실을 어렵게 깨닫는다(민 22-24장 참조). 발락은 야웨께서 (열방이 그렇게 될 거라고) 말씀하신 대로 이스라엘 백성을 두려워한다. 그는 예언자 발람을 고용하여 이스라엘에 저주를 내린다. 두 사람은 이스라엘 진영이 내려다보이는 유리한 지점에서 저주가 내리기를 기대한다. 하지만 축복만 쏟아진다. 발락왕이 예언자 발람에게 아무리 많은 돈을 주어도 발람이 이스라엘 백성을 저주하게 만들 수는 없었다. 발람은 야웨를 거스르지 않아야 한다는 것을 잘 알았다. 야웨는 자기 백성을 위해 축복만을 준비해 두셨다. 이스라엘 백성의 모든 죄에도 불구하고, 야웨는 자기 백성에게 복을 주는 데 헌신하셨다.

야웨의 이름을 지니고 그분의 복을 받는다는 것은 막중한 책임을 수반한다. 이것이 이스라엘에게 주어진 율법의 목적을 설명한다. 그들은 구별된 백성, 거룩한 민족이 되어야 한다.

야웨의 이름을 모독하는 행위

> 레위기는 야웨의 이름을 모독하는 행동을 구체화함으로써 야웨의 이름을 지닌다는 개념에 깊이를 더한다. 중요한 것은 이름을 모독하는 것, 즉 그분의 이름을 거룩하게 구별하지 않는 것이 단순히 부적절한 언어의 문제가 아니라는 점이다. 이스라엘은 몰렉에게 아이를 제물로 바치거나(레 18:21; 20:3), 거짓 맹세하거나(19:12), 이교도 장례식에 참여하거나(21:5-6), 성전 예물을 부적절하게 다루거나(22:2), 야웨를 저주하는(24:11) 등의 행위를 통해 이름을 더럽힐 수 있다. 레위기 22:31-32은 이름을 모독하는 행위와 명령을 어기는 행위를 연결시킨다.[6] 이스라엘의 거룩함에는 구별된 행동이 필요하다(레 11:44; 19:2; 20:24-26).

다른 사람들이 이스라엘 백성을 보는 것만으로도 그들이 야

웨께 속했다는 것을 알 수 있어야 한다. 그들이 입는 옷, 먹는 음식, 서로를 대하는 태도, 친밀한 관계, 사업 방식 등 모든 것이 야웨를 반영한다. 이스라엘은 야웨의 가르침에 따라 생활함으로써 그들의 언약적 지위를 공표한다. 그들이 실패하면 야웨의 이름, 즉 야웨의 평판이 위태로워진다. 그들이 실패하면 예언자들은 이방인들 사이에서 야웨의 이름을 모독한 죄로 그들을 기소한다.

되돌아보기: 시내산 기억하기

우리가 스스로에게 들려주는 이야기는 우리가 믿는 것과 행동하는 방식을 형성한다. 스티븐 샘플(Steven Sample)은 남캘리포니아 대학교의 총장이다. 그는 베스트셀러인 『반대론자의 리더십 가이드』(The Contrarian's Guide to Leadership)에서 성공적인 리더십의 열쇠 중 하나는 단체의 이야기를 전달하는 법을 배우는 것이라고 말한다.[7] 구성원은 자신이 자신보다 큰 무언가의 일부며 파산이 아닌 다른 곳으로 향하고 있다는 사실을 알아야 한다. 각자에게만 맡겨 두면 공동체 구성원들은 자멸적인 이야기를 믿게 될 수 있다.

광야라는 울림이 가득한 곳, 그 경계 공간에서 이스라엘의 경험을 해석하려는 여러 목소리가 서로 경쟁하듯 울려 퍼진다. 이야기는 여러 가지 방식으로 재구성될 수 있다. 다음은 시내산에서 울려 퍼지는 몇 가지 목소리다.

침울한 목소리: "차라리 우리가 이집트 땅 거기 고기 가마 곁

에 앉아 배불리 음식을 먹던 그 때에, 누가 우리를 주님의 손에 넘겨주어서 죽게 했더라면 더 좋을 뻔하였습니다. 그런데 당신들은 지금 우리를 이 광야로 끌고 나와서, 이 모든 회중을 다 굶어 죽게 하고 있습니다"(출 16:3).

회의에 빠진 목소리: "그들을 이끌어 내어, 산에서 죽게 하고, 땅 위에서 완전히 없애 버렸구나"(출 32:12).

승리감에 찬 목소리: "주님께서 이집트 사람의 손아귀와 바로의 손아귀에서 자네와 자네의 백성을 건져 주시고, 이 백성을 이집트 사람의 억압으로부터 건져 주셨으니, 주님은 마땅히 찬양을 받으실 분일세.…주님이 그 어떤 신보다도 위대하시다는 것을 이제 나는 똑똑히 알겠네"(출 18:10-11).

신명기를 빨리 읽으면 이스라엘의 이야기에 대한 몇 가지 공인된 재진술을 들을 수 있다. 모세는 마지막 설교에서 광야에서 보낸 세월에 대한 자신의 관점을 제시한다.

> 당신들이 광야를 지나온 사십 년 동안, 주 당신들의 하나님이 당신들을 어떻게 인도하셨는지를 기억하십시오. 그렇게 오랫동안 당신들을 광야에 머물게 하신 것은, 당신들을 단련시키고 시험하셔서, 당신들이 하나님의 계명을 지키는지 안 지키는지, 당신들의 마음속을 알아보려는 것이었습니다.…사람이 자기 자녀를 훈련시키듯이, 주 당신들의 하나님도 당신들을 훈련시키신다는 것을 마음 속에 새겨 두십시오. (신 8:2, 5)

낭비한 세월이 아니었다. 훈련과 성장의 세월이었다. 모세는 백성들이 다가올 미래에 대비하기를 원했다. 그러기 위해서는 자신들의 이야기를 전달하는 법을 배워야 한다. 스티븐 샘플처럼, 모세도 이야기를 잘 전달하는 게 중요하다는 사실을 잘 알고 있다. 그는 "이 모든 율법이 무슨 뜻이에요?"라는 아이들의 질문에 대한 공식적인 대답으로 다음과 같은 은혜로 가득한 이야기를 가르친다.

> 당신들은 자녀에게 이렇게 일러주십시오. 옛적에 우리는 이집트에서 바로의 노예로 있었으나, 주님께서 강한 손으로 우리를 이집트에서 이끌어 내셨다. 그 때에 주님께서는 우리가 보는 데서, 놀라운 기적과 기이한 일로 이집트의 바로와 그의 온 집안을 치셨다. 주님께서는 우리를 거기에서 이끌어 내시고, 우리의 조상에게 맹세하신 대로, 이 땅으로 우리를 데려오시고, 이 땅을 우리에게 주셨다. 주님께서 우리에게 이 모든 규례를 명하여 지키게 하시고, 주 우리의 하나님을 경외하게 하셨다. 우리가 그렇게만 하면, 오늘처럼 주님께서 **언제나 우리를 지키시고, 우리가 잘 살게 하여 주실 것이다.** 우리가 주 우리의 하나님 앞에서, 그가 우리에게 명하신 대로 이 모든 명령을 충실하게 지키면, 그것이 우리의 의로움이 될 것이다. (신 6:21-25, 강조는 저자)

이야기는 반복되지 않으면 잊힌다. 몇 년 전 텍사스주 샌안토니오에서 열린 컨퍼런스에 참석한 적이 있다. 마침 내가 묵었던 호텔이 알라모 바로 옆에 있었다. 나는 그곳에서 무슨 일이 있었는지 기억하려고 머리를 쥐어뜯었지만, 아이러니하게도 "알라모를 기억하자!"라는 외침만 떠올랐다. 초등학교 역사 수업 이후로 그 이야기를 다시 들어본 적이 없기 때문에 기억할 수 없었던 거다.

야웨는 인간의 이런 속성을 잘 아시기에 이 기억이 백성들의 의식 깊숙이 파고들게 만들 멋진 계획을 세우셨다. 바로 '축제'(절기)다. 이스라엘 백성들은 매년 하루를 정해 이집트에서의 마지막 밤을 재연한다. 이 축제는 매우 중요하기 때문에, 축제에 참석하지 못한 사람은 다음 달에 축제를 열어 기념한다.

자세한 축제 계획을 세우려면 출애굽기 12장으로 돌아가야 하는데, 여기서 이스라엘의 구출에 관한 흥미진진한 이야기 한가운데, 다소 뜬금없게도 거의 두 장에 걸친 의식 규정이 끼어 있다. 하지만 이 끼어듦에는 중요한 의미가 있다. 유월절 의식은 이스라엘의 다음 세대가 모두 출애굽을 인정하게 만든다. 출애굽이 그들의 이야기가 될 것이다. 출애굽은 그들의 정체성을 형성한다. 그렇기 때문에 이 축제와 그에 관한 긴 지침은 매우 중요하다. 피를 문설주에 바른 후 불에 구운 흠 없는 숫양, 고된 노역을 떠올리게 하는 쓴 나물, 급히 떠난 탈출을 기억나게 하는 누룩 없는 빵이 그날의 메뉴다. 이 연례 축제는 출애굽을 먼 기억으로만 남기지 않게 했다. 양고기 굽는 냄새, 납작한 빵을 굽는 냄새, 따뜻한 피가 뚝뚝 떨어지는 냄새를 떠올리게 했다. 죽음과 가족, 여행용 옷을 떠올리게도 했다. 노예 생활의 쓰라린 맛, 부드러운 반죽과 사각거리는 양털의 촉감, 불이 지펴지는 소리와 이야기하는 소리, 집안 전체를 지켜 주시는 야웨의 보호에 대한 감각을 불러일으킨다.

전통은 특히 음식과 관련이 있을 때 강력한 힘을 발휘할 수 있다. 어렸을 때 나의 가족에게는 다소 특이한 전통이 있었다. 추수감사절마다 대가족이 모두 호텔 레스토랑에 모여 브런치 뷔페를 먹었다. 칠면조 요리와 스터핑, 으깬 감자, 그레이비, 호박 파이를 먹기 몇 시간 전에, 와플과 시럽, 과일 설탕 조림, 스크램블드에그를 배불리 먹었다. 하루에 두 끼나 거하게 먹는다는 게 항상 이상하다고 생각했지만 불평하지 않았다. 결국 난 이유를 물었고 코믹한 대답을 들었다. 알고 보니 엄마가 어렸을 때 어느 추수감사절에 오븐이 고장 나 온 가족이 아침 식사를 하러 나갔고, 왜 그런지 모르겠지만 그것이 이후로 매년 지키는 전통이 되었다는 것이다. 50여 년이 지난 지금도 북미 전역에 흩어져 있는 사촌들과 그 가족들이 그 전통을 이어 가고 있다. 더 이상 대가족이 모이지는 않지만, 추수감사절에는 아이들을 데리고 아침 식사를 한다. 추수감사절이 없으면 뭔가 허전하다.

대니와 나는 이 전통에 우리만의 무언가를 조금 보탰다. 성경, 종이, 펜을 가져온다. 먼저 시편 100편과 신명기 8장을 읽으며 하나님이 우리에게 아낌없이 주신 것을 기억하는 일의 중요성에 대해 이야기한다. 그런 다음 올해의 감사 목록을 작성한다.

이스라엘이 자신의 이야기를 잊어버리는 순간, 자신이 누구인지, 누구에게 속해 있는지 잊어버릴 위험에 처하게 된다. 이스라엘 백성들이 자신을 정의하는 사건을 기억하도록 돕기 위해 야웨는 유월절 축제를 다감각적 경험으로 제정하셨다. 이는 이야기를 발전시키고 생생하게 간직하기 위한 성공적인 계획이었다.

행진 명령

시내산이 나팔로 둘러싸여 있다. 이스라엘 백성이 시내산에

도착하자, 양각 나팔 소리가 크게 울려 퍼졌다(출 19:16). 민수기 10장에서는 나팔 소리가 시내산에서의 시간이 끝났음을 알린다. 은나팔이 울린다. 그들은 구름이 걷히는 것을 본다. 이제 각 지파가 순서대로 행진할 시간이다. 각 지파는 기준에 따라 행진한다.

언약의 돌판이 담긴 궤가 구름기둥과 함께 앞으로 나온다.

세 지파.

성막을 분해하여 지정된 지파가 운반한다.

세 지파가 더 있다.

성막 가구는 지정된 지파가 포장하여 운반한다.

세 지파가 더 있다.

세 지파는 후방을 지킨다.

틀림없이 꽤 긴 행렬이었을 것이다.

현재의 번역 성경을 따르면, 히브리 사람들은 이집트를 떠날 때 남자만 60만 명이었고, 여자를 포함한 아이들까지 합치면 그 수는 훨씬 많았다(출 12:37). 최소 200만 명에 달하는 인구다. 하지만 히브리어 본문의 숫자를 이해하는 다른 방법도 있다. 일반적으로 영어 본문은 매우 신뢰할 만하지만, 이 경우에는 부정확한 영어 번역이 우리를 오도했을 가능성이 크며, 그 숫자는 훨씬 적을 수 있다. 나는 성경 본문을 훼손하고 싶지 않다. 무엇보다도 나의 목표는 가능한 한 가장 정확한 방식으로 성경을 읽어내는 것이다. 야웨께서 이집트에서 이스라엘 백성을 더 적게 구출하셨다고 해서 그분의 능력을 훼손하게 되는 것은 아니다.

히브리 사람은 몇 명일까?

히브리 사람들에 대한 성경의 숫자에 의문을 제기하는 이유는 무엇일까? 두 가지가 있다. (1) 당시 이집트와 이후 수십 년간 가나안 지역의 인구 규모에 대한 고고학자들의 추정치가 훨씬 적기 때문이다. 훨씬 적은 수의 이집트 탈출민이 우리가 가진 증거와 더 부합할 것이다. (2) 이 많은 숫자는 성경 본문에 문제를 야기하기 때문이다. 우선 야곱의 열두 아들이 단 네 세대 만에 200만 명의 민족이 되었다고 가정하는 것은 신빙성이 떨어진다(출 6:14-25의 계보 참조).

게다가 20세 이상 남성의 총 수가 603,550명이라면 모든 연령대의 남성을 합치면 100만 명이 넘을 것이다. 민수기 3:43에서 모든 맏아들의 수는 22,273명에 불과하다. 전체 남성이 100만 명이라면, 전체 남성 수에 대한 맏아들 수는 50대 1의 비율이 된다. 그리고 이것은 여성이 아닌 남성만 계산한 것이다. 그렇다면 이스라엘의 모든 어머니는 평균적으로 100명의 자녀를 낳은 게 된다.a) 이것은 명백히 비현실적이다. 그렇다면 우리가 선택할 수 있는 방법은 무엇일까?

(1) 고대 이집트와 가나안에 대한 고고학자들의 인구 추정이 틀렸고, 수많은 고대 주민들이 두 문화권에 존재했다는 증거를 남기지 않았거나, 고고학자들이 잘못 해석했거나, 아직 발견하지 못한 증거를 남겼다고 가정하는 것이다.

(2) 성경에 나오는 많은 숫자는 수사적이거나 상징적인 것으로, 아마도 후대의 인구를 나타내는 것일 수 있다고 결론짓는 것이다. 그렇다면 솔로몬 통치 시기 이스라엘 인구가 앞서 언급한 규모와 거의 비슷하다는

점에서, 저자는 문학적으로 이스라엘 왕정 시대의 이스라엘과 출애굽기의 이스라엘을 동일시하는 정교한 주장을 펼치고 있을 가능성이 크다.b)

(3) 히브리어를 다르게 번역하는 것이다. 히브리어 본문은 숫자가 아니라 단어로 수를 표기한다. 출애굽기 12:37에는 "장정만 해도 육십만(six hundred thousands) 가량"으로 되어 있지만, 여기서 '천'(thousand)으로 번역한 단어('엘레프', *eleph*)는 군대 또는 가문 등 다른 여러 번역이 가능한 동음이의어다. 이 두 가지 모두 합리적인 가능성이 있다.

다음은 '가문'이라는 의미로 '엘레프'를 사용한 두 가지 예시 구절이다.

사사기 6:15. "기드온이 주님께 아뢰었다. 감히 여쭙습니다만, 내가 어떻게 이스라엘을 구할 수 있습니까? 보시는 바와 같이 나의 가문('엘레프')은 므낫세 지파 가운데서도 가장 약하고, 또 나는 아버지의 집에서도 가장 어린 사람입니다."

여호수아 22:14. "이스라엘 각 지파('엘레프')에서 한 사람씩 열 명의 대표가 비느하스와 함께 갔다."

출애굽기 12:37은 남자만 센 수라고 말하기 때문에, "가문"보다 "군대"가 자연스럽다(육백 부대, six hundred *eleph*). 예를 들어 르우벤 지파에는 '마흔여섯 부대 500명'이 포함된다(민 1:21, 저자 번역). 험프리스는 이를 마흔여섯 부대가 총 500명을 이룬 것으로 해석할 수 있다고 주장한다. 이를 근거로 그는 이스라엘 부대의 평균 인원이 두 가족으로 구성된 아홉 명 정도였을 것이라고 계산한다(실제 규모는 지파에 따라 여섯 명에서 열네 명까지 다양했다). 이 수치는 엘아마르나 석판에 언급된 군대 규모와 대략 일치하는데, 이 석판에는 왕이 각각 열 명 또는 스무 명 규모의 군대를 요청하는 기록이 있다.c) 험프리스는 이스라엘의 경우 20세 이상 남성 총 5,500명 정도가 이집트를 떠났으며, 출애

굽 당시 전체 인구는 남녀와 아이들을 합쳐 약 22,000명이었을 것이라고 제안한다.d)

이스라엘 군대의 규모에 대한 결론이 무엇이든, 민수기에는 시내산에서 구름기둥을 따라 행진하는 이스라엘 남성, 여성, 어린이들의 인상적인 행렬이 묘사되어 있다. 그들은 더 이상 바로를 피해 도망치는 무질서한 난민이 아니다. 야웨는 혼돈에서 질서를 가져오셨다.

더 깊은 연구를 위하여

Timothy R. Ashley. *The Book of Numbers*. NICOT. Grand Rapids: Eerdmans, 1993.

*Kenneth Kitchen. *On the Reliability of the Old Testament*. Grand Rapids: Eerdmans, 2003. Pages 264-65.

Austin Surls. *Making Sense of the Divine Name in Exodus: From Etymology to Literary Onomastics*. BBRSup 17. Winona Lake, IN: Eisenbrauns, 2017.

바이블 프로젝트 관련 영상: "민수기"

인터미션

창 vs. 그림

우리는 나니아의 배 그림에서 이 책의 여정을 시작했다. 나는 루이스가 뭔가 중요한 진실을 간파한 것 같다고 말했었다. 성경을 읽는다는 것은 움직이는 그림을 들여다보는 것 같아서, 우리를 점점 끌어들여 결국 그 이야기의 일부가 되게 만든다. 그렇다면 성경을 읽는 것은 창문을 통해 무언가를 보는 것과 같다고 말하는 게 더 정확하지 않을까? 우리는 투명한 창을 통해 사물을 있는 그대로 본다. 성경도 실제로 일어난 일을 우리에게 보여 준다. 그렇지 않나?

정확히 말하면, 그렇지 않다. 다른 형태의 예술과 마찬가지로 성경도 선택적이다. 무엇을 보여 주고 무엇을 남길지 결정한다. 우리는 시내산에서 이스라엘이 어떤 시간을 보냈는지 다 알지 못한다. 사실 우리가 아는 것이 그리 많지 않다. 그들이 나바테아 상인들과 거래했을까? 대가족으로 함께 야영을 했을까? 여자들이 서로 만나 요리법을 교환했을까? 장로들은 모닥불 주위에서 노래를 불렀을까? 남자들은 사냥 여행을 갔을까? 아이들은 어떤 놀이를 했을까? 우리는 모른다. 성경도 말하지 않는다. 출애굽기는 시내산에서 일어난 사건에 대해 선택적으로 들려준다. 우리는 큰 줄거리에서 필요한 것만 듣게 된다. 창문을 통해 본다면 훨씬 많은 것을 볼 수 있었을 텐데 말이다.

그림은 선택적일 뿐 아니라 특정한 관점에서 현실을 묘사하기도 한다. 성경의 내러티브도 마찬가지다. 우리는 모세의 아내나 자녀의 눈을 통해 시내산을 경험하지 않는다. 여호수아가 모세와 함께 산에 오를 때 어떤 감정을 느꼈는지 알지 못한다. 아말렉과의 전투에 참여한 전사들의 이야기는 듣지 못한다. 우리는 모세와 함께 산 정상에 올라 야웨와 사적인 대화를 나눈다(출 33:12-23 참조). 나중에 우리는 산 아래에서 위를 바라본다. "모세가 두 증거판을 손에 들고 시내 산에서 내려왔다. 그가 산에서 내려올 때에, 그의 얼굴에서는 빛이 났다. 주님과 함께 말씀을 나누었으므로 얼굴에서 그렇게 빛이 났으나, 모세 자신은 전혀 알지 못하였다"(출 34:29). 이 구절은 모세가 내려오는 모습을 지켜보는 이스라엘 백성의 관점에서 쓰인 것이다.

그림과 내러티브도 해석적이다. 예술가는 주제에 대해 느끼는 방식을 전달한다. 예술가의 방식으로 사물을 보도록 우리를 설득한다. 성경의 내러티브는 육안으로 관찰할 수 있는 사건을 단순히 보고하는 데 그치지 않고 종종 사건을 평가하거나 그 뒤에 숨겨진 이유를 제시하기도 한다. 다음은 몇 가지 예다.

"**주님께서는 뜻을 돌이키시고**, 주님의 백성에게 내리시겠다던 재앙을 거두셨다"(출 32:14, 강조는 저자).

"바로는 마침내 이스라엘 백성을 내보냈다. 그러나 그들이 블레셋 사람의 땅을 거쳐서 가는 것이 가장 가까운데도, 하나님은 백성을 그 길로 인도하지 않으셨다. 그것은 하나님이, **이 백성이 전쟁을 하게 되면 마음을 바꾸어서 이집트로 되돌아가지나 않을까**, 하고

염려하셨기 때문이다"(출 13:17, 강조는 저자).

"모세는, 백성이 각 가족별로, 제각기 자기 장막 어귀에서 우는 소리를 들었다. **주님께서 이 일로 대단히 노하셨고, 모세는 그 앞에서 걱정이 태산 같았다**"(민 11:10, 강조는 저자).

성경 이야기를 읽는 것이 그림을 보는 것과 같다는 말이 성경이 비역사적이라는 의미는 아니다. 그림은 역사적 사건을 정확하고 강력하게 묘사할 수 있는 잠재력을 가지고 있으며, 여러 세대의 관객이 그 사건에서 가장 중요한 것이 무엇인지 되돌아보고 기억하도록 영감을 준다. 예를 들어, 자크 루이 다비드(Jacques-Louis David)의 그림 〈소크라테스의 죽음〉을 생각해 보라(그림 I.1 참조).[1]

다비드는 제자들에게 둘러싸여 사형 선고를 받고 독약을 마시기 직전의 소크라테스를 묘사한다. 소크라테스는 삶의 마지막 순간을 또 다른 교훈의 순간으로 삼아 죽음 앞에서도 금욕적인

그림 I.1. 자크 루이 다비드, 〈소크라테스의 죽음〉

인터미션

태도를 유지한다. 플라톤은 우리에게 소크라테스의 죽음에 대한 이야기를 전해 준 사람이지만, 소크라테스의 삶의 마지막 순간에 함께하지 않았다. 그런데도 다비드는 플라톤이 침대 끝에 구부정한 자세로 친구에게 등을 돌린 채 앉아 있는 모습을 그려 넣었다. 왜 이 그림에 그런 부정확한 내용을 포함시켰을까?

다비드는 천재였다. 그는 소크라테스의 죽음에 대한 플라톤의 깊은 슬픔을 알고 있었다. 그를 방 안에 있지만 시선을 돌린 모습으로 묘사함으로써, 다비드는 플라톤이 존경하던 친구의 죽음에 대해 지닌 태도를 정확히 포착하면서도 플라톤이 그 죽음을 직접 목격했다는 근거 없는 주장을 하지 않았다. 플라톤이 그림에서 사라졌다면 우리는 작가가 말하고자 했던 핵심, 즉 역사의 진실을 창의적으로 전달하는 요점을 잃게 될 것이다.

성경의 저자들도 자신만의 창의적인 예술성을 통해 진리를 표현했다. 시내산 이야기가 대칭 구조로 되어 있는 것을 보면 이를 알 수 있다. 저자는 민수기 33장에 나열된 마흔두 곳의 야영지 각각을 묘사해야 한다는 부담 없이, 선택적으로 기술한다. 이야기는 단순히 사건을 보고하는 것이 아니라 일어난 일을 해석하면서 특정한 관점으로 전달된다.

성경을 그림이라고 말한다고 해서 성경이 정적이라는 것은 아니다. 우리가 그 예술성에 몰입하면 놀라운 일이 일어난다. 성경 이야기는 우리의 이야기가 되고 우리는 성경 이야기의 참여자가 된다. 아직 그런 일이 일어나지 않았다면 이 책의 2부를 기대해 보라. 개인적인 이야기가 펼쳐질 것이다.

더 깊은 연구를 위하여

* V. Philips Long. *The Art of Biblical History*. FOCI, Vol. 5. Grand Rapids: Zondervan, 1994.

바이블 프로젝트 관련 영상: "성경의 문학 양식", "고대 유대 묵상 문학"

2부

하나님의 이름을 지닌 백성으로 살아가기

6 스트라이크 아웃

시내산에서 시온산까지

개기 일식: 시내산에서 무슨 일이 있었을까?

이스라엘의 시내산 경험은 깊은 형성의 시간이었다. 나는 계속해서 성경의 나머지 부분을 통해 이스라엘 백성이 자신들의 삶에 야웨의 이름을 어떻게 새기게 되는지 살펴보려 한다. 그 전에 또 다른 모티브인 시내산 자체에 대한 조감도를 살펴보고 싶다. 이스라엘이 진군한 후 이 산은 어떻게 될까? 어떻게 기억될까? 언제 다시 방문하게 될까?

놀랍게도, '기억하기'가 성경신학의 핵심 주제임에도 출애굽 후 시내산에 대한 이야기는 거의 들리지 않는다. 야웨는 출애굽을 매년 기억하도록 유월절을 제정하셨고(출 12:26-27; 신 16:1-8), 모세가 백성에게 율법을 주었던 때를 기억하도록 초막절을 제정하셨지만(레 23:23-43; 신 31:10-13), 어떤 절기도 시내산 순례를 요구하진 않는다. 대신 이스라엘 백성들은 각 가정에서, 그들이 사는 곳 어디에서나 하나님의 구원을 기억해야 했다. 그들이 시내산을 떠날 때 하나님의 임재가 함께했기 때문에 다시 돌아갈 필요가 없다.

하지만 그들이 그렇게 하길 바랄까?

대니와 나는 결혼 후 20년 동안 열네 번이나 이사를 했다. 그 중 몇 번은 더 오래 머물 집이 생기길 기다리며 몇 주 또는 몇 달을 임시로 머문 경우였다. 우리가 함께 살았던 곳 중 가장 오래 산 게 4년 반이었을 정도다. 대부분 나중에 다시 돌아가 예전 집과 동네를 구경하고, 이웃들과 다시 만나고, 좋아하는 아이스크림 가게를 방문할 수 있었다. 하지만 필리핀으로 돌아간 적은 없다. 우리는 선교사로 2년 반 동안 필리핀에 살면서 동료 외국인, 필리핀 동료, 무슬림 노점상들과 우정을 쌓았다. 필리핀을 떠난 후 몇 년 동안은 무슬림 친구들을 만나기 위해 필리핀으로 돌아가는 생생한 꿈을 반복해서 꾸곤 했다. 나는 오픈 마켓에 가서 모든 통로를 뒤지며 친구들을 찾으려고 눈물을 흘리곤 했다. 그 친구들을 잃고 그 시절을 떠나온다는 것은 정말 가슴 아픈 일이었다.

궁금하다. 이스라엘 백성들은 시내산 꿈을 꿀까? 야웨께서 처음 그들을 보물이라고 부르셨던 그곳을 그리워할까? 앞으로 느보산, 그리심산, 에발산, 다볼산, 시온산 등이 나오겠지만, 시내산만 한 산은 없다. 아쉬움은 이해할 만하다. 하지만 시내산은 평범한 이스라엘 사람들에게 불길한 예감을 불러일으키는 산이었을지도 모른다.

이스라엘이 중앙집권화된 예배 장소를 갖기까지는 어느 정도 시간이 걸렸다. 이스라엘 자손은 약속의 땅에 들어간 후 모세가 지시한 대로 언약을 갱신하기 위해 그리심산과 에발산으로 향한다(수 8:30-35). 약속의 땅에서 그들의 헌신을 재확인하는 것이 중요하기 때문이다.[1] 이 의식은 땅의 지리적 중간 지점(동서뿐만 아니라 남북으로도)에 위치한 가장 높은 산에서 진행된다. 에발산에 제단을 쌓고 한동안 예배를 드렸지만,[2] 야웨의 영광스러운 현현(顯現) 소식은 들리지 않으며, 그 장소는 이스라엘 예배의 중요한 부분으로 남지 않는다. 사실 좀 실망스러운 일이다.

어느 순간 성막은 길갈(약속의 땅 바로 안쪽에 있는 이스라엘의 군사 기지 캠프)에서 중앙 산악 지대에 있는 실로로 옮겨진다. 바로 그곳에서 소년 사무엘이 제사장 엘리를 섬기게 된다(삼상 1-2장). 사무엘은 먼저 사울에게 그리고 나중에 다윗에게 이스라엘의 왕으로 기름을 부은 예언자다. 다윗은 고대 도시 여부스를 정복하고 수도로 삼아 예루살렘으로 이름을 바꾸고, 언약궤의 두 돌판을 그곳으로 가져갔다. 아마도 성막에 두기 위해서였을 것이다. 예루살렘 성전은 시온산으로 알려진 언덕 위에 지어졌다. 물리적으로 보면 시온산은 그리 인상적인 산이 아니지만, 신학적으로는 지구상에서 가장 높은 산이다.

나는 현재 앨버타주의 쓰리힐스(Three Hills)에 살고 있지만, 산악 지대인 콜로라도주에서 자랐다. 로키산맥에는 앨버타주를 가로지르는 인상적인 높이의 멋진 봉우리가 있지만, 우리 마을에서는 볼 수 없다. 나는 초원 지대에 살고 있어서, 두드러진 지형적 특징이라고는 북쪽의 세 개의 언덕뿐이다. 당신이 이 언덕들을 찾지 않는다면 인지하지 못하고 지나칠지도 모른다. 이 언덕들에 별다른 볼거리가 없기 때문이다.

시온산도 마찬가지다. 감람산에 서면 좁은 골짜기 너머로 맞은편 아래에 예루살렘과 시온산이 내려다보인다. 하지만 이스라엘 시인들의 말에 따르면, 이곳을 방문하는 사람은 고산병약을 챙겨야 할 정도다.

우뚝 솟은 아름다운 봉우리, 온 누리의 기쁨이로구나. 자폰 산의 봉
우리 같은 시온 산은, 위대한 왕의 도성. (시 48:2)

더없이 아름다운 시온으로부터 하나님께서 눈부시게 나타나신다.
(시 50:2)

주님께서 시온을 택하시고, 그 곳을 당신이 계실 곳으로 삼으시기
를 원하셔서, 이렇게 말씀하셨다. 이곳은 영원히 내가 쉴 곳, 이곳을
내가 원하니, 나는 여기에서 살겠다. (시 132:13-14)

백성들이 오면서 이르기를 "자, 가자. 우리 모두 주님의 산으로 올
라가자. 야곱의 하나님이 계신 성전으로 어서 올라가자. 주님께서
우리에게 주님의 길을 가르치실 것이니, 주님께서 가르치시는 길을
따르자" 할 것이다. 율법이 시온에서 나오며, 주님의 말씀이 예루살
렘에서 나온다. (사 2:3)

나 주가 말한다. 내가 시온으로 돌아왔다. 내가 예루살렘에서 살겠
다. 예루살렘은 '성실한 도성'이라고 불리고, 나 만군의 주의 산은
'거룩한 산'이라고 불릴 것이다. (슥 8:3)

하지만 시온산은 높아서 인상적인 것이 아니다. 시온산이 특
별한 한 가지 이유는 야웨께서 그곳에 자신의 이름을 두시고 그곳
을 자신의 산이라고 주장하셨기 때문이다. 그분의 임재가 성전에
집중되어 있다. 성전은 이스라엘의 예배를 위해 지정된 장소다.[3]

따라서 대부분의 경우 시내산은 사라지고 시온산으로 대체된다. 그러나 시내산에서 출애굽한 사람들의 관점에서는 여전히 수백 년이 지난 이야기다. 이스라엘이 야웨의 대리인이라는 새로운 소명을 어떻게 수행했는지 살펴보기 위해서는 막 출애굽한 시기로 돌아갈 필요가 있다.

적 제1호: 광야의 불만 사항

야웨의 극적인 구원과 빛나는 자기 계시, 시내산에서의 명확한 지침에 비추어볼 때 약속의 땅으로 가는 길이 기쁨으로 가득 찬 여정일 거라고 예상할 수 있지만, 불행히도 그렇지 않다. 그리고 야웨의 특별한 대리인들을 위협하는 적은 당신이 예상하는 것과 다르다.

이스라엘 자손이 불평을 시작하기 전에 얼마나 멀리 갔는지는 정확히 알 수 없다. 내레이터는 그들이 진을 세우기 전 3일간의 여정을 언급한 다음 곧바로 첫 번째 불평 이야기로 넘어간다. 이 이야기와 광야에서 들려오는 몇 가지 유사한 이야기는 불평하면 벌을 받고 기도하면 도움을 얻는다는 예측 가능한 패턴을 따른다.

시내산 앞에서 야웨는 자비를 베푸신다. 백성들에 대한 야웨의 기대치는 낮다. 그들은 아직 야웨를 잘 알지 못하며 배워야 할 것이 많다. 시내산 이후 야웨의 기대치는 높아진다. 그분의 성품이 변한 게 아니다. 그분은 여전히 "자비롭고 은혜로우며, 노하기를 더디하고, 한결같은 사랑과 진실이 풍성한 하나님이다"(출 34:6). 그들은 1년 동안 야웨와 서로를 존중하는 법을 배웠다. 그들은 야웨께서 무엇을 기대하시는지 정확히 알고 있다. 그분은 성숙해지기를 바라시지만 아직은 성숙의 기미가 나타나지 않는다. 이제 그분이 자신의 성품에 대해서도 드러내실 때가 왔다. "나는 죄를 벌하지 않은 채 그냥 넘기지는 아니한다"(출 34:7). 이번에는 그들이 더 잘 알아야 한다.

징징거리는 아이는 모든 부모의 골칫거리며, 여행 중에는 특히 더 그렇다. 이 글을 쓰는 동안 나는 4주 동안 두 아이와 함께 트레일러에서 생활하며 긴 자동차 여행을 하고 있다. 아이 중 한 명은 60평 정도 되는 집에서도 답답해했으니, 차 안에서는 더더욱 그렇다. 지금까지 우리 가족은 다섯 개의 캠핑장과 친구의 집에 들렀다. 아이들만 어려움을 겪는 것은 아니다. 나도 많이 긴장했다. 자동차 여행은 일시적으로 정착하고 새로운 일상을 다시 배우는 많은 한계 공간을 포함한다. 우리는 산을 굽이굽이 돌아가는 낯선 도로를 수백 마일 달려왔고, 수많은 다른 차량들을 지나쳤다. 활화산 근처의 야생 지역에서 캠핑을 하고, 급류가 흐르는 강을 걸어서 건너려고 시도했으며, 수십 개의 트레일을 하이킹하고, 거의 매일 저녁 불을 피웠다. 큰 위험은 없었다. 최악의 위험은 사실 우리 자신이었다. 끊임없는 변화 속에서 명랑함과 친절함을 유지하는 것은 엄청난 도전이 될 수 있다. 한계는 우리의 거친 면을 모두 드러낸다. 이스라엘 백성에게 가장 큰 도전은 우리가 예상하는 것처럼 약탈하는 무리나 식량과 물 부족, 전갈이나 작열하는 태양이 아니었다. 광야에서 그들의 생존을 위협하는 가장 큰 적은 바로 그들 자신이었다. 그들이 적 제1호다. 모세가 말 그대로 죽었으면 좋겠다고 생각할 정도다. 그는 야웨께 이렇게 말한다. "저 혼자서는 도저히 이 모든 백성을 짊어질 수 없습니다. 저에게는 너무 무겁습니다. 주님께서 저에게 정말로 이렇게 하셔야 하겠다면, 그리고 제가 주님의 눈 밖에 나지 않았다면, 제발 저를 죽이셔서, 제가 이 곤경을 당하지 않게 해주십시오"(민 11:14-15).

먼저 백성들은 어려움에 대해 불평한다(민 11:1). 그런 다음 "먹을 것 때문에 탐욕을" 품는다(민 11:4). 기적의 만나도 이제는 시들해진 것 같다. 미리암과 아론은 모세에 대해 험담을 퍼뜨린다(민 12:1-2). 이스라엘 정탐꾼들이 가나안에 대해 보고한 후, 공동체 전체가 차라리 이집트에서 죽었으면 좋았을 거라는 불만의 목소리를 낸다(민 14:1-4). 결국 모세와 아론에 대한 반란이 일어난다(민 16:1-3).

이러한 각각의 경우에 야웨의 반응은 단호하다. 모세의 리더십을 지지하고 반란군을 처벌(또는 제거!)하신다. 광야에서의 험난한 시기다.

예를 들어, 모세가 열두 명의 정탐꾼에게 약속의 땅을 확인하라고 명령한 경우를 생각해 보라. 명령에 따라 정탐꾼들은 그 땅이 어떤 곳인지, 그 땅의 백성들이 얼마나 강한지 파악한다. "우리에게 가라고 하신 그 땅에, 우리가 갔었습니다. 그 곳은 정말 젖과 꿀이 흐르는 곳입니다. 이것이 바로 그 땅에서 난 과일입니다. 그렇지만 그 땅에 살고 있는 백성은 강하고, 성읍들은 견고한 요새처럼 되어 있고, 매우 큽니다. 또한 거기에서 우리는 아낙 자손도 보았습니다. 아말렉 사람은 네겝 지방에 살고 있고, 헷 사람과 여부스 사람과 아모리 사람은 산악지대에 살고 있습니다. 가나안 사람은 바닷가와 요단 강 가에 살고 있습니다"(민 13:27-29).

정탐꾼들의 보고에서 흥미로운 점은 다음과 같다. 정탐꾼들은 야웨께서 이 특정 민족이 사는 풍요로운 땅을 주신다는 사실을 이미 1년 전부터 알고 있었다. 하나님은 모세와 시내산에서 처음 만났을 때 이렇게 말씀하셨다. "이집트에서 고난받는 너희를 내가 이끌어 내어, 가나안 사람과 헷 사람과 아모리 사람과 브리스 사람과 히위 사람과 여부스 사람이 사는 땅 곧 젖과 꿀이 흐르는 땅으로 올라가기로 작정하였다"(출 3:17). 이스라엘 사람들은 이 주민들이 자유의지로 대피할 거라고 생각했을까? 다른 나라들이 겁쟁이로 판명될 거라고 생각했을까?

땅을 눈으로 확인한 정탐꾼들은 두 진영으로 나뉜다. 갈렙은 "올라갑시다. 올라가서 그 땅을 점령합시다. 우리는 반드시 그 땅을 점령할 수 있습니다"(민 13:30)라고 말한다. 그는 야웨께서 말씀하신 대로 땅을 본다. 그는 바로의 군대로부터 자신들을 건져 내신 바로 그 하나님이 약속하신 나머지 일들도 이루실 수 있다고 믿는다.

하지만 다른 사람들은 확신하지 못한다. "우리는 도저히 그 백성에게로 쳐올라가지 못합니다. 그 백성은 우리보다 더 강합니다"(민 13:31). 놓친 물고기에 대해 이야기하듯, 그들은 과장하기 시작한다. 그 땅이 자신들을 삼켜버릴 것이며 다른 민족들에 비하면 자신들은 메뚜기와 같다고 말한다. 그들의 두려움에는 전염성이 있다. 두려움은 언제나 그렇다. 해질 무렵, 마을 전체가 공황 상태에 빠진다. 적 제1호가 다시 공격한다.

실수하지 말라. 요새화된 도시를 지닌 강대국들이 문제가 아니다. 문제는 야웨께서 약속하신 것을 믿지 않는 이스라엘 백성들 자신이다. 믿지 않음으로써, 그들은 스스로 최악의 적이 되었다. 야웨는 그들을 용서하셨지만, 그들은 여전히 불신앙의 대가를 치러야 했다. 하나님이 약속하신 땅에 들어가지 못하고 광야에서 여생을 마친 것이다.

이스라엘이 스스로를 방해하는 경향은 민수기 말미에 나오는 또 다른 이야기에서도 나타난다. 이 이야기에서 야웨는 발람과 그를 고용한 모압 왕이 이스라엘을 저주하는 것을 막으신다. 한편 골짜기에 있는 이스라엘 자손들은 야웨께서 모압의 계략을 막아 내시는 동안 야웨의 보호하심에 대해 알지 못한다. 하지만 바로 다음 장면(민 25장)에서 이스라엘 자손들은 모든 것을 망친다. 남자들은 시내산의 명령을 어기고 모압 여인들과 간음을 저지르기 시작한다. 이 여자들은 모압의 신들을 숭배하는 일에 그들을 초대한다. 하나님의 주도로, 이 반역에 가담한 자들은 칼이나 전염병에 죽임을 당한다. 야웨의 이름을 지닌 사람들에게 가장 큰 위험은 외국 군대가 아니라 자신의 불신앙이 초래한 결과다. 그들의 도덕적 실패는 벌을 받아 마땅하다.

다음 세대: 모세의 마지막 설교

이스라엘 자손이 야웨를 신뢰하지 못한 결과, 38년간의 광야 생활 끝에 믿음이 없는 이스라엘 자손 1세대는 모두 죽고, 흔들리지 않는 믿음을 지닌 두 정탐꾼 갈렙과 여호수아만 남았다. 새로운 세대는 야웨의 약속을 받아들이고 야웨가 주실 땅에 들어갈 준비가 되어 있다. 이 무렵 아론도 죽었지만, 모세는 여전히 지도자 역할을 하고 있다. 새로운 세대는 약속의 땅을 마주한 요단강 건너편 모압 평야에 진을 치고 있다.

신명기는 모세가 백성에게 전하는 마지막 설교로, 이스라엘 자손이 다가올 미래를 대비할 수 있도록 준비시킨다. 신명기에서 모세는 이스라엘 자손의 이야기를 다시 들려주고, 그들이 누구인지 상기시키며, 야웨의 지침을 되풀이한다. 신명기는 하나님이 풍요로운 삶을 위해 주신 지침에 대한 모세의 마지막 개요를 담고 있다. 설교의 서두는 예상치 못한 것이다.

> 이스라엘 자손 여러분, 내가 오늘 당신들에게 말하는 규례와 법도를 귀담아 듣고, 그것을 익히고 지키십시오. 주 우리의 하나님은 호렙 산에서 **우리와** 언약을 세우셨습니다. **주님께서 이 언약을 우리 조상과 세우신 것이 아니라, 오늘 여기 살아 있는 우리 모두와 세우신 것입니다.** 주님께서는 그 산 불 가운데서, 당신들과 함께 서로 얼굴을 마주 보고 말씀하셨습니다. (신 5:1-4, 강조는 저자)

모세가 지금 깜빡한 걸까? 자기 앞에 서 있는 사람들이 이스라엘의 다음 세대라는 사실을 잊은 걸까? 그들 중 일부는 시내산에서 어린아이였을지 모르지만, 그곳에 있던 어른들은 (갈렙과 여호수아를 제외하고) 모두 죽었다. 지금 모세 앞에 있는 사람들은 대부분 그 이후에 태어났다.

아니다, 모세는 잊지 않았다. 그의 언어는 의도적이다. 모세는 이들이 언약의 온전한 구성원이라는 점을 분명히 하고 싶어 한다. 어느 시대를 살든, 신실한 이스라엘 백성이라면 누구나 시내산에 함께 있었던 것이다. 언약은 대대로 내려오는 것이 아니다. 처음부터 그들의 것이었다. 그들의 부모는 믿음 없이 행동함으로써 하나님의 보배로운 소유로서의 지위를 상실하고 언약의 혜택을 받을 자격을 스스로 박탈했다. 그러나 이 세대는 언약에 직접 접근할 수 있다.

모세는 이 새로운 세대를 위한 십계명을 열거하면서 자신의 주장을 더욱 강조한다. 이번에는 오히려 안식일 명령의 근거를 하나님의 창조 사역("내가 엿새 동안 하늘과 땅과 바다와 그 안에 있는 모든 것을 만들고 이렛날에는 쉬었기 때문이다", 출 20:11 참조)이 아니라 가족의 역사에 둔다. "너희는 기억하여라. 너희가 이집트 땅에서 종살이를 하고 있을 때에, 주 너희의 하나님이 강한 손과 편 팔로 너희를 거기에서 이끌어 내었으므로, 주 너희의 하나님이 너에게 안식일을 지키라고 명한다"(신 5:15). 물론 그들은 이집트의 노예가 아니었다. 노예가 되었던 것은 그들의 부모였다. 하지만 모세는 이 세대가 이집트에서 탈출한 이야기를 자신들의 이야기로 받아들이기를 바란다. 그들은 야웨께서 구원하신 노예들이다. 그들은 구출된 자들이다. 모세가 볼 때, 야웨는 신실한 세대와 그 자녀들과 언약을 맺으신다. 시내산에 실제로 있었던 이들의 불신앙이 영원한 파멸을 의미하는 것은 아니다. 미래 세대는 믿음으로 그 언약을 받아들이고 순종으로 응답함으로써 언약에 포함될 수 있다.

출애굽기 19:5-6에서 가능성으로 제시되었던 것—그들이 야웨의 보배로운 소유가 될 수 있다는 것—이 이제 현실이 되었다. 신명기 26:16-19에서 모세는 야웨께서 모압 평원에서 이 새로운 세대와 언약을 맺으신 중요한 날을 회상한다.

> 바로 오늘, 여러분의 하나님 야웨께서 이 율례와 규례를 여러분에게 명하시니, 여러분은 그것을 지키고, 마음을 다하고 성품을 다하여 행해야 합니다. 오늘 야웨께서 자신을 여러분의 하나님이라고 선언하시니['아마르'], 여러분은 그분의 길로 행하고 그분의 율법과 명령과 규례를 지키며 그분의 음성을 들어야 합니다. 그리고 오늘 야웨께서 여러분이 그분의 모든 명령을 지키게 하시고, (그분이 약속하신 대로) 칭찬과 이름과 명예를 위해 만드신 모든 민족 위에 여러분을 세우시고, 여러분이 여러분의 하나님 야웨께 거룩한 백성이 되게 하시려고, 여러분이 스스로 그분의 보배로운 백성이 되겠다고 선언하게['아마르'] 하셨습니다. (저자 번역)[4]

각각의 헌신 선언은 상대방의 요청에 따라 이루어지며, 이를 통해 양측 모두 온전히 참여하게 된다. 이 선언은 단순한 말에 그치지 않는다. 이는 야웨와 그분의 백성 사이에 맺어진 언약 관계를 실행에 옮기는 행위다. 다시 말해, 이 선언은 말이면서 동시에 행동인 것이다. 오늘날 이처럼 효과적인 말, 즉 말 자체가 어떤 일을 일으키는 예로는 결혼식에서 주례자가 "이제 두 사람을 부부로 선언합니다"라고 말하는 것을 들 수 있다. 성혼 선언을 하기 전에는 부부가 된 것이 아니다. 성혼 선언은 새로운 현실을 만들어낸다. 마찬가지로 이 언약의 말은 새로운 세대의 이스라엘 자손을 야웨의 보배로운 소유로 받아들인다. 야웨는 그들의 하나님이 되시고 새로운 세대의 이스라엘 자손은 그분의 백성이 된다.

들어가기: 여호수아와 성취의 시작

여호수아서에는 시내산에서 선포되고 모압에서 재차 강조된 야웨의 약속이 어떻게 성취되기 시작했는지 잘 나타나 있다. 모세가 죽고 여호수아가 신생 국가의 지도자가 되었다. 모세가 신명기 28:10에서 예언한 대로, "이 땅의 모든 백성이, 주님께서 당신들을 택하셔서 자기의 백성으로 삼으신 것을 보고, 당신들을 두려워할 것입니다"라는 말씀이 이루어진다. 실제로 열방이 이스라엘을 지켜보고 있었고 그들은 두려워했다. 여리고성에 살던 라합이 이 사실을 가장 먼저 고백한다. 라합은 자신의 목숨을 걸고 이스라엘 정탐꾼을 숨긴다. 라합은 이스라엘의 이집트 탈출 이후 수십 년 동안 그리고 최근 요단강 동쪽의 두 왕 시혼과 옥을 물리친 이후 여리고 주민 모두가 마음속으로 생각하고 있던 말을 입 밖에 낸다. 라합은 "우리는 그 말을 듣고 간담이 서늘했고, 당신들 때문에 정신을 잃고 말았습니다. 위로는 하늘에서 아래로는 땅 위에서, 과연 주 당신들의 하나님만이 참 하나님이십니다"(수 2:11; 참조. 4:23-24)라고 고백한다. 라합의 말은 "위로 하늘에 있는 것이나, 아래로 땅에 있는 것이나, 땅 아래 물 속에 있는 어떤 것이든지, 그 모양을 본떠서 우상을 만들지 못한다"(출 20:4)는 명령을 정확히 반영한다.[5] 야웨에 대한 라합의 신앙고백은 신명기

28:10을 구체적으로 성취한다. 이전 세대가 언약에 대한 신실함이 부족했음에도, 열방은 이스라엘과 이스라엘의 하나님을 두려워한다.

기브온 사람들과의 만남은 또 다른 성취의 예를 보여 준다. 기브온 사람들은 야웨와 이스라엘에 대해 두려워했다. 이스라엘 자손은 하나님이 그들에게 허락하신 땅 안에서 이방 민족과 계약을 맺는 것이 금지되었기 때문에, 기브온 사람들은 먼 거리를 여행한 척했다(수 9장). 그들이 여호수아에게 대답한다. "종들은 주 하나님의 명성을 듣고서, 아주 먼 곳에서 왔습니다. 우리는 주님께서 이집트에서 하신 모든 일을 들었으며, 또 주님께서 요단 강 동쪽 아모리 사람의 두 왕 곧 헤스본 왕 시혼과 아스다롯에 있는 바산 왕 옥에게 하신 일을 모두 들었습니다"(9:9-10). 비록 고국에 대해 거짓말을 하고 있지만, 기브온 사람들의 증언은 열방이 이스라엘을 위해 야웨께서 행하신 것을 보고 두려워하리라는 야웨의 약속을 확인시켜 준다(신 28:9-10을 보라).

아이러니하게도 이 기록에서 하나님의 언약 백성의 모습은 잘 드러나지 않는다. 믿음으로 가득 찬 창녀 라합은, 야웨께 바쳐야 할 여리고의 전리품 중 일부를 감춤으로써 언약 공동체 전체를 위험에 빠뜨리는 믿음 없는 이스라엘 사람, 아간과 대조를 이룬다(수 7장을 보라). 한편 기브온 사람들은 그들의 계략에 넘어간 이스라엘 자손들의 어리석음을 드러낸다.[6] 다음 세대는 불안한 출발을 한다.

이스라엘 자손들은 하나님이 그들을 이방 민족과 구별하여 하나님께 속하게 하셨다는 사실을 금방 잊어버린다. 그들은 차라리 이방 민족처럼 되기로 결심한다.

왕의 집: 다윗의 왕조

한 곳에 오래 머물지 못하는 사람들을 본 적이 있을 것이다. 이사, 이직, 실연, 연이은 연애, 심지어 연이은 결혼까지, 그들은 항상 다른 곳이 더 나을 거라고 생각하지만 막상 가 보면 결국 같은 일이 반복되곤 한다. 새로운 상황마다 공통분모가 있는데, 그들이 항상 어려움을 자초한다는 점이다. 이스라엘도 마찬가지다. 약속의 땅에 정착하는 것은 이스라엘의 반란에 대한 마법적인 해결책이 아니다. 그들은 계속해서 스스로를 최악의 적으로 삼는다. 우리 모두 그렇지 않을까?

이스라엘의 지파들은 그 땅에 정착한 후 수백 년 동안 지역 '사사'의 통치를 받으며 느슨한 유대 관계를 유지했다. 이 사사들 중 상당수는 심각한 인격적 결함을 지니고 있었고, 이스라엘 자손은 전체적으로 심각한 도덕적 실패에 빠지게 된다. 사사 시대 이후의 이스라엘 제사장들은 악당이었다. 그들은 제사 규정을 무시하고 원하는 것은 무엇이든 백성으로부터 취한다(삼상 2:17; 3:13). 야웨를 공경하고 언약을 지키는 것이 임무인 제사장들이야말로 이리저리 제멋대로 행동하는 사람들이다. 이러한 이유로 야웨는 현재의 제사장 직분을 끊고 "충실한 제사장"과 "기름부어 세운 왕"을 세워 백성을 이끌겠다고 선언하신다(삼상 2:35). 사무엘은 그 제사장적 약속의 성취자로, 자신이 "주님이 세우신 예언자"

임을 입증한다(삼상 3:20).

결국 사무엘이 합당한 지도자로 임명되었음에도 이스라엘은 다른 나라들처럼 왕을 세워 달라고 요구한다. 야웨는 그들에게 왕을 주시려고 했지만, 이스라엘이 왕을 요청한 시기는 야웨에 대한 믿음이 부족함을 입증했다(삼상 8:7-9, 19-20).[7] 그들은 구별되기보다 왕이 있는 주변 국가들과 섞이기를 원한다. 사무엘은 백성들에게 왕권의 위험성을 경고하고 야웨만을 전심으로 따르라고 권면한다(삼상 12:20-21). 그러나 그들은 왕을 요구하고 결국 얻는다. 사무엘은 "주님께서는 당신들을 기꺼이 자기의 백성으로 삼아 도와주시기로 하셨기 때문에, 주님께서는 **자기의 귀한 명예를 지키기 위해서라도**, 자기의 백성을 버리지 않으실 것입니다"(삼상 12:22, 강조는 저자)라고 그들을 안심시킨다. 야웨의 명예는 여전히 이스라엘과 명백히 연결되어 있다. 왕, 예언자, 제사장 등 기름부음 받은 통치자의 임무는 백성들을 다시 언약의 신실함으로 이끌어 하나님의 이름을 지닌 자가 어떻게 살아야 하는지 모범을 보이는 것이다.

리더십 때문이 아니라, 잘생겼거나 인기가 많아서 스포츠 팀의 주장이나 학급 회장으로 뽑히는 경우를 생각해 볼 수 있을 것이다. 키가 크고 잘생긴 사울은 사람들이 생각하는 왕의 조건에 꼭 맞는 인물이었지만, 이스라엘의 초대 왕으로서 그는 비겁하고 피해망상에 시달리며 분노 조절에 취약한 모습을 보인다. 야웨의 단순한 지시를 따르지 않아 왕권을 박탈당하고(삼상 13:13-14; 15:26) 야웨의 임재도 떠난다(삼상 16:14). 이스라엘이 하나님의 이름을 지닌 자로서의 소명을 다할 수 있도록 도와주던 왕이 이렇게 되다니!

사무엘서는 야웨께서 누구를 왕으로 선택하셨는지 보여 주기 위해 고안된 문학적 걸작이다. 사울은 점점 더 나락으로 떨어진다. 그 와중에 야웨는 사무엘에게 다윗을 왕으로 기름 부으라고 지시하신다(삼상 16:13, 18). 다윗과 골리앗의 유명한 이야기는 다윗과 사울 사이의 극명한 대조를 드러낸다. 앞서 언급했듯이, 사울은 키가 정말 컸다. 다른 모든 사람보다 머리 하나가 컸을 정도다. 하지만 키가 큰 블레셋 사람이 이스라엘 사람들에게 결투를 제안하자, 사울은 전선에서 안전한 거리로 물러나 자신이 할 일을 다른 사람이 하게 만들려고 한다. 사울은 심지어 딸을 아내로 주겠다는 보상까지 제시한다.

반면에 다윗은 골리앗의 덩치에 당황하지 않고, 사울의 포상에 현혹되거나 사울의 갑옷에 감탄하지 않는다. 그에게 중요한 문제는 하나님의 명예다. 골리앗은 이스라엘의 군대를 무시함으로써 이스라엘의 하나님을 모욕하고 있다. 다윗의 피가 끓어오른다. 그는 골리앗을 향해 "너는 칼을 차고 창을 메고 투창을 들고 나에게로 나왔으나, 나는 네가 모욕하는 이스라엘 군대의 하나님 곧 만군의 주님의 이름을 의지하고 너에게로 나왔다"(삼상 17:45)라고 외친다.[8] 다윗이 골리앗에게 승리함으로써 "내가 오늘 너를 쳐서 네 머리를 베고, 블레셋 사람의 주검을 모조리 공중의 새와 땅의 들짐승에게 밥으로 주어서, 온 세상이 이스라엘의 하나님을 알게 하겠다"(삼상 17:46)는 선언이 실현된다. 다윗은 하나님의 언약 백성의 사명을 분명히 파악하고, 이스라엘의 기름부음 받은 통치자가 겁쟁이일 때 스스로 나서서 그 사명을 수행한다.

이야기가 전개되면서, 야웨께서 다윗을 기름부음 받은 통치자로 선택하셨다는 사실이 점점 분명하게 드러난다(삼하 3:18; 5:10, 12). 마침내 다윗이 즉위한다. 다윗이 왕으로서 한 첫 번째 행동 중 하나는 언약궤를 예루살렘으로 가져온 것이다(삼하 6:1-23). 언약궤는 얼마 전에 블레셋에게 빼앗겼고, 블레셋은 야웨의 진노를 피하기 위해 몇 달 만에 이스라엘로 돌려보냈다(삼상 5-6장). 언약궤는 20년 동안 기럇여아림의 한 집에 보관되었고(삼상 7:2), 다윗은 궤를 이스라엘의 정치 중심지로 옮기는 것을 최우선 과제로 삼았다. 언약궤가 이스라엘의 수도에 보관되면서 다윗의 왕권은 안전해졌다. 그의 적들은 정복되었다. 그의 궁전이 건축된다. 골든타임이다. 그러던 중 다윗은 예루살렘에 야웨를 위한 성전을 지어야겠다고 생각한다!

이 프로젝트에 대한 다윗과 야웨의 대화는 "이름"과 "집"이라는 단어를 중심으로 진행되며, 다양한 의미를 담고 있다. 다윗은 야웨의 "이름"(즉, 그분이 영광을 받으실 장소)을 위해 "집"(즉, 성전)을 짓겠다고 제안한다. 야웨는 예언자 나단을 보내 다윗의 생각에 답하시면서, 야웨의 이름을 위해 집을 짓는 대신, 다윗의 "집"(즉, 왕조)이 튼튼히 서고 그의 "이름"이 빛나게 할 것이라고 말씀하신다(삼하 7:9).[9] 다윗은 이스라엘이 받은 선택의 독특성을 인정한다. "이 세상에서 어떤 민족이 주님의 백성 이스라엘과 같겠습니까? 하나님이 직접 찾아가셔서, 이스라엘을 구하여 내시고, 주님의 백성으로 삼아서, 주님의 명성을 드러내셨습니다. 그들을 이집트에서 구하여 내시려고 큰 일을 하셨고, 주님의 백성이 보는 앞에서, 다른 민족들과 그 신들에게서 그들을 친히 구원하시려고 이렇게 큰 일을 하시었고, 주님의 땅에서 놀라운 일을 하셨습니다"(삼하 7:23).

다윗 왕조를 세우시겠다는 하나님의 약속은, 그 자체로는 긍정적이지만, 부드러운 질책을 담고 있다. 성전은 왕의 특권이 아닌 하나님의 주권에 의해 세워진다. 다윗은 손에 피를 묻혔으므로 그의 아들이 "나[야웨]의 이름을 드러내려고 집을 지을" 자가 되어야 한다(삼하 7:13). 그 아들이 바로 솔로몬이다. 솔로몬은 다윗이 다른 남자의 아내와 맺은 관계에서 태어난 아들로, 하나님이 우리의 치명적인 실패마저 어떻게 구속하시는지를 보여 주는 또 하나의 증거다.

리본 커팅: 솔로몬의 성전

솔로몬의 긍정적인 주요 업적은 다윗이 바라던 성전을 시온 산에 건축한 것이다. 성전은 야웨의 이름과 반복적으로 연결된다.[10] 성전이 건축되면 특별한 '리본 커팅' 의식을 통해 야웨를 예배하는 장소로 봉헌된다. 야웨는 솔로몬과 맺은 언약을 재확인하시며 솔로몬이 야웨의 길을 걷는 한 임재와 축복을 약속하신다(6:11-13; 참조. 8:23-26). 솔로몬은 야웨의 이름을 열방에 전한다는 성경적-신학적 주제를 아름답게 요약한 기도로 성전을 봉헌한다. 그는 기도한다.

주님의 백성 이스라엘에 속하지 아니한 이방인이라도, **주님의 크신 이름을 듣고**, 먼 곳에서 이리로 오면, 그들이야말로 주님의 큰 명성을 듣고, 또 주님께서 강한 손과 편 팔로 하신 일을 전하여 듣고, 이 곳으로 와서, 이 성전을 바라보면서 기도하거든, 주님께서는, 주님께서 계시는 곳 하늘에서 들으시고, 그 이방인이 주님께 부르짖으며 간구하는 것을 그대로 다 들어 주셔서, **땅 위에 있는 모든 백성이 주님의 이름을 알게 하시고**, 주님의 백성 이스라엘처럼 **주님을 경외하게 하시며**, 내가 지은 이 성전이 주님의 이름을 부르는 곳임을 알게 하여 주십시오. (왕상 8:41-43, 강조는 저자)

솔로몬은 야웨께서 이스라엘을 위해 행하신 일의 선교적 중요성을 인식한다. 이스라엘을 야웨의 특별한 백성으로, 예루살렘을 그분의 집을 위한 특별한 장소로 선택하신 것은 하나님이 그들을 위해 행동하시도록 동기를 부여한다(왕상 8:53; 11:13, 32, 36; 참조. 14:21). 야웨의 명성은 솔로몬이 "세상의 모든 백성이, 주님만이 하나님이시고 다른 신은 없다는 것을, 알게 되기를 바랍니다"(왕상 8:60)라며 축복을 호소하는 유일한 근거가 된다.

솔로몬의 성전 봉헌식에는 야웨의 이름이 등장할 뿐만 아니라, 시내산에서의 성막 봉헌식을 떠올리게 하는 요소들도 담겨 있다. 여기서 호렙이라고 언급된 시내산은 언약궤가 성소 내부로 들어올 때 특별히 언급된다. "궤 속에는 호렙에서 모세가 넣어 둔 두 개의 돌판 말고는, 아무것도 없었다. 이 두 돌판은, 이스라엘 자손이 이집트 땅에서 나온 뒤에, 주님께서 호렙에서 그들과 언약을 세우실 때에, 모세가 거기에 넣은 것이다"(왕상 8:9). 모세가 "회막에 구름이 머물고, 주님의 영광이 성막에 가득 찼으므로, 거기에 들어갈 수 없었"던 것처럼(출 40:35), 솔로몬의 성전 봉헌식에서 "주님의 영광이 주님의 성전을 가득 채워서, 구름이 자욱하였으므로, 제사장들은 서서 일을 볼 수가 없었다"(왕상 8:11).[11] 이 새 성전을 가득 채운 야웨의 임재는 야웨께서 이스라엘과의 언약을 계속해서 지키실 것에 대한 강력한 확증이었다. 시내산 이후 이미 수 세기가 지났고, 이스라엘 백성들의 불신앙과 반역으로 점철된 세월이 흘렀다. 그럼에도 야웨는 약속을 지키시고 더 많은 은혜를 베푸신다.

솔로몬의 지혜는 주변 나라들을 끌어들이는 강력한 매력을 지녔다. 먼저 온 이스라엘이 그의 지혜에 경탄하고(왕상 3:28), 열방이 주목하기 시작한다(왕상 4:29-34). 두로 왕 히람은 솔로몬의 지혜를 보고 야웨께 찬양을 드린다(왕상 5:7). 스바여왕은 그의 지혜를 직접 듣기 위해 먼 거리를 여행하고 야웨를 송축한다(왕상 10:1-10). 실제로 "온 세계 사람"이 솔로몬의 지혜를 구한다(왕상 10:24). 이것은 열방에 축복을 가져다주겠다는 아브라함의 약속이 성취된 것처럼 들린다. 하지만 오래가지 못한다.

야웨의 기준은 분명하다. 이스라엘이 언약을 지키지 않으면 야웨는 성전을 파괴하고 이스라엘을 이방인의 조롱거리로 만드실 것이다(왕상 9:6-9). 솔로몬은 지혜를 가지고 있었지만, 언약에 대해서는 신실하지 못한 모습을 보인다. 그는 정치적 동맹을 위해 수백 명의 아내를 맞이하고, 그들이 야웨가 아닌 다른 신들을 계속해서 섬길 수 있도록 길을 열어 주었다. 그는 언약에 대한 노골적인 무시를 용인한 이스라엘의 지도자 대다수 중 한 명이 된다.

솔로몬 이후 왕국은 둘로 나뉜다. 그의 아들 르호보암이 남유다로 알려진 남왕국을 통치하고, 여로보암은 북이스라엘로 알려진 북왕국을 통치한다. 여로보암이 왕이 된 후 가장 먼저 한 일은 단과 벧엘에 금송아지를 세워 영토의 남북 경계를 표시하는 것이었다. 이제 북이스라엘 백성은 야웨께 예배하기 위해 더 이상 솔로몬이 예루살렘에 지은 성전에 가지 않는다. 이로써 북쪽의 열 지파는 멸망했고, 이후 열여덟 명의 왕 중 누구도 야웨를 숭배하지 않았다. 결국 앗수르가 이 왕국의 중심을 포로로 끌고 갔는데, 이는 모세가 예언한 그대로였다.

남유다의 상황은 다소 낫다. 스무 명의 왕 중 여덟 명의 왕이 야웨와의 언약에 충실하려고 노력한다. 수백 년 후 앗수르 왕 산헤립이 예루살렘을 멸망시키겠다고 위협하자, 히스기야왕은 야웨의 명성을 근거로 자비를 구하며 간청한다. "주 우리의 하나님, 이제 그의 손에서 우리를 구원하여 주셔서, 세상의 모든 나라가, 오직 주님만이 홀로 주 하나님이심을 알게 하여 주십시오"(왕하 19:19). 남유다는 열방으로부터 조롱을 당하고(왕하 19:21-22), 야웨는 예언자 이사야를 통해 자신을 위해 남유다를 지키겠다고 약속하신다(왕하 19:34). 그러나 그분의 구원이 남유다를 북이스라엘의 길에서 돌이키게 하지는 못한다. 하나님의 백성은 끈질기게 반역한다.

모세는 이 날을 내다보고 있었다. 그는 다가올 일을 예견했다. 신명기 32장의 노래에서 그는 '자기들을 지으신 하나님을 저버린'(15절) 백성들을 "어리석은 백성, 깨닫지도 못하는 백성"(28절)이라고 불렀다. 언약에 대한 불성실함으로 인해 신명기 28장에 선포된 저주가 그들에게 임하는 것은 시간문제일 뿐이었다. 마침내 남유다의 지칠 줄 모르는 악으로 인해 야웨는 자신의 백성과 성읍, 심지어 성전까지 버리겠다고 선언하신다(왕하 23:27). 위협받던 남왕국의 포로생활은 현실이 된다.

그만하면 충분하다.

언약의 빛이 거의 꺼져 가는 흑암의 시대에, 예언자들은 하나님의 백성에게 야웨를 섬기는 자요, 그분의 이름을 전하는 자라는 소명을 회복하라고 한목소리로 촉구한다. 예언자들은 천상에서 내려다보는 하나님의 시선으로 혼란스러운 상황을 바라본다.

더 깊은 연구를 위하여

* Daniel I. Block. *Deuteronomy*. NIVAC. Grand Rapids: Zondervan, 2012.

* David M. Howard Jr. *An Introduction to the Old Testament Historical Books*. Chicago: Moody, 1993. 『구약 역사서 개론』(크리스챤출판사).

Sandra L. Richter. *The Deuteronomistic History and the Name Theology: Lešakkēn Šemo Šām in the Bible and the Ancient Near East*. BATW 318. Berlin: de Gruyter, 2002.

* Christopher J. H. Wright. *The Mission of God: Unlocking the Bible's Grand Narrative*. Downers Grove, IL: IVP Academic, 2006.

바이블 프로젝트 관련 영상: "신명기"

7 야웨께서 보시는 것

신실한 소수

원맨쇼? 시내산의 엘리야

하나님은 수 세기에 걸쳐 예언자들을 보내 자신의 백성에게 말씀을 선포하시면서 언약에 대한 신실함으로 돌이키도록 촉구하셨다. 사람들은 대부분 예언자의 메시지를 무시했지만, 신실한 소수는 후대를 위해 말씀을 보존했다. 이스라엘 왕국이 북쪽의 이스라엘과 남쪽의 유다로 분열된 후 사역한 엘리야는 이스라엘 왕조 이야기에서 가장 먼저 만나는 중요한 예언자다. 당시 북이스라엘 왕국은 가나안의 신 바알을 독실하게 신봉하는 두 사람이 이끌고 있었다. 다른 신을 숭배하는 것 자체가 언약을 정면으로 위반하는 것인데, 아합왕과 이세벨왕비는 야웨 숭배를 완전히 없애겠다는 집착에 사로잡히기까지 했다. 그들은 야웨의 예언자들을 닥치는 대로 죽이지만, 엘리야를 찾아내는 데는 큰 어려움을 겪는다. "야웨가 나의 하나님이다"라는 뜻을 지닌 엘리야는 몇 년 동안 지속되는 가뭄을 선포하여 "이스라엘을 괴롭히는 자"라는 별명을 얻게 된다(왕상 18:17). 그의 경고는 근거 없이 나온 말이 아니다. 비가 오지 않는 것은 이스라엘이 언약을 무시할 경우 내리는 저주로 시내산에서 규정되었다.

너희가, 내가 세운 규례를 따르고, 내가 명한 계명을 그대로 받들어 지키면, 나는 철 따라 너희에게 비를 내리겠다. 땅은 소출을 내고, 들의 나무들은 열매를 맺을 것이다…그러나 너희가, 내가 하는 말을 듣지 않고, 이 모든 명령을 지키지 않거나, 내가 정하여 준 규례를 지키지 않고, 내가 세워 준 법도를 싫어하여, 나의 모든 계명을 그대로 실천하지 않고, 내가 세운 언약을 어기면…너희가 자랑하는 그 힘을 꺾겠다. 너희의 하늘을 쇠처럼, 너희의 땅을 놋쇠처럼 단단하게 만들겠다. 그러면 너희가 아무리 힘을 써도, 너희의 땅은 소출을 내지 못할 것이며, 땅에 심은 나무도 열매를 맺지 못할 것이다. (레 26:3-4, 14-15, 19-20)

비가 오지 않는다는 것은 이스라엘 백성이 길을 잃었다는 첫 번째 단서임에도 불구하고, 그들의 관점은 왜곡되어 있었다.

비가 내리지 않는다는 것은 바알에게 큰 망신거리였다. 그는 천둥과 번개, 비를 관장하는 폭풍의 신으로 알려져 있었기 때문이다.[1] "아카투 전설"(The 'Aqhatu Legend)로 알려진 고대 이야기에는 비슷한 상황에서 비를 내리지 못하는 바알의 모습이 묘사되어 있다. 여기서 그의 이름은 바알루(Ba'lu)로 표기된다.

그러자 라파우(Rapa'u) 사람 다닐루(Dani'ilu)는 한여름 뙤약볕 아래 구름을 향해 주문을 외웠고, 여름 과일 위로 쏟아지는 비와 포도에 내리는 이슬을 향해 주문을 외웠다. 바알루(Ba'lu)는 7년 동안 비를 내리는 데 실패했고 구름을 타는 자는 8년 동안 실패했으니, 이슬도 소나기도, 깊은 곳에서 솟아오르는 물도, 바알루의 선량한

목소리도 없었다.[2]

바알에게는 비가 내리지 않는 것에 대한 직접적인 책임이 있다. 자신의 왕권을 바알의 지지에 의존하고 있는 아합왕에게도 가뭄은 망신거리였다. 엘리야는 영리하게도 바알을 이길 계획을 세운다. 그는 불을 보내는 신을 하나님으로 인정하기 위해 바알의 예언자들과 대결을 준비한다. 그는 바알에게 홈그라운드의 이점을 주고 신성한 갈멜산에서 대결을 벌인다. 바알의 예언자들은 하루 종일 간절히 기도했지만 결국 포기한다. 바알도 하늘도 침묵한다. 엘리야가 단 한 번의 간절한 기도를 드리자 야웨께서 극적인 응답을 보내신다. 야웨께서 구름 한 점 없는 하늘에서 내리신 번개는 제단 위의 제물뿐 아니라 돌로 된 제단까지 태워 버린다. 그 순간 거기 있던 모든 사람이 야웨가 하나님이라는 사실을 인정한다. 곧이어 비가 내리고 가뭄의 원인에 대한 의구심이 사라진다. 야웨의 승리는 그분의 이름을 지닌 예언자의 정당성을 입증한다.

이세벨은 이 소식을 듣고 24시간 안에 엘리야를 죽이겠다고 맹세한다. 엘리야는 즉시 이세벨의 영토를 벗어나 남쪽으로 향하여 유다의 최남단 도시 브엘세바까지 이동한다. 그는 그곳에서 광야로 걸어가 수풀 아래 몸을 웅크리고 죽기를 기도한다. 죽고 싶다는 엘리야의 기도에는 개인적인 낙담 이상의 의미가 있다. 그는 자신의 예언 사역이 효과가 없다는 것을 뼈저리게 느낀다. 갈멜산 대결 이후에도 아합왕이 야웨를 거부할 수 있다면 언약은 실패한 것이다.

이번에는 야웨께서 엘리야의 요청대로 기도에 응답하는 대신 희망을 보내 주신다. 천사가 빵 한 덩어리를 구워 주고(얼마나 실용적인가!) 물을 두 번이나 가져다주어 엘리야의 기력을 회복시킨다. 엘리야는 "하나님의 산" 호렙으로 출발한다(왕상 19:8). 주석가 피터 레이하트(Peter Leithart)는 이 이야기에서 엘리야가 이스라엘의 발자취를 되짚으며 이스라엘의 이야기를 되살린다고 말한다. 엘리야가 왕과 그의 신들과 대면하는 장면은 모세가 이집트에서 바로와 대면하는 장면을 연상시킨다. 엘리야의 광야 여정과 기적적인 식량 공급은 이스라엘이 광야에서 겪은 경험을 반영한다. 마침내 엘리야는 깨진 언약과 관련하여 야웨를 만나기 위해 시내산으로 돌아온다.[3]

그는 왜 돌아왔을까? 무엇을 이루려 했던 걸까? 야웨는 엘리야에게 바로 이 질문을 던지신다. 엘리야가 대답한다. "나는 이제까지 주 만군의 하나님만 열정적으로 섬겼습니다. 그러나 이스라엘 자손은 주님과 맺은 언약을 버리고, 주님의 제단을 헐었으며, 주님의 예언자들을 칼로 쳐서 죽였습니다. 이제 나만 홀로 남아 있는데, 그들은 내 목숨마저도 없애려고 찾고 있습니다"(왕상 19:10).

엘리야의 예언자적 관점에서 보면, 언약은 끝난 것 같았다. 엘리야는 언약을 다시 시작하기 위해 시내산에 간 것일까? 시내산은 그렇게 하기에 적절한 장소일 것이다. 모세처럼 그는 산의 동굴에 머무른다. 모세처럼 야웨와 대화를 나눈다. 모세처럼 야웨께서 지나가시는 것을 볼 기회를 가진다. 엘리야는 모세처럼 기적을 행하고 야웨를 인격적으로 만남으로써 모세의 전통을 따르는 모범적인 예언자로 자신을 드러낸다(신 34:10-12). 엘리야는 무엇보다 시내산 언약 위반을 우려한다.

야웨는 엘리야의 낙담에 사명을 부여하는 것으로 응답하신다. 엘리야는 자신의 후계자뿐 아니라 이스라엘의 다음 왕에게 기름을 부어야 한다. 야웨는 또한 엘리야에게 "나는 이스라엘에 칠천 명을 남겨 놓을 터인데, 그들은 모두 바알에게 무릎을 꿇지도 아니하고, 입을 맞추지도 아니한 사람이다"(왕상 19:18)라며 안심시키신다. 엘리야는 혼자가 아니다. 그의 사역은 헛되지 않았다. 야웨는 시내산에서 다시 자신을 나타내시고 언약이 여전히 유효하다고 예언자를 안심시키신다. 대부분 그 이름을 잘 지키지 못했지만, 충실한 남은 자들이 있었다. 다른 예언자들도 이 남은 자의 일부였으며, 그중에서도 예레미야와 에스겔이 가장 두드러진 인물이다.

도둑의 소굴: 예레미야의 성전 설교

〈아라비안나이트〉에 나오는 알리바바와 40인의 도둑 이야기를 들어 보았을 거다. 알리바바는 가난한 나무꾼으로, 숲에서 우연히 도둑 무리를 만나게 된다. 그는 도둑들이 마법의 문이 있는 숨겨진 동굴에 다가가 암호를 외치는 것을 본다. "열려라, 참깨!"라고 외치고 안으로 들어간 다음 "닫혀라, 참깨!"라고 외치면, 문이 닫히면서 도둑들이 훔친 보물을 세는 동안 안전을 보장해 준다. 도둑들은 그렇게 생각했다. 하지만 알리바바가 암호를 알아냈

으니 이제 그들의 비밀은 더 이상 안전하지 않다. 이야기가 전개되면서 도둑들은 모든 것을 잃고 알리바바는 엄청난 부자가 된다.

예언자 예레미야도 비슷한 이야기를 들려준다. 그는 예루살렘에 있는 성전 문에 서서 남유다에 대한 야웨의 메시지를 전한다. 그는 "이것이 주님의 성전이다, 주님의 성전이다, 주님의 성전이다"라는 그들만의 암호를 조롱하며 그들을 부른다(렘 7:4). 그들은 야웨께서 예루살렘 성전에 거하시기 때문에 그분의 심판에서 벗어날 수 있다고 생각하며 이 '마법 같은' 단어에만 의존한다. 예레미야는 그들의 위선을 폭로한다.

> 너희는 모두 도둑질을 하고, 사람을 죽이고, 음행을 하고, 거짓으로 맹세를 하고, 바알에게 분향을 하고, 너희가 알지 못하는 다른 신들을 섬긴다. 너희는 이처럼 내가 미워하는 일만 저지르고서도, 내 이름으로 불리는 이 성전으로 들어와서, 내 앞에 서서 '우리는 안전하다' 하고 말한다. 너희는 그런 역겨운 모든 일들을 또 되풀이하고 싶어서 그렇게 말한다. 그래, 내 이름으로 불리는 이 성전이, 너희의 눈에는 도둑들이 숨는 곳[혹은 도둑의 소굴][4]으로 보이느냐? 여기에서 벌어진 온갖 악을 나도 똑똑히 다 보았다. 나 주의 말이다. (렘 7:9-11)

숲 속의 알리바바처럼, 야웨는 남유다 백성을 지켜보고 계셨다. 그들은 성전을 모든 위험으로부터 안전한 비밀 은신처로 여기고 있었다. 정작 자신들은 길거리에서 강도질을 일삼으면서도 말이다. 언약을 어기는 것은 남유다 백성에게 개인의 문제가 아니라 가정의 문제였다. 야웨는 탄식하며 말씀하신다. "자식들은 땔감을 줍고, 아버지들은 불을 피우고, 어머니들은 하늘 여신에게 줄 빵을 만들려고 가루로 반죽을 하고 있다. 또 그들은 나의 노를 격동시키려고, 다른 신들에게 술을 부어 바친다"(렘 7:18).

그들은 시내산의 명령을 잊었지만 여전히 성전 제사가 효과적일 거라고 기대한다. 야웨는 예언자 사무엘 시대에 성막이 있었던 북쪽의 실로로 현장 학습을 가 보자고 제안하신다. 성막이 철거되었을 뿐만 아니라, 이 무렵 북이스라엘은 이미 앗수르에 정복되어 사방으로 흩어진 상태였다. 북쪽에 있는 하나님의 백성에게 일어날 수 있는 일이라면 남유다에도 일어날 수 있는 일이었다. 성전은 그들을 구원하지 못했다.

예레미야가 예고한 대로, 야웨는 바벨론 사람들이 예루살렘과 남유다를 멸망시키는 것을 허락하셨다. 수천 명의 유대인이 고향을 떠나 끌려갔다. 하나님은 또 다른 예언자 에스겔을 일으켜 예레미야와 비슷한 메시지로 백성에게 말씀하셨다. 포로 기간 동안 바벨론에서 글을 쓴 에스겔은 남유다의 죄가 하나님의 평판에 미치는 영향을 묘사한다. 생생한 언어로 상황이 얼마나 나빠졌는지 묘사한다. 남유다 백성들의 우상숭배(제1계명 위반)는 야웨께서 주신 땅을 더럽혔다. 그들의 행동은 노천에 버려진 피투성이의 생리대처럼 역겨웠다. 생생한 이미지가 떠오른다! 하나님이 집안을 청소하셔야 했다는 것은 자연스러운 결과다. 하나님은 자기 백성을 다른 나라로 흩으셨다. 야웨의 언약 조건에 따라 살지 못하면 이스라엘은 더 이상 언약의 혜택을 누릴 수 없다.

하지만 문제가 있었다. "그들은 여러 나라에 흩어져서, 가는 곳마다 내 [야웨의] 거룩한 이름을 더럽혔다. 그래서 이방 사람들은 그들을 보고 '주의 백성이지만 주의 땅에서 쫓겨난 자들'이라고 하였다"(겔 36:20). 하나님의 백성은 아무 말도 할 필요가 없었다. 남유다가 포로로 끌려가는 것만으로도 야웨는 자기 백성을 지켜 주지 못한 무능력한 신처럼 보이게 된다. 야웨께서 그들을 바벨론에 포로로 보내셨다는 점은 중요하지 않다. 다른 민족들이 볼 때, 야웨는 바벨론의 신들과 상대가 되지 않는다. 야웨께서 이 백성을 자신의 백성으로 삼기로 하셨기에 그분의 명성은 위태로운 지경에 놓였다. 좋든 나쁘든, 그들에게 야웨의 이름이 새겨져 있기 때문이다.

공동체에서 지도자 역할을 맡고 있다면, 사람들이 내 자녀가 어떻게 행동하는지 지켜볼 때 오는 압박감을 느낀 적이 있을 것이다. 아이들이 앞자리에서 싸우고 있을 때 당신의 설교는 별로 힘을 발휘하지 못한다. 하나님은 당신의 기분을 잘 아신다.

그래서 야웨는 자기 백성이 겪는 곤경에 대해 뭔가 조치를 취하기로 계획하신다. 야웨는 열방이 자신을 무력한 신이라고 생각하게 두실 수 없다. 야웨는 오해를 바로잡으셔야 했고, 백성들에게 분명하게 말씀하신다. 그분은 극적인 구출 계획을 실행에 옮기시려 한다. 흩어진 백성을 여러 민족 가운데서 모으고, 그들을 고향으로 데려오며, 정결케 하고, 풍요를 주실 것이다. 하지만 매우 노골적으로 말씀하신다. "내가 이렇게 하는 것은 너희 때문이 아니라는 것을 너희가 알아야 한다. 나 주 하나님의 말이다. 이스라엘 족속아, 너희의 행실을 부끄러워하고, 수치스러운 줄 알아라!"(겔 36:32). 하나님의 구원 계획의 요점은 분명하다. "너희가 여러 나라에 흩어져 살면서 내 이름을 더럽혀 놓았으므로, 거기에서 더럽혀진 내 큰 이름을 내가 다시 거룩하게 하겠다. 이방 사람들이 지켜보는 앞에서, 너희에게 내가 내 거룩함을 밝히 드러내면, 그 때에야 비로소 그들도, 내가 주인 줄 알 것이다"(겔 36:23).

하나님이 행동하시는 이유는 백성들의 처지가 안타까워서가 아니라, 야웨의 명예가 달려 있기 때문이다.

다시 상상된 시내산: 회복에 대한 예언적 비전

예언자들은 이스라엘의 불성실함에 대해 강하게 반박하지만, 하나님의 영의 도우심으로 죄와 심판을 넘어 하나님이 계획하신 놀라운 구원을 볼 수 있다! 그들은 주변의 황폐함을 바라보면서도 믿음으로 완전한 회복을 상상한다. **언약이 약속한 복을 받지 못할 수는 있지만, 언약 자체는 막을 수 없다.** 야웨는 아브라함의 자손을 통해 세상에 복을 주겠다고 약속하셨다. 그분은 부패한 1세대나 2세대, 10세대가 자신의 계획을 방해하는 것을 허락하지 않으실 것이다.

그분은 예언자들에게 하나님이 처음부터 의도하셨던 모든 영광스러운 약속과 함께 회복의 날을 엿보게 하신다. 이사야서를 예로 들어 보겠다. 유다의 예언자는 심판을 선포하지만, 언약에 대한 반역이 처리되자마자 하나님은 큰일을 준비해 두셨다.

그러나 나의 종 야곱아, 내가 택한 이스라엘아,
　　이제 너는 들어라.
너를 지으신 분
네가 태어날 때부터 '내가 너를 도와주마' 하신
　　주님께서 말씀하신다.
나의 종, 야곱아, 내가 택한 여수룬아,
　　두려워하지 말아라.
내가 메마른 땅에 물을 주고
　　마른 땅에 시내가 흐르게 하듯이,
네 자손에게 내 영을 부어 주고,
　　네 후손에게 나의 복을 내리겠다.
그들은 마치 시냇물 가의 버들처럼,
　　풀처럼 무성하게 자랄 것이다.

(사 44:1-4)

　　예언자들이 풍성한 결실과 성령의 부으심을 함께 언급하는 것은 드문 일이 아니다. 둘 다 언약 갱신의 증거다.[5] 엘리야 시대에 가뭄은 언약에 대한 불성실의 직접적인 결과였다. 지금은 그 반대다. 신실함은 결실을 가져온다. 이사야는 영적 갱신의 날에 참으로 놀라운 일이 일어날 것이라고 말한다.

　　그 때에는 '나는 주님의 것이다' 하고 말하는 사람도 있고,
　　　'야곱'의 이름을 써서 그의 자손임을 자칭하는 사람도 있을 것이며,

> 팔에다가 '나는 주님의 것'이라고 쓰는 사람도 있을 것이며,
>
> '이스라엘 사람'이라고 불리는 것을 영광으로 여기는 사람도
> 있을 것이다. (사 44:5)

야웨를 예배하는 사람들이 숨어 살아야 했던 아합과 이세벨의 시대나 예언자의 목숨이 위태로웠던 예레미야 시대와 달리, 이사야가 상상하는 미래에는 열방이 야웨의 백성과 함께하기 위해 몰려들 것이다. 이사야 44:5은 다른 나라들이 야웨의 백성이라고 밝히기를 꺼리지 않고 야웨께 속하겠다고 외치는 영적 대각성이 일어날 것이라고 말한다. 심지어 어떤 사람들은 "주님의 것"(layahweh, '라야웨')이라는 문구를 새겨서 야웨에 대한 충성을 물리적으로 드러내기도 한다. "주님의 것"은 대제사장의 이마 장식에 새겨진 것과 같은 문구다. 대제사장은 국가 전체의 지위를 상징하는 존재였다. 예언자는 지금 야웨의 백성이 되는 사람들의 팔에서 이 문구를 볼 수 있다.

이것이 예언자가 멀리서 내다본 것이다. 먼저, 아직 돌이켜야 할 완고한 마음들이 남아 있다.

이사야 58-62장에는 이스라엘이 새로운 이름으로 불리는 구절이 가득하다. 이사야에게 구속과 변화의 역사는 이름이 바뀌는 것, 즉 정체성 변화의 기회다. 반대로 반역은 발전을 되돌리고 옛 칭호로 되돌아가는 것이다.[6] 그런 다음 깊은 감정이 담긴 탄식시에서 예언자는 시내산으로 돌아가 모든 것을 다시 시작하고 싶다는 소망을 표현한다. 이사야 63:7-8에서, 예언자는 신명기에서 파생된 언약 용어인 언약적 신실함('헤세드'), 선하심('토브'), "나

의" 등을 사용하여 야웨께서 이스라엘을 선택하신 일을 회상한다. "백성"이라는 표현은 결코 다른 민족을 지칭하지 않는다.[7] 그러나 역사의 회상이 반전되면서, 그들의 반역에 대한 묘사로 이어진다(사 63:10). 이스라엘의 조상들도 그들을 알아보지 못했을 정도로 그들의 불순종은 극심했다(사 63:16). 이스라엘의 도덕적, 영적 타락으로 인해 야웨의 보호를 완전히 상실했기 때문에, 이스라엘의 적들이 이스라엘의 거룩한 곳을 점령했다(사 63:18-19).

야웨의 이름은 그분의 구원 행위에 대한 기억과 함께 거의 사라져 버렸다. "아무도 주님의 이름을 부르지 않습니다"(사 64:4-7). 예언자가 하나님께 또 다른 극적인 계시를 간청하는 것은 놀라운 일이 아니다. 그는 이스라엘이 처음 야웨와 언약 관계를 맺었던 순간으로 시계를 되돌리고, 그들의 선택을 초기화하고 싶어 한다.

이 글의 핵심 구절은 이사야 63:19-64:1로, 이 구절에서 예언자의 탄식이 간청으로 이어진다. 번역 성경에는 이 두 절의 장이 나뉘어 있지만, 히브리어 성경에서는 시적인 운율로 연결된 하나의 절로 이루어져 있다.[8]

> 우리는 오래 전부터 주님의 다스림을 전혀 받지 못하는 자같이 되었으며,
> 주님의 이름으로 불리지도 못하는 자같이 되었습니다.
> 주님께서 하늘을 가르시고 내려오시면,
> 산들이 주님 앞에서 떨 것입니다.[9]

예언자가 상상한 극적인 개입은 시내산 사건을 떠올리게 한다. 당시 백성들 앞에 나타나신 하나님의 모습은 놀라웠다. "그 때에 시내 산에는, 주님께서 불 가운데서 그 곳으로 내려오셨으므로 온통 연기가 자욱했는데, 마치 가마에서 나오는 것처럼 연기가 솟아오르고, 온 산이 크게 진동하였다"(출 19:18). 이제 예언자는 야웨께서 산으로 돌아오시기를 원한다.

이사야 63:11-14에서 출애굽 이야기를 명시적으로 다시 들려주기 때문에, 우리는 예언자가 모세를 생각하고 있음을 알 수 있다. 우리가 특별히 관심을 갖는 것은 야웨의 위대한 구속 행위의 목적에 대한 언급이다. "그의 이름을 영원히 빛나게 하신 그분이"(사 63:12), "주님의 이름을 영광스럽게 하셨습니다"(사 63:14). 이스라엘이 야웨의 백성으로 선택된 것은 모든 나라 가운데 야웨의 명성을 높이기 위한 것이었다. 예언자는 이스라엘이 하나님의 백성이라고 주장하지만, 이스라엘의 행동에는 더 이상 열방에 대한 우월성을 주장할 근거가 없다. 이스라엘은 선택되기 이전의 상태—'주님의 이름을 부르지 않는 자들'—로 되돌아갔다. 야웨의 능력과 용서에 대한 새로운 계시가 다시 필요한 상태가 된 것이다.

예언자는 시내산으로 돌아갈 준비가 되었다.

이사야와 마찬가지로, 호세아도 이스라엘이 광야 체험을 다시 할 것을 내다본다. 그는 이스라엘을 남편의 사랑에도 불구하고 매춘으로 돌아선 불성실한 아내에 비유한다. 적절한 비유다. 이스라엘이 다른 신들을 숭배하는 것은 야웨와 맺은 언약을 위반한 것인데, 이 언약의 가장 가까운 비유가 결혼이기 때문이다. 이스라엘은 야웨께서 베풀어 주신 모든 것에 감사하는 대신, 바알과 같은 다른 신들에게 비를 내려 달라고 기도하고 풍성한 수확에 대한 감사를 그 신들에게 돌린다.

야웨는 호세아를 통해 자신의 계획을 발표하신다. "그러므로 이제 내가 그를 꾀어서, 빈 들로 데리고 가겠다. 거기에서 내가 그를 다정한 말로 달래 주겠다. 그런 다음에, 내가 거기에서 포도원을 그에게 되돌려 주고, 아골 평원이 희망의 문이 되게 하면, 그는 젊을 때처럼, 이집트 땅에서 올라올 때처럼, 거기에서 나를 기쁘게 대할 것이다"(호 2:14-15). 이스라엘 백성은 다시 한번 광야에서 하나님을 만나야 했다. 그들에겐 자신들이 야웨의 소유이며 야웨는 자신들의 전적인 헌신을 받으실 만하다는 것을 단번에 보여 줄 만남이 필요했다. 그 결과 첫 두 계명을 반영하는 언약 공식이 아름답게 재확인된다. "그 때에 내가 이스라엘을 이 땅에 심어서 나의 백성으로 키우고, 로루하마를 사랑하여 루하마가 되게 할 것이다. 로암미에게 '이제 너는 암미다!' 하고 내가 말하면, 그가 나에게 '주님은 나의 하나님이십니다!' 하고 대답할 것이다"(호 2:23).

광야는 그런 결과를 얻을 만한 곳이다.

이러한 예언자적 상상력이 역사의 한 페이지에서 실현된 적이 있을까? 그렇게 된다면 시내산 언약은 어떻게 될까?

다시 시작하다: 언약 갱신

내 친구 섀넌은 힘든 어린 시절을 보냈다. 열두 살부터 열여덟 살까지 그녀는 부모님에게 무뚝뚝하고 무례했다. 그녀의 인생관은 완전히 부정적이었다. 섀넌은 변하고 싶고 정해진 틀에서 벗어나고 싶었을 때조차도, 말이 항상 잘못된 어조로 나왔다고 한다. 섀넌은 막막했고 부모님도 마찬가지였다. 섀넌이 대학에 진학하면서 마침내 변화가 찾아왔다. 집을 떠나 새롭게 시작할 수 있는 자유를 얻은 것이다. 섀넌이 대학에 입학한 지 몇 달 후, 섀넌을 보러 온 부모님은 그녀의 변화된 모습에 어안이 벙벙했다. 그들도 다시 시작할 수 있었다. 몇 년이 지난 지금, 그들은 가족으로서 매우 가까워졌다.

가끔은 상황이 너무 끔찍해서 다시 시작하는 것이 최선일 때가 있다. 이사야 63장에서 예언자 이사야가 요구한 것이 바로 시내산으로의 귀환이었다. 예레미야는 그 기도에 대한 야웨의 응답을 예루살렘 백성에게 선포하는 특권을 누렸다. 그는 포로생활이 끝나고 하나님의 백성이 신실하게 그분을 섬기며 다윗 왕조가 회복될 미래의 날에 대해 이야기했다(렘 30:3, 9). 하나님은 예레미야를 통해 "그 자손이 옛날과 같이 회복되고, 그 회중이 나의 앞에서 굳건해질 것"이며, 그 결과 "너희는 나의 백성이 되고, 나는 너희의 하나님이 될 것이다!"(렘 30:20, 22)라고 말씀하신다. 언약 갱신! 예상했던 대로, 영적 회복은 풍성한 수확을 동반한다(렘 31:5).

새로운 언약 본문인 예레미야 31장에 나오는 유명한 구절에 초점을 맞춰 보겠다. 해석자들은 종종 이 구절이 시내산에서 맺은 옛 언약과의 급진적인 단절을 예고한다고, 즉 예레미야가 언약의 율법이 끝나고 완전히 새롭게 마련된 예수 안에서의 은혜가 시작될 것을 예언한다고 생각하곤 했다. 하지만 자세히 보라.

그 때가 오면, 내가 이스라엘 가문과 유다 가문에 **새 언약을 세우겠다**. 나 주의 말이다. **이것은 내가 그들의 조상의 손을 붙잡고 이집트 땅에서 데리고 나오던 때에 세운 언약과는 다른 것이다.** 내가 그들의 남편이 되었어도, **그들은 나의 언약을 깨뜨려 버렸다.** 나 주의 말이다. (렘 31:31-32, 강조는 저자)

그렇다. 예언자는 시내산에서 맺은 언약과 다른 새로운 언약을 선포한다. 이 언약은 어떤 면에서 새로울까? 언약의 파트너가 달라질까? 아니다. 이 언약도 이스라엘과 유다와 맺는 언약이며, 열두 지파의 회복을 의미한다. 이들에게 새로운 언약이 필요한 이유가 무엇일까? 이유는 분명하다. 시내산 언약에 문제가 있었기 때문이 아니다. "그들은 나의 언약을 깨뜨려 버렸다." 문제는 백성들에게 있었다.[10] 율법은 변하지 않았다. 변한 것은 전달 방식이다.

예언자는 이렇게 설명한다.

그 시절이 지난 뒤에, 내가 이스라엘 가문과 언약을 세울 것이니, 나는 나의 율법을 그들의 가슴 속에 넣어 주며, 그들의 마음 판에 새겨 기록하여, 나는 그들의 하나님이 되고, 그들은 나의 백성이 될 것이다. 나 주의 말이다. 그 때에는 이웃이나 동포끼리 서로 '너는 주님을 알아라' 하지 않을 것이니, 이것은 작은 사람으로부터 큰 사람에 이르기까지, **그들이 모두 나를 알 것이기 때문이다.** 내가 그들의 허물을 용서하고, 그들의 죄를 다시는 기억하지 않겠다. 나 주의 말이다. (렘 31:33-34, 강조는 저자)

언약은 변하지 않았다. 새 언약에는 동일한 파트너와 동일한 율법이 포함된다. 차이점은 하나님이 모든 이스라엘 백성으로 하여금 그것을 내면화할 수 있게 하신다는 것이다. 야웨는 일찍이 "유다의 죄는 그들의 마음 판에 철필로 기록되어 있고, 금강석 촉으로 새겨져 있다"라고 말씀하셨다(렘 17:1). 그들의 죄는 그들의 생각, 느낌, 의사결정의 중심을 차지했다. 언약이 갱신되면, 토라가 중심을 차지할 것이다. 토라가 그들의 마음에 기록될 것이다. 에스겔 11:17-20에서도, 하나님은 "내가 그들의 몸에서 돌같이 굳은 마음을 없애고, 살같이 부드러운 마음을 주"어, "나의 율례대로 생활하고, 나의 규례를 지키고 그대로 실천"하게 하실 것이라고 말씀하신다.

전에도 그랬듯이, 야웨는 용서를 베푸신다. 이번에는 이스라엘 백성에게 새로운 기회를 제공하신다. 용서는 항상 희생제사를 통해 가능했다(레 4-6장에서 반복되는 "[그러면] 그들은 용서를 받는다"라는 후렴구에 주목하라). 하지만 이번에는 하나님이 좀 더 영구적이고 변혁적인 무언가를 주실 계획이다. 그래서 그들이 더는 반복해서 동물을 희생제물로 바칠 필요가 없게 하시려는 것이다.

그 언약이 '새로운' 것은, 예레미야가 야웨의 자비가 "아침마다 새롭고"(애 3:23)라고 말한 것과 같은 방식에서다. 야웨의 자비는 날마다 근본적으로 달라지는 것이 아니라 새롭게 갱신되어 새롭게 제공된다. 이것이 야웨께서 언약을 통해 행하실 일이다. 야웨는 그들의 하드 디스크를 다시 포맷하고 계신다. 모든 프로그램은 이전과 동일하지만, 그들이 엉망진창으로 만든 것들이 지워지고 새롭게 시작될 것이다. 진정 좋은 소식 아닌가!

새 언약은 어떤 면에서 새로울까?

새 언약에 대한 예레미야의 논의에서 '새로운'이 의미하는 바를 이해하기 위해 "새"라는 단어가 등장하는 다른 예언서 구절을 살펴보자. 에스겔 11:17-20은 야웨께서 포로에서 돌아온 백성에게 "새 영"을 주실 것이라고 선언한다. 에스겔서는 18:31과 36:24-28에서 '새로운 마음'과 '새로운 영'에 대해 다시 이야기한다. 두 가지 모두 완고한 마음을 제거하고 야웨께 순종하는 마음을 불러일으키기 위한 것이다. 하나님이 그들의 마음과 영을 본래의 설계대로 회복시키셔서, 창조주께 민감하게 반응하도록 하실 계획이라고 말할 수 있다.

예레미야애가는 야웨의 자비가 "아침마다 새롭다"고 노래한다(애 3:23). 여기서 '새롭다'는 것이 완전히 다른 것을 의미하지는 않는다. 야웨의 자비는 날마다 근본적으로 달라지는 것이 아니라, 이스라엘의 죄에도 불구하고 새로워지고 새롭게 베풀어지는 것이다. '새롭다'라는 단어는 예레미야애가 5:21에서 "우리의 날을 다시 새롭게 하셔서"라고 하나님께 간구하는 데 사용된다. 5:21의 문맥은 단절이 아닌 회복을 염두에 두고 있다.

히브리서 8:13은 새 언약이 옛 언약과 연속적이라는 나의 주장에 대한 가장 큰 도전이다.[11] 히브리서는 "하나님께서 '새 언약'이라고 말씀하심으로써, 첫 번째 언약을 낡은 것으로 만드셨습니

다. 낡고 오래된 것은 곧 사라집니다"라고 명시적으로 말한다. 그러나 히브리서 저자는 정확히 무엇이 사라지는지 계속 설명한다. 희생제사는 분명 용서를 가져다주었지만, 사람들이 계속 죄를 짓기 때문에 죄책감을 씻어 줄 수는 없었다. 시내산에서 처음 시행된 제사 제도는 일시적인 것이었다. 이제 예수님이 단번에 자신을 드리셨으므로 지상의 성전은 필요하지 않다. 희생제물도 필요하지 않다.

시내산 언약은 조건적일까?

> 하나님이 이스라엘에게 순종을 요구하셨는데 이스라엘이 순종하지 않아 언약이 끝났다고 말하면서, 시내산 언약을 '조건적'이라고 주장하는 사람들이 있다. 하지만 언약이 끝났다고 말하는 것은 오해의 소지가 있다. 이미 파기된 언약에 불순종한 것을 두고 하나님이 어떻게 그들을 벌하실 수 있을까? 아니, 언약 자체는 조건적이지 않았다. 오히려 언약의 축복을 누리는 것이 야웨에 대한 성실을 조건으로 했다. 이스라엘 백성은 언약의 혜택을 누리기 위해 언약을 지켜야 했다. 불성실은 언약의 종말을 의미하는 것이 아니라, 단순히 그들이 언약의 축복이 아닌 저주 아래 놓이게 되었다는 것을 의미했다. 언약 자체는 지속되었다.

율법은 좋은 법이었다. 다만 마음을 변화시킬 능력이 없었을

뿐이다. 언약은 좋은 계약이었다. 다만 그 언약의 집행(성전, 제사장, 희생제물)이 일시적이었을 뿐이다.

이스라엘의 언약은 완전한 재앙으로 끝나지 않았다. 국가적으로는 실패했지만, 소수의 신실한 자들이 야웨의 이름을 지닌 나머지 백성들에게 새로운 가능성의 불씨를 지폈다. 그들은 마음이 활짝 열려 있는 사람들이었다.

활짝 열린 마음: 신실한 소수

남은 자들은 언제나 있다. 모두가 믿음을 버린 것처럼 보일 때도, 항상 그 길을 지키고 자신이 누구인지 기억하는 소수가 있다.

엘리야는 외로움을 느꼈다. 자신만 야웨를 따른다고 생각했지만, 바알에게 무릎 꿇기를 거부한 7천 명이 있었다. 어느 세대에나 세상의 유혹에 넘어가지 않는 신실한 사람들이 있다. 이들은 야웨께서 보시는 것을 보고 그분의 행하심을 촉구할 수 있는 특별한 위치에 있었다. 그들은 불순종에 눈이 멀거나 군중에 휩쓸리는 데 무감각하지 않았다.

그들은 평범한 신자들이다.

조앤이라는 여성 이야기를 들어 보라. 그녀는 노스캐롤라이나주 샬럿의 교외 지역에서 사람들의 시선을 피해 혼자 살고 있다. 그녀는 케이블 TV도, 인터넷도, 스마트폰도 없다. 밴드의 리더인 그녀의 남편 론은 몇 년 전에 사망했다. 론은 뇌졸중으로 인해 운전을 할 수 없었고, 특별한 보살핌이 필요했다. 조앤은 성인

시기의 대부분을 선교사로서 보냈다. 아프리카에서 태어나 운전을 배운 적이 없었기 때문에, 두 사람은 집에 갇혀 있었다. 식료품점이나 병원, 교회에 갈 때면 다른 사람에게 의존해야 했다. 조앤은 책에 실릴 삽화의 주인공으로는 어울리지 않는다. 그녀를 보는 사람이 거의 없으니까. 하지만 나는 그녀를 보았다.

나는 거의 5년 동안 론과 조앤 가까이에 살았다. 나는 조앤의 활동 범위가 점점 좁아지는 것을 지켜보았다. 교회에 대한 적극적인 참여가 가장 먼저 축소되었다. 그다음은 매일 산책하는 일이 줄었다. 론은 오랫동안 혼자 있지 못했다. 하지만 조앤은 결코 불평하지 않았다. 그녀는 힘을 얻기 위해 예수님을 의지했다. 그녀에게 혼자 론을 돌보는 게 가능한지 물어본 적이 있다. 그녀는 적절한 단어를 찾으려고 잠시 멈칫했다. "가능하냐고요? 그게 가장 좋은 단어는 아닌 것 같아요. 네, 저에게 그럴 능력은 없어요. 하지만 저는 할 수 있어요. 하나님은 우리에게 필요한 모든 것을 주시는 분이잖아요, 그렇지 않나요?"

조앤은 신실함의 살아 있는 본보기다. 그녀는 평범해 보이지만, 날마다 무관심과 자기중심성, 두려움과 걱정이라는 악마와 싸우고 있다. 예수님이 자신의 전부라고 말할 때면, 그녀의 얼굴이 환해진다. 조앤은 쉬운 척하지 않는다. 대신 하나님에 대한 신뢰를 날마다 새롭게 한다. 예수님에 대한 흔들리지 않는 신뢰에서 나오는 생수의 강이 주변 사람들에게까지 흐른다. 조앤은 집에서 성경 공부를 인도하고 여러 여성을 멘토링한다. 그녀는 자녀와 손주들에게 전화로 격려하고, 자신의 삶에 임한 하나님의 은혜를 드러내는 편지를 쓴다. 조앤의 삶과 마음은 활짝 열려 있다.

시편은, 모든 것이 괜찮은 척하지 않고 모든 상처를 보좌 앞에 가져오는, 하나님께 열려 있는 다른 이들의 마음을 엿보게 한다. 할 말이 부족할 때, 구약의 성도들과 함께 다음과 같이 기도할 수 있다. "주님, 영광을 우리에게 돌리지 마십시오. 우리에게 돌리지 마시고, 오직 **주님의 이름에만 영광을 돌리십시오**. 그 영광은 다만 주님의 인자하심과 진실하심에 돌려주십시오"(시 115:1, 강조는 저자).

세상의 부조리에 괴로워하는 사람들과 자신이 악에 공모하고 있음을 깨닫는 사람들의 진심 어린 말에 귀 기울여 보라.

"주님, **주님의 이름을 생각하셔서라도**, 내가 저지른 큰 죄악을 용서하여 주십시오"(시 25:11, 강조는 저자).

"우리를 구원하여 주시는 하나님, **주님의 영광스러운 이름을 생각해서라도** 우리를 도와주십시오. 주님의 명성을 생각해서라도 우리를 건져 주시고, 우리의 죄를 용서하여 주십시오. 어찌 이방인들이 '그들의 하나님이 어디에 있느냐?' 하면서 비웃게 버려두시겠습니까?"(시 79:9-10, 강조는 저자).

"주님은 나의 하나님이시니, **주님의 명성에 어울리게** 나를 도와주십시오. 주님의 사랑은 그지없으시니, 나를 건져 주십시오. 나는 가난하고 빈곤합니다. 내 마음이 깊은 상처를 받았습니다"(시 109:21-22, 강조는 저자).

시편에 나오는 이 구절들은 공통적으로 야웨의 명성, 즉 그분의 이름에 대한 염려를 담고 있다. 시대를 막론하고 남녀노소 누구나 이런 기도를 드렸다. 그들은 그분의 이름을 명예롭게 하겠다고 약속했다. 다른 사람들이 포기할 때, 그들은 믿음을 지켰다. 그들의 이야기를 알고 싶지 않은가? 그럴 거라 확신한다.

우리는 포로기 동안 드려진 성경 속 한 기도의 배경 이야기를 읽을 수 있다. 다니엘은 언약에 불성실한 결과를 온몸으로 체험한 이스라엘 백성 중 한 명이다. 다니엘과 그의 친구들은 예루살렘이 함락된 후 바벨론으로 끌려간다. 그는 신앙에 적대적인 환경에서도 야웨에 대한 헌신을 굳건히 지킨 빛나는 본보기다. 다니엘 9장에 기록된 아름다운 기도는 이스라엘의 실패한 소명을 온전히 인식하고 하나님께 마음을 활짝 연 다니엘의 모습을 보여준다. 이제 야웨의 이름을 지닌다는 언약의 주제를 확실히 이해했으니 길게 인용해도 좋을 것 같다. (더 좋은 방법은 4-19절의 기도문 전체를 읽어 보는 것이다!)

나는 주 나의 하나님께 기도하면서, 백성의 죄를 고백하고 아뢰었다. 위대하시고 두려우신 주 하나님, 하나님을 사랑하며 하나님의 계명을 지키는 사람들에게 언약과 인자를 베푸시는 하나님! 우리가 죄를 짓고 잘못을 저질렀습니다. 악한 일을 저지르며, 반역하며, 주님의 계명과 명령을 떠나서 살았습니다. 우리는, 주님의 종 예언자들이 주님의 이름으로 우리의 왕과 지도자와 조상과 모든 백성에게 말하는 것을 듣지 않았습니다.…참으로 온 이스라엘이 주님께 순종하지 않고, 주님의 율법을 어기고 벗어났으므로, 하나님의 종 모세의 율법에 기록된 벌과 저주가 우리에게 내렸습니다. 이것은 우리가 주님께 죄를 지었기 때문입니다.…우리의 하나님, 이제 주님의 종의 기도와 간구를 들어 주십시오. 무너진 주님의 성전을 복구하여 주십시오. 성전을 복구하셔서, **주님만이 하나님이시라는 것을 모두가 알게 해주십시오**. 나의 하나님, 귀를 기울이시고 들어 주십시오. 눈을 크게 뜨시고, 우리가 황폐해진 것과 **주님의 이름을 빛내던** 이 도성의 고통을 굽어보아 주십시오. 우리가 이렇게 주님께 간구하는 것은, 우리가 잘나서가 아니고, 주님께서 자비하시기 때문입니다. 주님, 들어 주십시오. 주님, 용서하여 주십시오. 주님께서 들어 주시고, 이루어 주십시오. **나의 하나님, 만민이 주님께서 하나님이심을 알아야 하니,** 지체하지 마십시오. **이 도성과 이 백성이 주님의 것이기 때문입니다.** (단 9:4-6, 11, 17-19, 강조는 저자)

다니엘은 죄의 문제를 잘 알고 있다. 그는 이스라엘이 언약을 지키지 않았기에 하나님의 진노를 받아 마땅하다는 것을 알고 있다. 그러나 야웨의 명성이 위태롭다는 것도 알고 있다. 그는, 하나님의 대표로서의 이스라엘의 소명에 근거하여, 하나님이 그분의 백성을 위해 행동해 주시기를 간절히 기도한다.

이러한 기도의 괴로움 속에서도, 야웨는 아름다운 것을 보신다. 모든 진심 어린 기도는 언약이 신자들 사이에 살아 있다는 증거다. 완벽할 필요는 없다. 레위기의 희생제사는 용서하시려는 하나님의 의지를 보여 준다. 우리가 해야 할 일은 마음을 활짝 열고 계속해서 하나님께 돌아오는 것이다. 그리고 가장 중요한 일—우리에게 새겨진 이름의 주인이신 그분을 영화롭게 하는—에 헌신하는 것이다.

더 깊은 연구를 위하여

Daniel I. Block. *The Book of Ezekiel: Chapters 24-48*. NICOT. Grand Rapids: Eerdmans, 1998.

* Walter Brueggemann. *The Prophetic Imagination*. 2nd ed. Minneapolis: Fortress, 2001.

* Aaron Chalmers. *Interpreting the Prophets: Reading, Understanding and Preaching from the Worlds of the Prophets*. Downers Grove, IL: IVP Academic, 2015.

*J. Clinton McCann Jr. *A Theological Introduction to the Book of Psalms: The Psalms as Torah*. Nashville: Abingdon, 1993.

Jeffrey J. Niehaus. *God at Sinai: Covenant and Theophany in the Bible and Ancient Near East*. SOTBT. Grand Rapids: Zondervan, 1995.

* Christopher J. H. Wright. *The Mission of God: Unlocking the Bible's Grand Narrative*. Downers Grove, IL: IVP Academic, 2006.

바이블 프로젝트 관련 영상: "선지서", "성령", "나그네의 삶"

8 예수님만 내게 주소서

복음의 증인

나도 참여할래요! 이름을 지닌 예수님

시내산 언약과 '야웨의 이름을 지닌다'는 주제에 대한 모든 이야기는 구약에만 해당하는 걸까? 오늘날 기독교인들과도 관련이 있을까? 아니면 단순히 역사적 관심사에 불과한 것일까? 이러한 질문에 답하기 위해서는, 이러한 질문과 신약성경이 어떻게 상호 작용하는지 주의 깊게 살펴볼 필요가 있다. "옛것은 버리고 새것을 입어야" 하는 걸까? 아니면 시내산 언약이 여전히 유효할까?

신약성경에서 야웨는 어디 계시는가?

> 말라기에서 마태복음으로 페이지를 넘기면 한 가지 분명한 사실이 드러난다. 놀라운 변화가 일어난다. "야웨"(Yahweh)라는 이름이 완전히 사라진다. 여기에는 두 가지 요인이 작용한다. 첫째는 히브리어와 아람어에서 헬라어로 언어가 바뀌었기 때문이다. (헬라어에 'y'와 'w'가 없기 때문에 "야웨"라고 발음하기 매우 어렵다. 생각해 보니 헬라어에는

'h'라는 글자도 없다.) 야웨의 이름이 사라진 둘째 요인은 유대인의 경외심 때문이다. 예수님 당시 유대인들은 신성 모독의 위험을 피하기 위해 하나님의 이름을 아예 말하지 않는 것이 최선이라고 생각했다.[1] 그러나 이러한 이유만으로 이 변화가 완전히 설명되지는 않는다.

먼저 예수님이 하나님의 이름과 어떻게 상호 작용을 하시는지 살펴보자. 예수님은 지상에서 사역하는 동안 아버지의 이름이 거룩해지기를 기도하셨고, 그 이름을 알리셨다. 그러나 예수님이 돌아가신 후, "예수"라는 이름은 교회의 신앙 고백에서 중심이 되어 "우리가 구원을 얻어야 할"(행 4:12) 유일한 이름이 되었다. 어떤 방식으로든, 하나님의 이름이 예수님께로 옮겨진 것이다. 그 방식이 무엇인지 알아보자.

예수님이 태어나자 마태는 그분의 이름을 강조함으로써 이 사건의 중요성을 강조한다. 아기는 메시아 또는 기름 부음 받은 자(마 1:16)라고 불리지만, '야웨가 구원하신다'는 뜻의 예수라는 이름을 가진다(마 1:21, 25). 메시아는 그분의 칭호다. 예수는 그분의 이름이다. 약간의 역사를 떠올리면 이 이름을 더 깊이 이해할 수 있을 것이다. 시내산에서 모세 곁에는 호세아(Hoshea)라는 오른팔이 있었는데, 호세아의 이름은 (다소 모호하게) '그가 구원한다'는 뜻을 담고 있다(민 13:8 참조). 그의 이름만으로는 누가 구원하는지 분명하지 않지만, 정작 호세아 자신은 이스라엘을 구한 공로를 인정받은 적이 없다. 호세아는 군사적 영웅이자 모세가 가나안 땅을 정찰하기 위해 보낸 열두 명의 정탐꾼 중 한 명이었다. 정탐꾼 중 열 명은 가나안 주민들이 너무 강해서 대적할 수 없다며 겁에 질려 돌아왔다는 이야기를 우리는 이미 살펴보았다. 호세아는 야웨께서 가나안 땅을 정복할 수 있다고 주장한 두 사람 중 한 명이다. 그와 갈렙은 하나님의 능력을 신뢰한다. 모세는 호세아의 이름을 '야웨가 구원하신다'(민 14:6)는 뜻의 예슈아[Yeshua, 영어로는 '여호수아'(Joshua)]로 바꾼다.[2] 구원의 근원에 대해 더 이상 의심할 여지가 없어진 것이다.

예수(Iesou, '이에수')라는 헬라어 이름은 히브리어 '예슈아'를 번역한 것으로, 야웨가 구원하신다는 뜻이다.[3] 여호수아와 마찬가지로, 예수의 이름도 야웨께서 자기 백성을 구원하러 오셨음을 선포한다. 여호수아와 달리, 예수님의 이름은 그 이름을 지닌 자에 대해 분명한 의미를 담고 있다. 예수님의 탄생은 야웨께서 자기 백성에게 돌아오셨음을 의미하며, 이사야가 예언한 이름인 "임마누엘", 즉 우리와 함께 계신 하나님을 떠올리게 한다(마 1:23). 성육신을 통해, 야웨는 그분의 백성과 함께하고 그들을 구원하기 위해 오셨다. "임마누엘"이라는 이름은 예수님의 탄생을 둘러싼 사건들 속에서 하나님의 임재가 분명하게 드러난다는 의미일 뿐만 아니라, 예수님이 바로 하나님의 백성들과 함께하기 위해 오신 야웨 자신이라는 뜻도 내포하고 있다.[4]

그렇기 때문에 예수님이 자신의 이름에 집중하지 않으신다는 점이 더욱 눈에 띈다. 예수님은 아버지의 이름을 높이신다. 제자들에게 마음을 활짝 열고 하나님께 다가가는 기도를 가르치실 때, 언약에 대한 이스라엘의 불성실함으로 인해 수 세기 동안 더

럽혀진 아버지의 이름이 거룩하게 되기를 기도하신다(마 6:9; 눅 11:2). "그 이름을 거룩하게 하여 주시며"라는 예수님의 기도는 마치 야웨께서 저 위에서 잘 지내시기를 바라는 것 같은 단순한 희망사항이 아니다. 그분의 기도는 신실한 순종의 삶을 통해 그 이름을 영광스럽게 하겠다는 개인적인 헌신을 함의한다. 그분은 야웨의 이름을 영광스럽게 해야 한다는 이스라엘의 소명을 완수하신다.

예수님께는 하나님의 이름을 **부르는 것**만으로 충분하지 않으며, 그분의 이름으로 예언을 하고, 귀신을 쫓아내고, 기적을 행하는 것만으로도 충분하지 않다. 진정으로 하나님께 속한 사람의 핵심 성향은 자신의 뜻이 아닌 하나님의 뜻을 행하는 데 헌신하는 것이다(마 7:21-22; 참조. 눅 6:46). 하나님의 이름은 마음대로 사용할 수 있는 주문이 아니다. 보호를 보장하는 마법의 부적도 아니다. 하나님의 뜻을 행하지 않는 사람은 그분의 이름을 헛되이 지니는 것이다. 예수님은 말로만 믿음을 고백하고 행동이 일치하지 않는 사람들을 인내하지 않으신다. 그분은 바리새인과 서기관들이 서로 모순되는 입술과 마음을 가지고 있다고 정죄하시면서, 그들이 "나를[하나님을] 헛되이 예배한다"라고 말씀하신다(막 7:5-7). 그들은 종교적 직함을 달고 다니지만, 마음은 교만하고 자기 힘을 의지한다.

예수님은 야웨를 대표하는 자로서의 소명을 매우 진지하게 받아들이셨기 때문에, 그분을 보는 사람들은 야웨를 보았다. 요한은 예수님이 아버지로부터 보내심을 받아 이 세상에서 하나님의 일을 수행하셨다는 사실을 반복적으로 강조한다. "아버지께서 나에게 완성하라고 주신 일들, 곧 내가 지금 하고 있는 바로 그 일들이, 아버지께서 나를 보내셨다는 것을 증언하여 준다"(요 5:36). 예수님은 계속해서 "내가 내 아버지의 이름으로 왔다"(5:43)고 말씀하신다. 예수님은 야웨를 대표하도록 임명된 보배로운 분, 즉 '세굴라'(*segullah*)다. 그분은 제자들에게 "나를 보는 사람은 나를 보내신 분을 보는 것이다"(요 12:45)라고 말씀하셨다. 이는 예수님이 성육신하신 하나님이기 때문만이 아니라, 그분의 행동과 성품이 모든 언약 멤버의 성품에 담겨야 할 하나님의 모습을 반영하기 때문이기도 하다. 그분은 제자들이 자신을 본받기 원하신다. "내가 너희에게 한 것과 같이, 너희도 이렇게 하라고, 내가 본을 보여 준 것이다"(요 13:15)라고 설명하신다.[5]

예수님은 제자들에게 "너희가 나를 알았더라면 내 아버지도 알았을 것이다"(요 14:7)라고 말씀하신다. 그분은 심지어 자신이 "아버지 하나님께서 인치신 자"(요 6:27, 개역개정)라고 주장하신다. 나는 이미 문서에 도장을 찍거나, 항아리 입구에 진흙을 발라 인장을 찍어 내용을 승인하던 고대 관습에 대해 설명한 적이 있다. 나는 또한 신성한 인장에 대해서도 언급했다. 신의 이름이 새겨진 인장은 성전 문서를 승인하거나 성전 재산에 대한 소유권을 주장할 때 사용되었다. 아버지의 인장을 받았다는 예수님의 인식은 이 개념에 잘 부합한다. 모든 인장에 이름이 새겨진 것은 아니지만, 대부분의 이스라엘 인장에는 이름이 새겨져 있었다. 예수님이 하나님의 인장을 받았다고 주장하신 것은 자신의 몸에 야웨의 이름이 새겨진 보이지 않는 문신을 새겼다고 생각하셨음을 나타낸다. 그분의 최고 목표는 그 이름에 영광을 돌리는 것이다(요 12:28).

하나님의 이름을 지닌 예수님은 이스라엘의 소명을 살아 내심으로써, 그 소명이 어떻게 이루어져야 하는지 우리에게 보여 주신다. 다음으로 마태가 예수님을 이스라엘이 되어야 했고 행해야 했던 모든 것을 살아 내신 인간으로 묘사하는 동시에, 율법의 제정자로서 모세보다 위대하시다는 사실을 어떻게 보여 주는지 살펴볼 것이다.

기시감: 참 이스라엘이신 예수님

마태는 예수님에게 일어난 일을 그저 기록만 한 것이 아니다. 그의 복음서는 창의적으로 구성되고 훌륭하게 쓰였다. 시내산은 그의 복음서에서 큰 몫을 차지한다!

마태복음은 토라의 다섯 권(창세기, 출애굽기, 레위기, 민수기, 신명기)을 모방한 다섯 개의 가르침 단락으로 깔끔하게 나뉘어 있다. 이 다섯 단락의 가르침은 헤롯왕이 바로처럼 유대인 아기들을 죽이고 있어 아기 예수님의 목숨이 위태로운 지경에 처하는 이야기로 시작된다. 이를 피하기 위해 예수님의 부모는 아기를 이집트로 데려간다. 이것은 뒤집힌 출애굽 이야기다! 상황이 안전해지자, 그들은 팔레스타인으로 돌아와 이집트에서 약속의 땅으로 향하는 이스라엘의 발자취를 따라간다. 그런 다음 예수님이 성인이 되어 요단강에서 세례를 받으시는 장면으로 넘어가면서, 이스라엘이 홍해와 요단강을 모두 건넌 것을 상기시킨다.

그 후 예수님은 성령에 이끌려 40일 동안 광야로 보냄을 받아, 이스라엘의 광야 방황을 재현하신다(마 4:1-11). 사탄은 예수님께 세 번이나 찾아와 예수님의 정체성에 대해 질문한다. "네가 하나님의 아들이거든." 그때마다 예수님은 성경 구절을 인용하여 대답하신다. 예수님이 인용하신 구절은 무작위로 선택된 것이 아니다. 예수님은 모세가 이스라엘 백성에게 광야에서 배웠어야 할 교훈을 상기시키는 신명기 본문, 즉 예수님도 잘 알고 있는 교훈을 정확하게 선택하신다. 자세히 살펴보자.

먼저, 사탄은 예수님을 유혹해 자신을 위해 빵을 제공하라고 한다. 40일 동안 아무것도 먹지 못한 예수님은 당연히 배가 고프셨을 것이다. 예수님은 옛 이스라엘 백성들과 달리 불평하거나 절망에 빠지지 않으신다. 그분은 아버지를 신뢰하시며, "사람이 빵으로만 살 것이 아니라, 하나님의 입에서 나오는 모든 말씀으로 살 것이다"라는 신명기 8:3 말씀으로 마귀에게 대응하신다. 이해가 된다. 하지만 예수님이 인용하신 구절의 의미를 온전히 이해하려면 그 구절의 문맥을 이해해야 한다.

> 당신들이 광야를 지나온 사십 년 동안, 주 당신들의 하나님이 당신들을 어떻게 인도하셨는지를 기억하십시오. 그렇게 오랫동안 당신들을 광야에 머물게 하신 것은, 당신들을 단련시키고 시험하셔서, 당신들이 하나님의 계명을 지키는지 안 지키는지, 당신들의 마음속을 알아보려는 것이었습니다. 주님께서 당신들을 낮추시고 굶기시다가, 당신들도 알지 못하고 당신들의 조상도 알지 못하는 만나를 먹이셨는데, 이것은, 사람이 먹는 것으로만 사는 것이 아니라 주님의 입에서 나오는 모든 말씀으로 산다는 것을, 당신들에게 알려

주시려는 것이었습니다. (신 8:2-3)

예수님은 자신이 무엇을 하고 있는지 정확히 아셨다. 그분은 이스라엘의 이야기를 재연하고 계셨다. 그리고 자신의 힘에 의지하려는 충동을 물리치고 아버지의 공급에 의존하는 모습을 보여 주셨다. 야웨는 이스라엘을 맏아들이라 부르셨고(출 4:22), 광야에서 그들의 필요를 채워 주셨다. 예수님도 아버지께서 자신의 필요를 채워 주시리라는 것을 알고 계신다.

다음으로 사탄은 예수님을 (시온산에 있는!) 거룩한 도성으로 데려가 성전 꼭대기에 세운다. 사탄은 성경을 인용하여 예수님을 넘어뜨리려 한다. "네가 하나님의 아들이거든, 여기에서 뛰어내려 보아라. 성경에 기록하기를 '하나님이 너를 위하여 자기 천사들에게 명하실 것이다' 그리고 '그들이 손으로 너를 떠받쳐서, 너의 발이 돌에 부딪치지 않게 할 것이다' 하였다"(마 4:6). 사탄은 예수님이 하나님의 개입을 강제로 끌어내도록 유도하며, 극적인 구원을 요구함으로써 자신의 정체성을 시험하게 만들려 한다.

예수님은 동요하지 않으신다. 그분은 신명기 6:16("주 너의 하나님을 시험하지 말아라")을 인용하신다. 인용하지 않은 나머지는 "당신들이 맛사에서 시험한 것처럼"이다. 우리는 출애굽기 17장에서 맛사 이야기를 읽을 수 있다. 백성들은 앞다퉈 모세에게 마실 물을 달라고 한다. "왜 그들을 이집트에서 데려왔느냐고, 그들과 그들의 자식들과 그들이 먹이는 집짐승들을 목말라 죽게 할 작정이냐고" 투덜거린다(출 17:3). 그들은 야웨를 시험하며 "주님께서 우리 가운데 계시는가, 안 계시는가?"라고 말한다(출 17:7).

하나님의 임재를 증명하기 위해 물을 달라는 요구가 부적절하다면, 성전 꼭대기에서 뛰어내리는 위험한 행동은 얼마나 더 부적절할까? 예수님은 자신을 구하시는 하나님의 손길을 조작하지 않으실 것이다. 그분은 이스라엘의 실수를 반복하지 않으실 것이다.

이제 사탄은 인간의 권력욕에 호소하는 마지막 시도를 한다. 그는 예수님을 (시내산을 연상시키는?) "매우 높은 산"으로 데려가 세상의 모든 나라를 보게 한다(마 4:8). "나에게 엎드려서 절을 하면, 이 모든 것을 네게 주겠다"고 약속한다(마 4:9). 예수님께 권력의 지름길을 제시한 것이다. 예수님이 메시아라면 결국 모든 민족이 그분의 발 앞에 무릎을 꿇게 될 것이다(시 2편 참조). 최종 결과는 하나님이 이미 계획하신 것이지만, 이를 위해 마귀가 제안한 지름길은 첫 번째 계명을 정면으로 위반하게 만든다.

예수님은 주저하지 않고 신명기 6:13을 다른 말로 바꿔 말씀하신다. "주 너의 하나님께 경배하고, 그분만을 섬겨라." 언약에 위배되는 성공의 길은 올바른 길이 아니다. 목적이 수단을 정당화할 수는 없다.

이것으로, 사탄은 예수님을 떠난다. 메시아는 이스라엘이 실패한 시험을 통과하셨다. 마태는 우리가 예수님을 새로운 이스라엘로 보기 원한다. 이스라엘의 이야기를 재연하실 때, 예수님은 언약에 대한 신실함을 끝까지 유지하면서 같은 길을 걸으신다. 이 모든 것은 마태복음의 핵심인, 예수님이 사역 기간 동안 전하신 다섯 차례의 설교를 위한 무대를 형성한다. 다른 복음서 기자들은 예수님의 기적이나 표적, 고난에 더 초점을 맞춘다. 하지만 마태에게 예수님의 사역 핵심은 말씀이다.

이미 토라에서 시내산 이야기가 얼마나 중심적인지 설명했다. 출애굽기 19장-민수기 10장(총 59장에 달하는 분량!)의 모든 내용이 시내산에서 일어난다. 그렇다면 마태복음에서 토라를 중심으로 한 이야기의 핵심이 예수님의 산상수훈인 것은 당연한 일이다.

명백한 증거: 모세보다 위대하신 예수님

마태복음에서 예수님의 첫 번째 가르침 단락은 '산상수훈'으로 알려져 있다. 이 사실만으로도 분명한 단서가 된다. 예수님은 자신의 가르침을 위한 배경으로 산을 선택하셨다. 뿐만 아니라, 율법에서 시작하신다. "내가 율법이나 예언자들의 말을 폐하러 온 줄로 생각하지 말아라. 폐하러 온 것이 아니라, 완성하러 왔다"(마 5:17). 예수님이 오셨으니 이제 시내산은 끝나기를 바라는 사람이 있다면, 지금이야말로 그 기대가 얼마나 잘못된 것인지 드러나는 순간이다. 예수님은 모든 계명이 중요하며 하나님의 나라에 들어가려면 현재의 유대 종교 지도자들보다 더 큰 의가 필요하다고 군중에게 말하면서 율법을 옹호하신다. 이런!

그런 다음 예수님은 동시대 사람들이 놓치고 있는 부분을 불편하리만치 구체적으로 지적하신다. 그분은 "…하였다는 것을 너희가 들었으나"라는 식으로 서두를 열며, 살인, 간음, 이혼, 맹세, 비판, 이웃 사랑에 대해 하나하나 다루신다. 제자들이 책임을 회피하려고 하면("나는 아무도 죽이지 않았으니 괜찮아요"), 예수님은 자세히 살펴보라고 하신다. 예수님은 시내산 지침의 원래 의도로 돌아가 기준을 높이신다. "너희는 들었다…그러나 나는 너희에게 말한다." 분노하지 말라고, 갈등을 방치하지 말라고, 음욕을 품은 채 바라보지 말라고, 극한 상황을 제외하고는 이혼하지 말라고, 맹세하지 말라고, 보복하지 말라고, 원수를 미워하지 말고 오히려 사랑하라고 하신다. 예수님은 구약의 율법을 없애시는 것이 아니라 사람들에게 율법으로 돌아가라고 하신다. 그리고 그들로 하여금 율법을 지키게 하신다.

예수님은 또한 언약에 대한 신실함이 어떤 모습이어야 하는지에 대해 분명하게 말씀하셨다. 야웨의 이름을 지녔다고 해서 종교적 의식을 공개적으로 행해야 한다는 의미는 아니다. 예수님은 제자들에게 길거리에서 기도하거나 눈에 띄게 금식하지 말라고 경고하신다(마 6:5, 16).

예수님은 순종을 중심으로 제자도를 정의하신다. 예수님께 충성을 고백하는 것만으로는 충분하지 않으며, 하나님의 뜻을 행해야 한다. 친밀한 관계에서 우러나오는 행동이 결여된 채 예수님에 대해 입에 발린 말만 한다면, 그분의 이름을 함부로 부르는 것이다(마 7:21-23).

산 위에서 유대 율법에 대해 권위 있게 가르치시는 예수님이 있다. 그분을 모세로 봐야 할까? 나는 예수님이 제자들을 가르치기 위해 산에 오르셨을 때, '새로운 모세' 또는 신명기 18:9-22에 묘사된 '모세와 같은 예언자'처럼 행동하셨다고 하는 말이나 글을 셀 수 없을 정도로 많이 읽고 들었다. 모세는 분명 "주 당신들의 하나님은 당신들의 동족 가운데서 나와 같은 예언자 한 사람을 일으켜 세워 주실 것이니, 당신들은 그의 말을 들어야 합니다"라고 말했다(신 18:15).

그러나 신명기 18:9-22의 요점은 다른 나라들이 신의 인도(예를 들어, 마법과 주술)를 구하는 방식과 이스라엘이 야웨께서 보내신 예언자들을 통해 야웨의 말씀을 듣는 방식을 대조하고, 거짓 예언자들을 경계하라고 경고하는 것이다. 그리고 모세는 종말에 단 한 명의 예언자가 올 것이라고 예언한 게 아니라, 야웨께서 이스라엘 백성에게 기대하시는 바를 지속적으로 알리기 위해 계속 예언자들을 세우실 것이라고 내다보았다. 신약성경이 신명기 18장을 언급할 때는, 이스라엘 백성에게 거절당한 예언자들의 계보를 가리키는 맥락에서 그렇게 한다(행 3:22-23과 7:37을 보라). 만약 종말의 예언자에 대한 기대가 있다면, 신약성경은 그 예언자를 예수님의 오심을 선포한 세례 요한으로 규정한다.[6] 예수님은 예언자와 몇 가지 유사점을 공유하시지만, 분명히 예언자를 대체하신다.

결론은 이렇다. 예수님은 모세처럼 단순히 하나님의 가르침을 전달하는 통로가 아니라 그 가르침의 원천이시다. 예수님은 모세와 다른 예언자들이 결코 가질 수 없었던 권위를 가지고 계신다. 모세는 메신저에 불과했지만, 예수님은 그 메시지의 발신자이자 전달자이시다. 예수님은 육신을 입은 야웨시다. 예수님은 "야웨께서 이렇게 말씀하셨다"라고 말씀하지 않으신다. 그분의 가르침은 스스로에게서 나온다. "내가 너희에게 말한다."

군중은 그분의 권위에 놀랐다(마 7:29). 당연히 그래야 했다.

안식일 논쟁: 권위가 있는 예수님

예수님은 다른 방식으로도 이 권위를 나타내셨다. 예수님과 시내산 계명 사이의 관계를 이해하는 데 도움이 되는 이야기가 있다. 마태복음 12장에는 예수님과 제자들이 안식일에 밀밭을 걷는 장면이 나온다. 당시 자칭 유대 율법학자였던 바리새인들은 배고픈 제자들이 밀 이삭을 손으로 비벼 알곡을 제거한 다음 입에 넣고 씹는 모습을 지켜본다. 경기 중에 반칙을 목격한 심판처럼, 바리새인들은 즉시 제지하고 나선다. "보시오! 당신의 제자들이 안식일 계명을 어기고 있소!"

바리새인들이 문제 삼은 것은 제자들의 행위 자체가 아니었다. 율법은 도구를 사용하지 않고 손으로 직접 거두는 경우, 이웃의 밭에서 곡식 먹는 것을 명확히 허용했다(신 23:25을 보라). 그들이 반대한 것은 곡식을 먹는 행위가 아니라 사형에 해당하는 심각한 범죄인 안식일을 어기는 문제였다(출 31:14을 보라). 안식일에 음식을 먹는 것은 불법이 아니었다. 그러나 유대교 지도자들에 따르면 곡식을 수확하는 것은 금지된 행위였고, 바리새인들의 편협한 율법 해석에 따르면 제자들은 지금 수확하고 있던 셈이다. 즉, 제자들이 어긴 계명은 토라에 명시되어 있지 않지만 당시 종교 당국에서 규정한 율법 위반 행위에 속한 것이었다.

예수님은 거침이 없으시다. 그분은 구약성경의 세 가지 구절을 인용하여 제자들의 행동을 정당화하신다. 그분은 먼저 다윗 이야기를 꺼내신다. "다윗과 그 일행이 굶주렸을 때에, 다윗이 어떻게 했는지를, 너희는 읽어보지 못하였느냐? 다윗이 하나님의 집에 들어가서, 제단에 차려 놓은 **빵**을 먹지 않았느냐? 그것은 오직 제사장들 밖에는, 자기도 그 일행도 먹어서는 안 되는 것이었는데 말이다"(마 12:3-4). 물론 바리새인들은 야웨께서 거부하신 통치자 사울로부터 도망치던, 이스라엘의 기름 부음 받은 왕, 다윗 이야기를 알 것이다.[7]

마태는 이미 책의 첫 장에서 예수님이 다윗의 자손이시며(마 1:1, 20), 하나님의 영으로 기름 부음을 받으신 분이라고 소개하면서(마 3:16-17) 유대 지도자들의 반대가 점점 심해지고 있음을 분명히 밝혔다(마 9:3, 11, 34; 10:16-31). 분명히 예수님은 자신의 상황과의 유사성을 염두에 두셨을 것이다. 예수님이 이 이야기를 통해 말씀하신 내용은 미묘하지만 급진적인 선언이었다. 이스라엘의 진정한 왕이었던 다윗에게 적용된 율법적 예외가 자신과 자신의 제자들에게도 동일하게 적용된다는 것을 암시하신 것이다. 바리새인들이 격분한 것은 당연한 일이다!

예수님이 자신의 권위를 나타내신 두 번째 예는 성전 예배와도 관련이 있다. "안식일에 성전에서 제사장들이 안식일을 범해도 그것이 죄가 되지 않는다는 것을, 율법책에서 읽어보지 못하였느냐?"(마 12:5). 제사장은 올바른 예배를 위해 안식일에도 일해야 한다. 따라서 그들은 무죄다. 예수님은 이 관찰에 이어 에둘러 자신의 정체성을 드러내는 주장을 하신다. "내가 너희에게 이르노니 성전보다 더 큰 이가 여기 있느니라"(마 12:6). 예수님은 자신의 사역을 단지 제사장직과 동일시하신 것이 아니다. 그것만으로도 신성모독으로 여겨졌을 텐데, 그보다 더 나아가 자신과 자신의 사역이 성전보다 위대하다고 직접적으로 주장하신다![8]

그런 다음, 그것만으로는 모욕이 부족하기라도 한 듯, 예수님은 그들이 구약성경을 전혀 이해하지 못했다고 넌지시 비판하신다. "'나는 자비를 원하고, 제사를 원하지 않는다' 하신 말씀이 무슨 뜻인지 알았더라면, 너희가 죄 없는 사람들을 정죄하지 않았을 것이다"(마 12:7). 예수님이 인용하신 자비에 대한 본문은 하나님이 유다, 특히 제사장들이 자신과의 언약을 어긴 것에 대해 심판하시는 호세아서의 한 단락을 가리킨다(호 6:6). 사실 호세아는 제사장들을 살인죄로 고발한다!(6:9) 그렇다면 예수님은 바리새인들이 호세아의 메시지를 제대로 이해하지 못함으로써 반역적인 유대 지도자들과 다를 바 없는 존재가 되었다고 암시하신 것일까?

예수님은 빠르게 논쟁을 마무리하신다. 먼저 제자들의 무죄를 직접적으로 주장하신다(마 12:7). 그런 다음 바리새인들이 자신의 미묘한 암시를 놓쳤을 경우에 대비해 "인자는 안식일의 주인이다"(마 12:8)라고 말씀하신다. '인자'는 예수님이 가장 좋아하시는 자기 호칭으로, 하나님으로부터 위임받은 자신의 권위를 가리키는 암시적인 방식이다. 이 문구의 일반적인 의미는 단순히 '인간'이지만, 다니엘의 환상(단 7:13)에서 "인자 같은 이"에게 영원한 통치권과 파괴할 수 없는 왕국이 주어졌기 때문에, 더 큰 함의를 지니고 있다. 다니엘의 환상에서 이 인물은 하나님을 대신하여 통치할 하나님의 거룩한 백성을 상징한다(단 7:27을 보라). 바리새인들이 분노하고 나중에 예수님을 없애려고 한 것은 놀라운 일이 아니다. 예수님은 자신을 "인자"라고 부르시고, 안식일 법을 제쳐 두고 히브리어 성경을 올바르게 해석하심으로써, 하나님 나라를 다스릴 수 있는 권세까지 주장하신 것이다! 예수님은 율법보다 위대하시다. 율법을 제정하신 분이 바로 예수님이다.

예수님이 그곳을 떠나 회당에 들어가시자, 유대 지도자들은 다시 한번 예수님을 함정에 빠뜨리려고 안식일에 병을 고치는 것이 율법에 맞는 일인지 묻는다. 지혜롭게도 예수님은 한마디 말씀만으로 한 사람을 고치신다. 이는 안식일이라 해도 결코 율법을 어겼다고 할 수 없는 방식이었다. 이 상황은 이스라엘 지도자들에게 뺨을 맞는 것 같은 모욕을 안겨 주었다. 예수님이 고치신 사람은 한쪽 손이 오그라든 사람이었는데, 이는 이스라엘의 고대 왕 여로보암의 이야기를 떠올리게 한다. 여로보암이 야웨의 참 예언자를 향해 손을 뻗으며 그를 잡으라고 명령했을 때 여로보암의 손이 오그라들었다(왕상 13:4). 그때 예언자가 기도하자 여로보암의 손이 회복되었다. 예수님은 기도하지 않으신다. 그저 오그라든 손을 가진 사람에게 손을 펴고 회복되라고 말씀하실 뿐이다. 이 사건은 예수님이 예언자보다 위대하신 분임을 확인시키는 동시에 이스라엘의 지도자들이 야웨의 적임을 드러낸다.

마태는 이 이야기에 이어 이사야 42장을 길게 인용함으로써 이사야가 오실 거라고 예언한 종이 예수님이라는 사실을 밝힌다. 그러나 마태는 "먼 나라에서도 그의 가르침[토라]을 받기를 간절히 기다릴 것이다"라는 히브리어 구약성경 대신 "이방 사람들이 그 이름에 희망을 걸 것이다"(마 12:21; 사 42:4 인용)라는 헬라어 구약성경을 인용한다. 예수님은 토라를 무시하지 않으셨지만, 토라보다 훨씬 위대한 분이다. 모든 것이 그분을 가리킨다.

산상수훈은 예수님이 자신을 율법을 해석하고 새로운 계시를 주는 권위를 지닌 존재로 이해하고 계신다는 것을 보여 준다. 안식일 논쟁은 예수님을 안식일의 주인, 성전보다 위대하신 분, 치유의 능력을 지닌 분으로 드러낸다. 그분의 거룩한 정체성이 여전히 일부 사람들에겐 가려져 있지만, 오래 가진 않을 것이다. 변화산 사건은 그 사실을 분명하게 드러낸다.

빛나는 얼굴들: 변모

예수님의 정체성에 관한 이 가르침은 극적인 방식으로 확인된다. 예수님은 가장 가까운 제자인 베드로, 야고보, 요한을 높은 산으로 데려가신다. 매번 '예수님+산 = 흥미로운 장면'이라는 공식이 연출된다. 이번에도 예외는 아니었다. 제자들이 정상에 이르렀을 때 예수님의 "얼굴은 해와 같이 빛나고, 옷은 빛과 같이 희게 되었다"(마 17:2). 영광스러운 계시였다. 이 사건은 구름, 영광, 신성한 음성 등 온통 시내산에서 있었던 일로 기록되어 있다. 잠시 후, 모세와 엘리야라는 동행자가 등장한다. 두 사람 모두 죽음에서 살아나 산 위에서 예수님과 대화를 나눈다. 두 사람은 서로 다른 시대에 시내산에서 야웨와 대화를 나눈 적이 있다. 두 사람 모두 눈앞에서 야웨의 영광을 목격했지만, 하나님의 뒷모습만 볼 수 있었다. 이제 그들은 그분의 얼굴, 즉 예수님의 얼굴을 보게 되었다. 그리고 그 얼굴은 영광스럽게 빛난다.

야웨께서 출애굽 세대에게 자신을 드러내고 그들과 언약을 맺으셨을 때, 그리고 그들을 열방에 자신의 이름을 전할 특별한 대표자로 임명하셨을 때 모세는 야웨를 보았다. 소수의 신실한 이스라엘 백성들만 남은 채 언약이 파탄 난 것처럼 보였을 때 엘리야는 야웨를 보았다. 모세는 언약이 시작된 지 며칠 만에 금송아지라는 실패를 목격했다. 마찬가지로 엘리야 시대에도 대부분의 사람이 다른 신을 숭배하느라 야웨를 제대로 대표하지 못했다. 예수님처럼 모세와 엘리야도 "보냄받은 사람들로부터 거부와 적대감을 겪었다."[9] 예수님은 이미 고난을 통해 영광이 임할 것이라고 설명하셨다. 모세와 엘리야는 자신들의 사역을 통해 그 진리를 증언할 수 있었다. 두 사람 다 초자연적인 방식으로 이 땅을 떠났기 때문에(모세는 느보산에서 하나님에 의해 묻혔고, 엘리야는 불타는 병거를 타고 하늘로 옮겨졌다), 하나님의 개입에 대한 이스라엘의 희망에 불을 붙이며 메시아 시대를 상징하게 되었다.[10] 이제 제자들은 예수님의 영광, 곧 육신이 되신 하나님을 목격하게 되고, 그분의 사역을 통해 언약이 새롭게 갱신되고 있음을 보게 된다. 예수님은 또한 아버지를 완벽하게 대표함으로써 이스라엘에게 언약에 신실한 자의 본을 보이신다.

베드로에게 좋은 생각이 떠올랐다. 그들 각각을 위해 초막을 짓자고 했다! 다윗처럼, 베드로는 주도권을 쥐고 하나님을 위한 집을 짓고 싶어 하며, 이 순간을 영원히 지속하고 싶어 한다. 그는 예수님이 예고하신 고난보다 영광을 염두에 두고 있었다. 그러나 베드로가 말을 마치기도 전에 성부 하나님이 빛나는 구름으로 그들을 덮고 응답하신다. "이는 내 사랑하는 아들이다. 나는 그를 좋아한다. 너희는 그의 말을 들어라"(마 17:5).

'너희가 할 일은 내 영광을 관리하는 것이 아니라 예수의 말을 듣는 것이다'라는 하나님의 음성이 베드로를 대신한다. "그의 말을 들어라"(마 17:5)는 신명기 18:15-19에서 백성들에게 일어날 '모세와 같은 예언자'에 주목하라는 말씀과 일치한다.[11] 예수님은 믿음의 백성에게 하나님의 말씀을 계시하는 예언자들의 유산을 물려받으셨지만, 이 특별한 예언자는 모세보다 훨씬 위대하시다. 영광은 그분의 것이다. 모세와 엘리야가 사라지고 이스라엘을 구원하기 위해 홀로 남겨지셨기 때문에, 예수님은 모세와 엘리야를 능가하신다.[12]

그리고 모든 것이 끝난다. 시작만큼이나 순식간에 모세와 엘리야는 사라진다. 예수님은 떨고 있는 제자들을 깨우시고 제자들은 산을 내려온다. 그러나 그들이 본 것은 곧바로 잊히지 않을 것이다.

이 산을 떠나기 전에, 오늘날 예수님을 따르는 사람들에게 이 이야기가 어떤 의미일지 생각해 보아야 한다. 신약학자 마이클 키베(Michael Kibbe)는 최근 변화산 이야기가 예수님의 신성한 정체성에 대한 계시일 뿐 아니라 우리에 대한 이야기이기도 하다고 썼다. 이 연결의 핵심은 예수님의 빛나는 얼굴이다. "모세가 두 증거판을 손에 들고 시내 산에서 내려왔다. 그가 산에서 내려올 때에, 그의 얼굴에서는 빛이 났다. 주님과 함께 말씀을 나누었으므로 얼굴에서 그렇게 빛이 났으나, 모세 자신은 전혀 알지 못하였다"(출 34:29). 야웨를 만날 때마다, 모세는 야웨의 메시지를 백성에게 전하면서 얼굴이 빛났다.

바울은 고린도 교회에 보낸 두 번째 편지에서 이에 대해 언급한다. "우리를 여러분과 함께 그리스도 안에 튼튼히 서게 하시고, 또 우리에게 사명을 맡기신 분은, 하나님이십니다. 하나님께서는 또한 우리를 자기의 것이라는 표로 인을 치시고, 그 보증으로 우리 마음에 성령을 주셨습니다"(고후 1:21-22). 계속해서 3장에서, 바울은 자신의 사역을 모세의 사역과 비교한다. 모세의 광채는 점차 희미해졌고 끊임없는 갱신이 필요했다. 그렇기 때문에 모세가 경험한 영광은 결코 사라지지 않는 예수님의 영광에 비하면 초라하게 느껴질 정도다. 하지만 보상이 있다. "우리는 모두 너울을 벗어버리고, 주님의 영광을 바라봅니다. 이렇게 해서, 우리는 주님과 같은 모습으로 변화하여, 점점 더 큰 영광에 이르게 됩니다. 이것은 영이신 주님께서 하시는 일입니다"(고후 3:18). 우리의 광채가 희미해지는 대신, 우리의 영광은 점점 더 밝아진다.

모세는 야웨를 뵙고 얼굴이 빛났지만, 이스라엘 백성들이 자신의 얼굴을 쳐다보는 것을 견디지 못해 얼굴을 가렸다(출 34:29-35). 우리의 얼굴도 하나님의 영광을 반영하며, 우리는 점점 더 그분을 닮아 가는 변화를 경험한다. 예수님의 변화는 우리의 변화에 대한 미리보기를 제공한다. 그것은 새 창조를 가리킨다.

예수님의 부활은 우리가 새로운 피조물을 처음으로 엿볼 수 있는 순간이다. 그분은 "죽은 사람들 가운데서 제일 먼저 살아나신 분"이라고 불린다(골 1:18). 예수님은 단순히 다시 살아나신 것이 아니다. 죽었다가 살아난 나사로와 다른 사람들은 다시 죽지만, 예수님은 그렇지 않다. 예수님은 다른 종류의 생명으로 부활하셨다. 그분은 먹고 마실 수 있으실 뿐 아니라 벽을 뚫고 걸으실 수도 있다. 그분의 몸은 더 이상 썩지 않을 것이다. 그분은 결코 죽지 않으실 것이다. 예수님은 새롭게 회복된 창조세계에 처음으로 들어가신 분이다. 그분의 육체적 부활은 우리도 그런 생명으로 부활할 것이라는 확실한 증거다. 그분을 바라볼 때, 우리는 그

새 창조의 영광을 반영하기 시작한다.

    키베는 말한다. "복음의 빛이 우리 마음에 비쳤다면, 우리는 그 빛을 주변 사람들에게 최대한 보여 줄 책임이 있다."[13] 예수님은 복음의 빛을 비추신다. 우리가 그 안에 홀로 잠기게 하기 위해서가 아니라, 우리로 하여금 그 영광을 다른 이들에게 비추게 하기 위해서다.

더 깊은 연구를 위하여

    * Richard Bauckham. *Jesus and the God of Israel: God Crucified and Other Studies on the New Testament's Christology of Divine Identity*. Grand Rapids: Eerdmans, 2008. 『예수와 이스라엘의 하나님』(새물결플러스).

R. T. France. *The Gospel of Matthew*. NICNT. Grand Rapids: Eerdmans, 2007. 『NICNT 마태복음』(부흥과개혁사).

Richard B. Hays. *Echoes of Scripture in the Gospels*. Waco, TX: Baylor University Press, 2016. 『복음서에 나타난 구약의 반향』(감은사).

* Michael Harrison Kibbe. "Our Future in the Face of Jesus." *Christianity Today*. July/August 2017, 66-69.

바이블 프로젝트 관련 영상: "하나님", "메시아", "하늘과 땅"

9 블롭 태그

예수님의 사명

다른 이름은 없다: 모든 이름 위에 뛰어난 이름, 예수

예전에 네 살짜리 남자아이를 돌본 적이 있는데, 그 아이는 자신의 이름인 스티븐으로 불리는 것을 거부했다. 아이의 주의를 끌기 위해서는 "다크윙 덕"(Darkwing Duck: 애니메이션 시리즈 "오리 형사 다크"에 등장하는 슈퍼히어로로, 밤이 되면 검은 망토를 두르고 정의를 수호한다—옮긴이)이라고 불러야 했다. 스티븐은 다크윙 덕에 대한 강한 집착 덕분에 시계 읽는 법을 배우고 TV 일정을 외울 정도였다. 그 아이에게 다크윙 덕을 놓치는 것은 디저트를 놓치는 것보다 끔찍한 일이었다. 스티븐은 망토를 입고 집안을 돌아다니며 소파에서 뛰어내리면서 "나는 밤에 펄럭이는 공포! 나는 다크윙 덕이다!"라고 외치곤 했다. 아직 기저귀를 완전히 떼지 못한 아이의 입에서 이런 말이 나오는 것은 만화 주인공의 어설픈 등장보다 훨씬 재미있었다. 아이가 다크윙 덕이라는 이름을 고집했지만 아무도 속지 않았다. 그는 여전히 스티븐이었으니까. 이름은 중요하다. 이름을 바꾼다는 것은 정체성의 변화를 의미한다.

예수님이 자신을 **야웨의** 이름을 지닌 자로 이해하셨다는 증거를 보았지만, 초대교회는 **예수님**의 이름을 높였다. 초기부터 교회는 구약성경에서 야웨의 이름을 사용했던 것을 연상시키는 방식으로 예수님의 이름을 사용했다. 설명이나 사과 없이, 야웨에서 예수님으로 경외심이 자연스럽게 옮겨갔다. 대표적인 예는 다음과 같다. 오순절 날, 베드로는 군중이 목격한 성령의 부으심이 요엘의 예언을 성취하고 "말세"가 도래했음을 알리는 신호라고 선언한다. 베드로는 요엘 2장을 길게 인용하면서 "주님('퀴리오스')의 이름을 부르는 사람은 구원을 얻을 것이다"(행 2:21; 참조. 욜 2:32)라는 말로 마무리한다. 요엘서에서 그 이름은 '야웨'며, 영어 번역본에는 "the LORD"로 표기되어 있다. 요엘에게 야웨는 남은 자에게 구원을 가져다주시는 분이다. '퀴리오스'는 구약에서 일반적으로 야웨를 번역하는 헬라어이지만, 신약에서는 '주'(또는 '주인') 예수님을 지칭하기도 하므로, 베드로의 인용이 갖는 의미가 바로 드러나지는 않는다. 베드로는 **야웨를** 부르는 사람이 구원받을 거라고 말하는 것일까? 아니면 **예수님을** 부르는 사람이 구원받을 거라고 말하는 것일까?

이야기 후반부에 베드로는 "예수 그리스도의 이름으로" 앉은뱅이를 고치고(행 3:6) "이 예수 밖에는, 다른 아무에게도 구원은 없습니다. 사람들에게 주신 이름 가운데 우리가 의지하여 구원을 얻어야 할 이름은, 하늘 아래에 이 이름 밖에 다른 이름이 없습니다"(행 4:12)라고 선언함으로써 이 사실을 명확히 한다. 요엘서를 인용한 직후에 등장한 베드로의 이 말은 야웨 외에는 다른 이름을 찾을 수 없고 예수 외에는 다른 이름을 찾을 수 없다는 역설을 제시한다. 요엘의 '퀴리오스'인 야웨를 부른 자에게만 주어졌던 구원은 이제 베드로의 '퀴리오스'인 예수님 안에서만 가능하게 된

것이다. 베드로는 나사렛 예수가 육신을 입은 야웨, 즉 "우리와 함께하시는 하나님"이라고 확신한다.[1]

사도행전의 다른 곳에서는 사람들이 예수님의 이름을 부르고(9:14, 21; 22:16), 그분의 이름으로 세례를 받고(2:38; 8:16; 10:48; 19:5; 참조. 마 28:19), 그분의 이름으로 병을 고치고(4:7-10), 그분의 이름으로 가르치며(4:18; 5:28), 그분의 이름으로 표적과 기사를 행하고(4:30), 그분의 이름을 선포하며(8:12), 그분의 이름으로 믿음을 가지고(3:16), 그분의 이름으로 용서를 받는다(10:43). 야웨의 이름에서 예수님의 이름으로 초점이 이동하는 것은 신약성경의 나머지 부분을 통해 계속된다. 놀랍게도 신약의 사도들 중 그 누구도 다르게 가르치지 않는다. 먼저 빌립보서, 히브리서, 요한계시록의 세 가지 예시 본문을 통해 초대교회에서 예수님의 이름을 높이는 관행이 얼마나 광범위하게 이루어졌는지 살펴보고, 이어서 야웨의 이름을 지닌다는 주제와 어떤 관련이 있는지 살펴보겠다.

빌립보서 2장의 찬송은 예수님을 "모든 이름 위에 뛰어난 이름"(9절)이라고 표현한다.[2] 중요한 것은 이 찬송이 히브리어 성경에서 가장 중요한 유일신 신앙 텍스트 중 하나인 이사야 45:23과도 일치한다는 점이다. 야웨는 "내가 하나님이며, 나밖에 다른 신은 없기 때문이다"(사 45:22)라고 선언하면서 "모두가 내 앞에 무릎을 꿇을 것이다. 모두들 나에게 충성을 맹세할 것이다"(45:23)라고 덧붙이신다. 빌립보서 2:9-11에서 바울은 이 말씀을 예수님에게 적용한다(강조는 저자).

그러므로 하나님께서는 그를 지극히 높이시고,
  모든 이름 위에 뛰어난 이름을 그에게 주셨습니다.
그리하여 하늘과 땅 위와 땅 아래 있는 모든 것들이
  예수의 이름 앞에 무릎을 꿇고,
  모두가 예수 그리스도는 주님이시라고 고백하여,
  하나님 아버지께 영광을 돌리게 하셨습니다.

여기서 예수님은 본래 야웨께서 수행하실 것으로 기대되던 역할을 맡으신다. 야웨의 이름("모든 이름 위에 뛰어난 이름")을 지니신 예수님이 오직 하나님께만 드려야 할 예배를 받으시지만, 그럼에도 성부 하나님이 여전히 영광을 받으신다. 앞서 설명했듯이 '퀴리오스'는 헬라어 구약성경과 신약성경 전반에 걸쳐 야웨라는 하나님의 고유한 이름을 의미한다. 따라서 "모든 이름 위에 뛰어난 이름"은 '예수'가 아니다. 오히려 그분에게 주어진 "그 이름"은 '주님'(LORD, '퀴리오스'), 곧 야웨다. 모두가 예수님이 받으신 이름, 주 곧 야웨께 무릎을 꿇게 될 것이다.[3]

히브리서 저자는 예수님이 천사들보다 뛰어남을 보여 주기 위해 구약성경의 여러 구절을 예수님에게 적용하는데, 이는 그분이 지닌 탁월한 이름 때문이다(1:4). 그리고 예수님은 나중에 그 이름을 선포하신다(2:12). 히브리서 1:8-9은 시편 45:6-7을 인용하는데, 여기서 왕은 '엘로힘', 즉 하나님으로 불리며 신성한 영역의 거주자로 간주된다. 왕은 하나님을 대신하여 통치하므로 왕의 통치에는 다른 세상적인 의미가 있다. 시편 기자는 6절에서 기름 부음 받은 인간 왕에게 이렇게 말한다.

오 하나님, 하나님의 보좌는 영원무궁토록 견고할 것입니다.
　　주님의 통치는 정의의 통치입니다.

그러나 7절에서 축복과 기름 부음을 왕의 하나님 덕분으로 여긴다.

임금님은 정의를 사랑하고, 악을 미워하시니,
　　그러므로 하나님, 곧 임금님의 하나님께서 기름 부어 주셨습니다.
　　임금님의 벗들을 제치시고 임금님께 기쁨의 기름을 부어 주셨습니다.

이 시편을 인용하는 것은 히브리서 저자가 예수님이 야웨를 대체한다는 암시 없이 예수님의 신적 지위를 강조하는 이상적인 방법이다.[4] 히브리서는 예수님의 고귀한 메시아적 왕권(1:5), 그분을 경배하라는 부르심(1:6), 그분의 통치권(1:8-9), 창조주로서의 지위(1:10-12)를 강조한다.

마지막으로 요한계시록에서 요한이 본 환상은 "신실하신 분, 참되신 분"(계 19:11) 그리고 "하나님의 말씀"(19:13)이라고 불리는 한 사람을 계시한다. 그분의 허벅지에는 "왕들의 왕, 군주들의 군주"라고 새겨져 있으며(19:16), 그분은 야웨의 통치를 행사하신다(19:15; 참조. 시 2:9). 그분은 야웨의 이름이 새겨진 대제사장의 왕관(출 28:36-37)[5]을 연상시키는, 알지 못하는 이름이 새겨진 많은 관을 쓰고 계셨다(계 19:12). 이처럼 요한의 환상은 야웨의 고유한 이름을 지니고 열방 가운데서 그분의 뜻을 수행하시는, 야웨와 동일한 성품과 명성을 지닌 분으로 예수님의 이미지를 제시한다.

신약성경은 예수님을 모든 이름 위에 뛰어난 분으로 명확하고 일관되게 묘사한다. 자신이 야웨께 속한 언약 백성임을 나타내는 보이지 않는 표식을 지닌 예수님은, 자신을 따르는 이들에게도 야웨의 이름을 지닌다는 것이 어떤 의미인지 몸소 보여 주신다. 그러나 그분은 육신을 입은 야웨이시기 때문에, 마땅히 야웨가 받으셔야 할 예배를 받으신다.

초대교회는 여러 가지 이유로 이러한 결론에 도달했다. 앞 장에서 살펴보았듯, 그중 일부는 예수님의 권위가 가장 중요하게 작용했다. 예수님의 권위는 제자들에게 주신 가르침에서 가장 분명하게 드러난다. 그리스도인은 하나님의 뜻을 행하기 위해 그분의 이름으로 온 세상에 파송된다.

보냄을 받다: 사울의 위임

나는 작년에 컨퍼런스 현장 등록을 주관해 달라는 요청을 받았다. 원활하게 등록 절차를 진행하는 것은 내 책임이었지만, 1,000명 정도 참석할 것으로 예상되었기 때문에, 다른 자원 봉사자들의 도움이 필요했다. 나는 등록 테이블에 직접 앉지 않아도 되도록, 필요한 인원보다 많은 사람을 모집했다. 덕분에 프로세스를 감독하고, 참가자들을 방문하고, 참석자 수를 세는 데 더 많은 시간을 할애할 수 있었다. 자원 봉사자들이 도착하면, 나는 그들에게 임무에 대한 간단한 오리엔테이션을 한 다음 임무를 수행하도록 보냈다.

예수님은 자신이 해야 할 일이 있다는 것을 아신다. 그분은 아버지의 이름에 영광을 돌리는 데 헌신하신다. 그러나 이 일을 완수하는 것이 모두 자신에게 달려 있다고 생각하지 않으신다. 나의 담임 목사님인 앨빈 뷰처트(Alvin Beuchert)가 최근 설교에서 다음과 같이 말했다. "예수님은 하나님이 자신에게 맡기신 일들을 끝내셨지만, 모든 일을 끝내신 것은 아닙니다."[6] 예수님은, 자신이 아버지의 뜻을 행하기 위해 보내심을 받은 것처럼, 제자들을 세상으로 보내신다. 제자들은 예수님의 사명을 수행하도록 위임받았다(마 10:1-20; 요 13:20).

사도행전 9장에는 신약성경에서 예수님의 이름에 대한 가장 분명하고 놀라운 언급이 나온다. 사울은 예수님을 예배하는 것을 근절하기 위해 애쓰는 유대인 지도자다.[7] 실제로 사울의 이야기를 살펴보면, 그는 예수님을 따르는 사람들을 찾아 포로로 잡으려고 시리아로 향하는 중이다. 길을 가던 중 예수님이 눈부신 환상으로 나타나셔서 그를 땅에 쓰러뜨리신다. 한편 주님은 다메섹에 있는 예수님의 제자 중 사울의 표적이 된 아나니아에게 그를 찾아가 시력이 회복되도록 기도하라고 말씀하신다. 아나니아가 긴장하는 것도 무리는 아니다(행 9:13-14). 그러나 주님은 그에게 "가거라, 그는 내 이름을 이방 사람들과 임금들과 이스라엘 자손들 앞에 가지고 갈, 내가 택한 내 그릇이다"(행 9:15)라고 말씀하신다.[8] 사울의 운명은 예수님의 이름을 위해 고난을 받는 것이다(행 9:16). 예수님이 변화산 사건 전에 예언하신 것처럼, 제자들은 자기 십자가를 져야 한다(마 16:24-25). 사울은 핍박을 경험하고 궁극적으로 예수님의 이름을 위해 기꺼이 죽겠다는 의지를 표명한다(행 21:13; 참조. 9:29). 사울이 보냄을 받는다.

예수님의 이름으로

> 예수님은 제자들에게 자신을 위해 목숨을 잃고(마 16:25), 자신의 이름을 위해 가족을 떠날 것을 요구하신다(마 19:29; 막 10:29). 제자들에게 질병, 귀신, 심지어 죽음에 대한 권세를 위임하신다(마 10:8; 28:18-19; 막 3:13-15; 6:7; 눅 9:1; 10:17-20; 22:28-30). 또한 제자들이 부탁하는 것은 무엇이든 주님의 이름으로 행하겠다고 약속하신다(요 14:13-14; 15:16; 16:23-26). 순종한 결과, 제자들은 예수님처럼 그분의 이름을 위해 고난을 받는다(행 5:41; 9:16). 그분이 바통을 넘겨주신 것이다.

이 일이 아무리 놀랍더라도, 그리스도의 대사로서 사울이 받은 사명은 특별한 것이 아니다. 사울은 그리스도인들이 예수님을 본받는 것처럼 자신을 본받기를 기대하며(고전 11:1; 엡 5:1), 그들이 하나님의 자녀라고 말한다(롬 1:6-7). 그리스도께 속한 사람은 신앙고백에 걸맞은 행동을 할 거라 기대된다(딤후 2:19).

신자들의 행동과 예수님의 이름 사이에 대체 무슨 연관이 있는 것일까? 그것은 그리스도인이 예수님의 이름을 지니고 있기 때문이다. 그리스도의 오심으로 새로운 구속의 시대가 열렸지만, 그 사명은 동일했다. 이스라엘의 사명이 열방에 야웨의 이름을 드러내는 것이었다면, 이제 교회의 사명은 열방에 예수님의 이름을 드러내는 것이다.

신성모독

바울만 그리스도인이 예수님을 대표한다고 가르친 것은 아니다. 다른 신약성경 저자들도 이 점을 강조한다. 예를 들어 야고보는 가난한 자를 압제하는 신자들에게 "여러분이[그들이] 받드는 그 존귀한 이름"(약 2:7)을 모독한다는 사실을 상기시킨다. 이 어색한 헬라어 문장('너희 위에 두신 고귀한 이름')은 이스라엘 백성을 하나님이 자신의 이름을 두신 자로 묘사할 때 자주 사용되는 히브리어 문구를 반영한다(신 28:10 참조).[9]

그리스도인이 정직하게 살지 못하면, 구약성경에서 이스라엘이 불순종할 때와 같은 결과, 즉 하나님의 이름이 모독당하는 결과를 초래한다. 바울은 로마에 있는 유대인 청중에게 토라를 가지고 있다고 자랑하면서 토라를 지키지 않음으로써 하나님의 이름을 모독하지 말라고 강력히 권고한다(롬 2:24). 마찬가지로, 그는 "합당하지 않게"(고전 11:27) 성찬에 참여하거나(고전 15:2; 10:36; 고후 6:1) 믿음으로 인내하지 못하는 사람들에게 경고했다. 그리스도인은 소위 "형제"라 하면서 반항적으로 행동하는 사람들과 교제해서는 안 된다(고전 5:11). 대신 그들은 증언(고전 15:15)과 행실(고후 4:11)을 통해 하나님을 대신

하여 불경건한 세대 속에서 별처럼 빛나야 했다(빌 2:14-15). 바울은 데살로니가 교인들이 부르심에 합당하게 행하여 예수님의 이름이 영광 받으시기를 기도한다(살후 1:11-12). 신약성경 전체에서 그리스도인의 행동은 예수님의 평판에 영향을 미친다.

예수님이 제자들에게 남기신 마지막 말씀은 제자들을 대사로 보낼 수 있는 그분의 권위를 강조한다. 이 말은 또한 모세가 여호수아에게 위임한 것과 매우 유사하게 들린다(참조. 신 31:23 및 수 1:1-9).[10]

> 나는 하늘과 땅의 모든 권세를 받았다. 그러므로 너희는 가서, 모든 민족을 제자로 삼아서, **아버지와 아들과 성령의 이름으로** 세례를 주고, 내가 너희에게 명령한 모든 것을 그들에게 가르쳐 지키게 하여라. 보아라, 내가 세상 끝 날까지 항상 너희와 함께 있을 것이다. (마 28:18-20, 강조는 저자)

그들은 무엇을 하라고 보냄을 받았을까? 다른 사람에게 **주님의 이름으로** 세례를 주고 순종하도록 가르침으로써 더 많은 제자를 삼으라고 보냄을 받았다. 언제나 그렇듯이, 신실한 순종이 선교의 핵심이다. 세례를 통해 제자가 된 사람들 역시 예수님의 이름을 지닌 자로 살아가게 되며, 세상은 그들도 지켜보게 된다. 그들은 예수님을 대표하는 사람으로서의 소명을 살아 내는 동안 예수님의 임재("항상 너희와 함께")를 약속받는다. 신약학자 리처드

헤이스(Richard Hays)는 "마태복음의 마지막 위임 장면에서 예수님이 모세(떠나는 권위 있는 교사)와 하나님(계속되는 신적 임재)의 역할을 모두 맡으신다"[11]는 점에 주목한다.

예수님은 하나님이 자신에게 맡기신 일들을 끝내셨지만, 모든 일을 끝내신 것은 아니다. 그분은 제자들을 보내 그 일을 하게 하셨고, 그 일이 쉬울 거라고 결코 약속하지 않으셨다.

힘든 여정: 예수님의 이름을 위해 받는 고난

베드로가 예수님을 따르는 사람들에게 고난을 예상하라고 말하는 것은 놀라운 일이 아니다. 베드로는 애초 그 생각에 격렬하게 반대했고 그로 인해 예수님으로부터 책망을 들었던 사람이다(마 16:21-28). 그때 예수님이 말씀하신다. "누구든지 나를 따라오려거든, 자기를 부인하고, 제 십자가를 지고, 나를 따라 오너라"(마 16:24). 하나님께 속한다고 해서 모든 일이 쉬워진다는 보장은 없다. 오히려 그 반대가 보장된다. 논리는 간단하다. 예수님은 고난을 받으셨다. 우리는 예수님의 시험을 따른다. 그러므로 우리도 고난을 겪을 것이다. 고난은 영광으로 가는 과정의 일부다.

베드로는 고통 속에서도 우리를 격려한다.

사랑하는 여러분, 여러분을 시험하려고 시련의 불길이 여러분 가운데 일어나더라도, 무슨 이상한 일이나 생긴 것처럼 놀라지 마십시오. 그만큼 여러분은 그리스도의 고난에 동참하는 것이니, 기뻐하십시오. 그러면 그의 영광이 나타날 때에 여러분은 또한 기뻐 뛰며 즐거워하게 될 것입니다. 여러분이 **그리스도의 이름으로** 모욕을 당하면 복이 있습니다. 영광의 영 곧 하나님의 영이 여러분 위에 머물러 계시기 때문입니다. (벧전 4:12-14, 강조는 저자)

하지만 어리석게 행동하지는 말라. 베드로는 경고한다.

여러분 가운데에 아무도 살인자나 도둑이나 악을 행하는 자나 남의 일을 간섭하는 자로서 고난을 당하는 일이 없도록 하십시오. 그러나 그리스도인으로서 고난을 당하면 부끄러워하지 말고, 도리어 **그 이름으로** 하나님께 영광을 돌리십시오. (벧전 4:15-16, 강조는 저자)

자신이 잘못해 놓고 그 결과를 예수님을 위한 고난이라고 주장해서는 안 된다. 베드로전서가 쓰일 당시에는 기독교의 근본적인 반문화적 특성으로 인해 고난을 당하는 사람들이 있었다. 오랜 세월 기독교가 뿌리내린 문화 속에서 오늘날 그리스도를 위해 신실하게 살아가는 자들은 믿음 때문에 예전과 같은 방식으로는 고난을 겪지 않을 수 있다.[12] 하지만 그런 고난을 겪게 된다면, 우리는 믿음의 훌륭한 선배들과 같은 자리에 서 있는 것이다.

요한계시록 2:3에 나오는 요한의 환상도 예수님의 이름을 위해 고난을 견디는 것에 대해 언급한다. 고난을 받는다고 해서 불순종했다는 뜻은 아니다. 예수님은 지금까지 살았던 사람들 중 유일하게 완전한 사람이셨지만, 죽음에 이를 정도로 고난을 받으셨다.

나는 유치원부터 고등학교까지, 기독교 신앙 때문에 박해를 받을 것 같지 않은 기독교 학교에 다녔다. 그곳이 활기찬 신앙 공동체였다고 말할 수 있으면 좋겠지만, 안타깝게도 나는 내 신앙을 진지하게 받아들이지 말아야 한다는 압박감을 많이 느꼈다. 신체적인 폭력을 당한 적은 없지만, 놀림을 많이 받았다. '하나님'은 주일학교와 성경 수업 시간에나 나오는 주제였고, 운동장에서는 환영받지 못했다. 한 주 내내 예수님을 따르겠다고 말했더니, 친구들은 나를 '착한 척하는 애'(goody two shoes)라고 불렀다. 물론 내가 이런 상황에 잘 대처하지 못할 때도 있었다. 몇몇 선생님은 내가 하나님 이야기를 너무 많이 한다고 느끼셨을지도 모르겠다(4학년 담임 선생님은 자유 독서 시간에 성경이 아닌 다른 책을 읽으라고 하셨다). 반 친구들 중 많은 아이들이 지금은 사역에 헌신하며 성숙한 신앙인으로 살아가고 있지만, 어린 시절에는 그렇지 않았다. 그래서 친구 관계가 종종 어렵고 어색했다.

　우리가 경험할 수 있는 또 다른 유형의 합법적인 고통이 있다. 핍박이나 거절뿐 아니라 하나님이 기도에 응답하시기를 오랫동안 기다리는 것 말이다. 세상이 항상 잘 돌아가는 것은 아니다. 일이 예상대로 되지 않기도 하고, 우리가 무엇을 해야 할지 모를 때도 많다. 우리는 그저 경계의 시기를 지나며 살아간다. 자신의 경험을 이해하려고 노력하고 그 **이유**를 궁금해 하는 것은 인간의 본능이다. 우리는 내가 누구인지, 어디에 속해 있는지 묻는다. 이스라엘의 관심을 끌기 위해 다양한 내러티브가 경쟁했던 것처럼, 우리의 고난도 여러 가지 방식으로 해석될 수 있다. **이 시련이 실패의 표시일까? 영적인 공격일까? 하나님의 벌일까? 이 시련을 극복할**

수 있는 능력이 나에게 있기는 한 걸까? 내가 이겨 내도 하나님이 신경을 쓰실까?

기다림의 시기에 우리는 많은 질문에 직면하게 된다. 더 이상 우리가 누구인지 확신하지 못할 수도 있다. 하나님이 어떻게 인도하시는지, 아니 인도하고 계시기는 한 건지조차 확신할 수 없다. 삶의 질서를 회복하려는 절박함 속에서, 우리는 잘못된 내러티브를 채택할 위험에 처해 있다. 하지만 하나님은 우리가 불안정한 상태에 있을 때만 배울 수 있는 중요한 교훈들을 주신다. 우리가 누구인지, 하나님이 어떤 분인지 그리고 우리가 세상에서 어떻게 존재하도록 부르고 계시는지에 대한 교훈을. 경계 상태 속에는 인내, 관점, 쉼, 창의성, 공감, 감사, 그리고 무엇보다 신실함과 같은 선물들이 담겨 있다. 다음 단계로 서두르다 보면 우리가 그곳에 도달했을 때 하나님이 원하시는 모습으로 변하지 못할 수도 있다. 이 혼란과 불안정의 자리에서, 우리는 그분이 우리를 빚어 가시도록 허락해야 한다. 우리는, 우리를 편안하게 하거나 세상에서 성공하게 만드는 것을 목표로 하시는 게 아니라, 우리를 변화시키는 것을 목표로 하시는 하나님을 섬긴다. 우리의 가장 깊은 두려움과 갈망을 드러내는 불안정하고 불안한 장소인 경계 상태는 하나님의 작업장이 된다.

이스라엘이 광야에서 하나님의 선하심을 신뢰하지 못한 것은 전 세대에 걸쳐 치명적인 결과를 가져왔다. 그러나 이러한 경계 상태는 이스라엘만의 이야기가 아니다. 우리 또한 인생을 살아가면서 끊임없이 경계의 시기를 오간다. 그러는 가운데 하나님은 생명으로 이끄는 신뢰를 배우도록 우리를 초대하신다. 그 신뢰를 키우는 열쇠는 하나님이 우리를 위해 행하신 일들을 기억하고 그 이야기를 계속 나누는 데 있다. 하나님은 신실하시다! 우리가 그분의 승리를 기억할 때, 애매하고 힘든 시간들을 견딜 힘이 생긴다. 이 불편한 자리에도 하나님은 우리를 위한 선물들을 준비해 두셨다. 우리가 그 자리를 포기하지 않고 버텨 낼 수 있다면 말이다.

우리는 때때로 예수님을 따른다면 힘든 일이 없어질 거라고 생각하곤 한다. 그렇지 않다는 걸 알고 있어야 함에도 말이다. 하지만 좋은 소식은, 예수님이 우리와 함께하겠다고 약속하셨다는 것이다. 그리고 언젠가 이 세상의 모든 잘못된 것이 바로잡힐 날이 올 거라는 약속도 주셨다.

오늘의 힘 되고 내일의 소망,
주만이 만복을 내리시네.[13]

시내산은 하나님의 계시와 우리의 소명을 보여 주는 하나의 패러다임이지만, 이야기의 절정은 아니다. 신약성경의 저자들은 시내산 너머로 기꺼이 나아간다. 그들이 무엇을 염두에 두고 있는지 살펴보자.

시내산 2.0: 하늘의 시온산

지금까지는 시내산 언약과 신약성경의 연속성을 입증하는

것이 어렵지 않았다. 예수님은 자신이 야웨의 이름을 지니고 있다고 생각하셨고, 제자들에게 그 이름을 열방에 전하여 세상에서 하나님의 선교를 수행하라고 위임하셨다. 하지만 사도 바울에게로 가면 문제는 복잡해진다. 나는 시내산에서 야웨께 율법을 선물로 받았다고 주장했다. 반면에 바울은 율법을 매우 부정적으로 보았고, 그것을 종노릇과 동일시하기도 했다. 다니엘 블록(Daniel Block)은 이렇게 말했다. "율법에 대한 바울의 진술을 액면 그대로 받아들이면, 토라와 심각한 충돌이 생긴다."[14] 시내산에 대한 나의 이해와 바울이 시내산에 대해 보이는 그리 긍정적이지 않은 태도는 어떻게 조화를 이룰 수 있을까?

갈라디아서는 특히 문제가 복잡해 보인다.

> 믿음이 오기 전에는, 우리는 율법의 감시를 받으면서, 장차 올 믿음이 나타날 때까지 갇혀 있었습니다. 그래서 율법은, 그리스도께서 오실 때까지, 우리에게 개인교사 역할을 하였습니다. 그것은, 우리로 하여금 믿음으로 의롭다고 하심을 받게 하시려고 한 것입니다. 그런데 그 믿음이 이미 왔으므로, 우리가 이제는 개인교사 아래에 있지 않습니다.…그러나 기한이 찼을 때에, 하나님께서는 자기 아들을 보내셔서, 여자에게서 나게 하시고, 또한 율법 아래에 놓이게 하셨습니다. 그것은 율법 아래에 있는 사람들을 속량하시고, 우리로 하여금 자녀의 자격을 얻게 하시려는 것이었습니다. (갈 3:23-25; 4:4-5)

바울은 심지어 시내산과 율법을 아브라함에게 버림받은 아들 이스마엘과 그의 어머니 하갈에 비유하면서, 독자들에게 예루살렘의 유대교 체제에서 벗어나 자유롭게 살라고 촉구한다(갈 4:21-31). 이런 바울의 주장을 어떻게 받아들여야 할까?

문제는 우리가 바울의 말을 출애굽기의 맥락에 그대로 적용하려 할 때 생긴다. 마치 바울이 율법이 처음부터 잘못된 것이라고 말하는 것처럼 오해하게 되기 때문이다. 바울은 분명 자신의 시대에 토라가 해석되고 적용되는 방식에 반대했지만, 그가 말하는 취지에는 모세도 동의했을 것이다. 두 사람 다 마음의 할례가 진정으로 중요하다고 주장했다(신 10:16; 롬 2:29).[15]

출애굽 당시 율법은 이스라엘 자손에게 하나님의 백성으로 살아가는 방법을 알려 주는 선물이라고 여겨졌다. 바울도 로마서에서 "율법은 거룩하며, 계명도 거룩하고 의롭고 선한 것"이라고 말한다(7:12). 하지만 율법은 어디까지나 목적을 위한 수단이었을 뿐이다. 그 목적은 바로 야웨와 친밀하고 올바른 관계를 맺는 것이었다. 이제 그리스도 안에서 우리에게, 율법에 대한 그분의 순종을 바탕으로, 그 관계로 나아가는 새로운 길이 열렸다. 따라서 우리가 예수님의 신실하심을 무시한 채 스스로 율법을 지키며 살려 한다면, 우리의 삶은 이집트의 노예와 다를 바가 없을 것이다. 그 이유는 다음과 같다. 하나님은 성막 제도를 제쳐 두고 예수님 안에서 완벽한 희생제물을 마련하셨다. 예수님은 유대인과 이방인 사이에 막힌 담을 허무셨고, 할례를 받지 않고도 누구나 하나님의 가족이 될 수 있는 길을 열어 주셨다. 제사 규례와 민족을 분리하는 율법은 더 이상 적절하지 않게 되었다. 그것들은 **과거의 방식에 매이는** 일종의 속박이 되어 버렸다. 율법은 구원을 제공하기 위한 것이 아니라 주어진 구원을 유지하기 위한 수단일 뿐이다. 구원은 언제나 하나님의 은혜로운 선물로 가능했다. 예수님 안에서 주어진 그 은혜로운 선물을 거부하는 것은 이집트로 돌아가는 것과 다를 바 없다.

요셉이 이집트로 갔던 출애굽 이전을 떠올려 보라. 그는 자신의 의지와 상관없이 노예로 갔지만, 하나님은 이집트에서 그에게 복을 주셔서 높은 자리에 오르게 하셨고, 그 지역을 황폐하게 만든 기근으로부터 온 가족을 구할 수 있게 하셨다. 야곱과 그의 아들들이 요셉과 함께 이집트로 가게 된 것은 그들의 필요를 채워 주신 하나님의 은혜로운 섭리였다. 하지만 시간이 지나면서 이집트는 그들의 후손에게 감옥이 되었다. 우리는 어떤 상황에서도 우리를 사랑하시는 하나님에 대한 소망을 잃지 않고 그분을 바라보아야 한다. 하나님의 인도하심을 구하고 우리 삶에 대한 하나님의 계획을 이해하지 못하면, 한 세대를 위한 선물이 다음 세대에게는 족쇄가 될 수 있다.

세인트헬렌스산은 미국 서부에 있는 캐스케이드 산맥의 일부로, 지역 주민들이 오랫동안 즐겨 찾는 곳이다. 산 바로 북쪽에는 청정 휴양지인 스피릿 호수가 있었고, 그 주변으로 캠핑장, 리조트, 오두막들이 들어서면서 1950년대, 60년대, 70년대에 워싱턴 주민들이 즐겨 찾는 오랜 휴가지가 되었다. 그러다 1980년 3월, 화산이 굉음을 내며 연기와 화산재를 내뿜기 시작했다. 전 세계의 화산학자들이 모여 세인트헬렌스 화산이 어떻게 될지 지켜보고, 측정하고, 기다렸다. 일주일 만에 지진, 화산재, 증기 분출이 너무 빈번해져(하루에 최대 30회까지!) 주변 지역의 주민과 휴가객들이 대피해야 했다. 단 한 명 해리 트루먼(Harry R. Truman, 미국 대통령이 아니다)만 빼고. 그는 스피릿 호수 기슭에서 50년 넘게 살았다. 수십 년 동안 휴가객들은 그의 별장에서 휴가를 즐겼다. 당시 80대였던 해리는 이곳을 떠나기를 꺼렸다. 그는 화산폭발 가능성에 대해 회의적이었지만, 산이 폭발한다 해도 그곳에 있고 싶어 했다. 화산이 자신을 덮친다면, 그 웅장하고 강렬한 품에서 마지막을 맞이할 수 있다고 생각했을 것이다.

1980년 5월 18일이 되기 전 며칠 동안 산은 차분해졌다. 지진은 계속되었지만 분화 활동은 멈췄다. 며칠 동안 아무 일도 일어나지 않자, 5월 17일에 산림 관리원들은 개인 소지품을 회수하도록 주민들을 호수로 안내했다. 하지만 5월 18일 아침, 산은 아무런 사전 경고 없이 깨어났다. 리히터 규모 5.1의 강진은 산 서쪽 경사면에서 폭발을 일으켜, 기록상 가장 큰 규모의 산사태를 일으켰다. 화산재는 녹은 빙하와 끓어오르는 지하수와 섞여 27킬로미터 아래로 흘러내리는 엄청난 진흙 강을 만들어 냈고, 그 과정에서 숲과 다리, 집들을 파괴했다. 596제곱킬로미터에 달하는 나무들이 폭발의 힘에 의해 성냥개비처럼 흩어지고 벗겨지고 쓰러졌다. 스피릿 호수는 산사태로 인한 60미터 높이의 잔해에 휩싸여 빈 건물을 무너뜨리고 트루먼을 묻었다. 세인트헬렌스산은 트루먼에게 삶 자체였다. 트루먼에게 그 산은 살아갈 가치가 있는 유일한 존재였다. 그는 자신의 모든 존재를 걸었다. 그리고 화산폭발과 함께 세인트헬렌스산은 트루먼의 무덤이 되었다.[16]

조심하지 않으면 시내산은 예수님을 믿는 사람들에게 세인트헬렌스산과 같은 곳이 될 수 있다. 이것이 바로 바울의 우려였다. 그는 갈라디아 교인들에게 구원의 수단으로 율법에 집착한다면 죽음에 이를 거라고 말했다. 시내산은 그 시대에 하나님의 은혜로운 언약을 계시하는 매우 중요한 장소였다. 우리가 그곳에서 자신을 계시하신 하나님을 알고 그분의 백성이 된다는 것이 무엇을 의미하는지에 대해 씨름할 때도 여전히 매우 중요하다. 그러나 우리가 그 그늘에 자리를 잡고, 율법을 주신 분보다 율법에 희망을 걸고, 예수 그리스도의 완전한 계시와 함께 오는 지각변동을 무시한다면, 시내산은 우리의 매장지가 될 것이다.

히브리서 12장에도 비슷한 메시지가 나온다. 저자는 시내산을 하늘의 원형인 시온산과 대조한다. 야웨의 시내산 방문은 두려움과 떨림을 불러일으켰다. 백성들은 하나님의 임재가 그들에게 어떤 영향을 미칠지 두려워서 더 이상 하나님의 말씀 듣기를 거부했다. 이와 대조적으로 하늘의 시온산에 모인 하나님의 백성은 기쁨으로 가득 차 있다. 그들은 예수님을 새로운 언약의 중개자로 모시고 "흔들리지 않는 나라"(12:28)를 맞이하고 있다. 시온산의 기쁨이 시내산의 기쁨을 능가하지만, 시내산을 완전히 대체하지는 못한다. 하나님의 백성은 유일하고 참되신 하나님을 경배하고 열방 가운데 그분의 이름을 드러내는 동일한 언약의 지위를 누린다. 차이가 있다면, 새로운 시대에는 하나님의 백성이 성령의 도움으로 그분의 율법을 내면화했다는 것이다. 이제 하나님의 백성은, 더 이상 날마다 소와 염소를 잡아 제사를 드릴 필요 없이, 단 한 번으로 완전하고 영원한 효력을 지니는 예수님의 희생을 기념할 수 있다.

히브리서 저자가 보기에 첫 번째 언약은 두 가지 이유로 불

충분했다. 마이클 키베는 "그 언약은 이스라엘이 지키기를 거부했고 이스라엘의 순종을 유지하도록 임명된 사람들이 그렇게 하지 못했기 때문에 실패할 수밖에 없었다"[17]라고 말한다. 언약 자체에 문제가 있는 것이 아니었다. 문제는 죄 많은 사람들이 일시적인 사역만을 감당하는 또 다른 죄 많은 사람들에게 의존했다는 것이다. 예수님은 완전하고 영원한 제사장이신 자신을 통해 완전한 제물인 자신을 드림으로써 언약을 새로운 시대로 이끄셨으며, 그로 인한 은혜는 결코 사라지지 않을 것이다. 예수님은 "지속적인 순종과 생명을 가능하게 하는 하나님의 임재에 대한 영원한 접근권"을 제공하셨다.[18] 모세처럼 야웨와 백성 사이를 중재하는 대신, 예수님은 하나님의 백성을 자신의 임재로 인도하신다.

이보다 좋을 수 없다.

형상: 선택받은 대표자들

예수님은 모세보다 위대하시며, 예수님이 우리에게 주시는 것은 시내산에서 하나님이 주신 은혜로운 선물보다 훨씬 뛰어나다. 골로새서 1:15에 따르면, 예수님은 "보이지 않는 하나님의 형상"이시다. 그분은 아버지를 완벽하게 대표하시지만, 하나님의 첫 번째 형상은 아니다. 최초의 인간이 창세기 1:26-27에서 하나님의 형상으로 지정되었다. 학자들은 이것이 의미하는 바에 대해 다양한 가능성을 제시했다. 나는 인간이 하나님과 닮았다거나 하나님의 특성(예를 들어, 창조성, 관계성, 영원성)을 공유했다는 의미라기보다는 인간이 하나님의 형상으로서 **기능한다는** 의미로 창세기를 해석한다. 인간은 하나님의 형상을 **닮은** 것이 아니라 하나님의 형상**이다**.[19]

고대 세계에서 '형상' 또는 '첼렘'(tselem)은 구체적인 무언가를 의미했다. 모든 신에게는 신전이 있었고, 그 신전에는 형상이 있었다. 형상은 신을 물리적으로 표현한 것으로, 신이 지배하는 영역에 대한 가시적인 표시였다. 존 월튼(John Walton)은 창세기의 창조 기록이 성전 봉헌을 상기시키기 위한 것이라고 주장한다.[20] 야웨는 우주를 자신이 거하는 성전이자 자신이 다스리는 영역으로 만드셨다. 야웨는 자신의 동상을 세우는 대신 남자와 여자를 만드셨고, 우리를 통해 그분의 다스리심이 이 세상에 생생하게 드러나도록 하신다.

언약 백성은 열방에 하나님을 대표하는 자들이기에, 그것은 야웨의 이름을 지니는 것과 상당히 유사하게 들린다. 그러나 **형상이 된다는** 개념과 **이름을 지닌다는** 개념에는 중요한 차이가 존재한다. 여기서 논의하는 바는 각각의 의미를 명확히 하고 성경 신학의 전체적인 그림을 제공하는 데 도움이 될 것이다.

형상이 되는 것과 **이름을 지니는 것**은 모두 선택 개념과 관련이 있다. 하나님은 사람들을 선택하시고 그들에게 해야 할 일을 맡기셨다.

우리는 흔히 '선택'을 '구원받기 위해 선택되는 것'으로 생각한다. 하지만 성경에서 선택은 블롭 태그 게임(blob tag)과 더 비슷하다. 내가 술래(blob)가 되어 당신을 태그하면, 이제 둘 다 술래가 된다. 우리는 팔짱을 끼고 함께 뛰어다니며 가능한 한 많은 사람을 태그하여 블롭을 형성하고, 그들과 팔짱을 끼고 모든 사람이 태그될 때까지(블롭이 될 때까지) 다른 사람들을 계속 태그한다. 이 게임에서 '술래됨'의 본질은 다른 사람을 태그하는 것이다. 마찬가지로 택하심의 본질 그리고 그에 따른 믿는 자의 소명의 본질도 다른 사람에게 하나님의 축복을 중재함으로써 그분을 대표하는 것이다. '술래'(blob)가 되면, 우리는 누군가 우리를 선택해 준 것에 기뻐하며 안주하지 않는다. '술래'가 된다는 것은 다른 사람을 태그하는 것이다. 그리고 하나님께 선택받는 것, 즉 그분의 소유가 된다는 것은 열방 가운데 그분의 이름을 드러내고, 그분이 왕이심을 우리의 삶으로 증명하고, 다른 사람들에게 그분의 축복을 중재하는 것이다. 이것이 바로 택함을 받은 자의 요점이다. 신학자 수잔 맥도날드(Suzanne McDonald)는 "대표하기 위한 택하심"(election to representation)이라는 표현을 사용하면서, "이러한 이해는 택하심을 하나님의 복 주시려는 목적이 실행되는 수단으로 여기지, 그 복의 범위를 규정하는 수단으로 여기지 **않는다**"[21]라고 주장한다.

모든 인간은 의식하든 의식하지 않든 하나님의 형상을 지니고 있다. 인간은 창조의 면류관으로서 창조주 하나님의 위엄을 증거한다. 우리는 창조세계를 돌보고 질서를 유지함으로써 창조세계에 대한 하나님의 통치를 넓혀 간다.

반면에 이름을 지니는 것은 야웨와 언약 관계에 있는 사람들로 제한된다. 이는 인류의 일부만 참여하는 두 번째 차원의 선택이다. 언약적 택하심의 목적은 창조주 하나님 야웨와 올바른 관계를 맺은 사람들의 시각적 모델을 제공하는 것이다.

예수님은 완벽하게 하나님을 형상화할 **뿐 아니라** 그분의 이름을 명예롭게 지님으로써 두 가지 차원의 선택을 모두 성취하셨다. 그분은 **탁월한** 인간이실 뿐 아니라 다른 사람들이 하나님과 화해할 수 있게 하는 신실한 언약 구성원이시다.

예수님은 바리새인들과의 흥미로운 대화에서 선택의 두 가지 차원을 암시하셨다. 마태복음 22장에서 바리새인들은 유대인도 황제에게 세금을 내야 하느냐고 물으며 예수님을 함정에 빠뜨리려 했다. 하지만 예수님은 그들의 계략을 꿰뚫어보시고 자신만의 지혜로운 전술을 사용하셨다. 예수님은 실물 교훈을 위해 동전을 달라고 요청하셨다.

"이 초상은 누구의 것이며, 적힌 글자는 누구를 가리키느냐?"
그들이 대답하였다. "황제의 것입니다."
그 때에 예수께서 그들에게 말씀하셨다. "그렇다면, 황제의 것은 황제에게 돌려주고, 하나님의 것은 하나님께 돌려드려라."
(마 22:20-22)

동전에는 황제의 얼굴이 각인되어 있었으며 그의 형상이 새겨져 있었다. 또한 그의 이름도 새겨져 있었다. 언약 백성은 하나님의 형상이며 그분의 이름을 지닌다는 두 가지 특징을 공유한다. 예수님은 까다로운 정치적 질문(황제에게 세금을 내야 하는가?)을 회피하고 더 중요한 질문으로 주의를 돌리셨다. 물론 세금을 납부하되, 평생 하나님을 섬기는 일에 헌신하라고. 하나님을 대표하는 소명을 살아 내라고.

이 모든 것을 염두에 두고 마지막으로 해결해야 할 문제가 있다. 지금까지 우리는 핵심적인 질문을 비껴 왔다(이 장에서 그것을 전제로 삼긴 했지만). 나는 마지막을 위해 그 질문을 남겨두었다. 예수님을 따르는 유대인과 이방인인 우리 사이에는 어떤 관계가 있을까? 시내산 언약은 어떻게 우리에게도 언약이 될 수 있을까?

더 깊은 연구를 위하여

* Richard Bauckham. *Jesus and the God of Israel: God Crucified and Other Studies on the New Testament's Christology of Divine Identity*. Grand Rapids: Eerdmans, 2008. 『예수와 이스라엘의 하나님』(새물결플러스).

Daniel I. Block. *The Triumph of Grace: Literary and Theological Studies in Deuteronomy and Deuteronomic Themes*. Eugene, OR: Cascade, 2017. Chapter 17(Deuteronomy 18) and chapter 18(Galatians).

Richard B. Hays. *Echoes of Scripture in the Letters of Paul*. New Haven: Yale University Press, 1989. 『바울서신에 나타난 구약의 반향』(감은사).

Michael Kibbe. *Godly Fear or Ungodly Failure?: Hebrews 12 and the Sinai Theophanies*. ZNTW 216. Berlin: de Gruyter, 2016.

* Suzanne McDonald. *Re-imaging Election: Divine Election as Representing God to Others and Others to God*. Grand Rapids:

Eerdmans, 2010.

Catherine L. McDowell. *The Image of God in the Garden of Eden: The Creation of Humankind in Genesis 2:5-3:24 in Light of mis pī pīt pi and wpt-r Rituals of Mesopotamia and Ancient Egypt.* Siphrut 15. Winona Lake, IN: Eisenbrauns, 2015.

* Richard J. Middleton. *A New Heaven and A New Earth: Reclaiming Biblical Eschatology.* Grand Rapids: Baker, 2014.

Francis Watson. *Paul and the Hermeneutics of Faith.* New York: T&T Clark, 2004.

* Christopher J. H. Wright. *The Mission of God: Unlocking the Bible's Grand Narrative.* Downers Grove, IL: IVP Academic, 2006.

바이블 프로젝트 관련 영상: "율법", "하나님의 형상"

10 어떻게 들어왔을까?

이방인과 하나님의 선교

프로필 업데이트: 베드로와 이방인

시내산이 우리와 아무 상관이 없다면, 그리스도인을 위해 시내산에 관한 책을 쓴다는 것은 다소 이상할 것이다. 지금쯤은 당신에게 예수님이 얼마나 자신을 시내산 언약과 연결시키셨는지 분명해졌기를 바란다. 그분은 시내산 언약의 율법을 성취하시고 자신이 그 율법의 제정자임을 보여 주셨다. 또한 하나님의 이름을 지닌 자로서의 소명을 실천하셨으며, 제자들에게도 같은 일을 하도록 위임하셨다. 하지만 지금까지 하나님의 이름을 지닌 백성이라는 주제에 대해 논의하면서, 그분의 이름을 지닌 유대인들에게만 초점을 맞추었다. 그들은 시내산에 있던 사람들이다. 심지어 그들은 예수님의 제자로 선택받은 사람들이기도 하다. 바울이 갈라디아 교회에 보낸 편지도 유대교로 개종하여 유대인으로 살고 싶은 유혹을 받는 사람들을 겨냥한 것이었다. 당연히 시내산은 그들에게 큰 관심의 대상이었을 것이다. 하지만 우리는 어떨까? 우리도 시내산에 관심이 있을까?

베드로는 이 질문에 별다른 고민 없이 대답한다. 우리가 자신의 일에만 신경 쓰면서 읽어 내려가다 보면 완전히 놓칠 수도 있다. 베드로가 하는 일은 대담하지만 사실에 근거한 것이다. 소아시아 전역에 흩어져 있는 이방인 신자들에게 편지를 쓰면서, 베드로는 믿지 않는 자들과 예수님을 따르는 이방인 신자들을 대조하여 말한다. "그러나 여러분은 택하심을 받은 족속이요, 왕과 같은 제사장들이요, 거룩한 민족이요, 하나님의 소유가 된 백성입니다. 그래서 여러분을 어둠에서 불러내어 자기의 놀라운 빛 가운데로 인도하신 분의 업적을, 여러분이 선포하는 것입니다. 여러분이 전에는 하나님의 백성이 아니었으나, 지금은 하나님의 백성이요, 전에는 자비를 입지 못한 사람이었으나, 지금은 자비를 입은 사람입니다"(벧전 2:9-10). 이제 이 말은 꽤 익숙할 것이다.

시내산에서 이스라엘에게 주어진 언약의 칭호들, 즉 왕 같은 제사장, 거룩한 민족, 보배로운 소유(출 19:5-6)가 그 목록에 포함되어 있다. 여기에 역사적으로 유대 민족에게만 쓰이던 또 다른 칭호인 '택한 백성'을 덧붙인다. '택한 백성'(또는 "택하심을 받은 족속")은 이사야 43:20-21에 나온 것으로, 그 구절은 그들이 선택된 이유가 "그들이 나를 찬양하게 하려는 것"이라고 알려 준다. 이 칭호가 이전에는 이방인에게 적용되지 않았음을 베드로가 인정한 내용은 "여러분이 전에는 하나님의 백성이 아니었으나, 지금은 하나님의 백성이요"라는 설명뿐이다. 우리는 선택받지 못한 이방인이었지만, 지금은 선택받은 백성이 되었다. 이 문장은 매우 인상적이다. 베드로는 분명 구약의 예언자 호세아를 암시하고 있다. 호세아의 자녀들은 이스라엘 민족에게 전할 예언의 말씀을 담은 이름을 부여받는다. 호세아는 하나님이 자기 백성을 버리셨다는 의미로 아들의 이름을 "로암미"(나의 백성이 아니다)라 지었고

(호 1:9), 나중에 이스라엘을 다시 입양하고 언약을 갱신할 것이라고 선포한다(호 2:23). 이제 베드로는 이 같은 명칭을 이방인들에게도 동일하게 적용한다. 하나님이 자신의 반역하는 자녀를 입양해 회복하실 수 있다면, 이방인들을 입양하지 못하실 이유가 무엇이겠는가?

'족속', '백성', '민족'은 다양한 인종으로 구성되어 전체 지역에 흩어져 있는 베드로의 청중을 지칭하는 아이러니한 표현이다. 복음은 물리적 영역에서 불가능한 일을 가능하게 만들었다. 베드로가 편지를 쓰기 전에는 '백성'(히브리어로 '암', 헬라어로 '라오스')이라는 단어가 유대인을 지칭할 때만 사용되었다.

베드로는 이런 호칭이 청중에게 무엇을 의미할지 생각하지 않고 사용한 게 아니다. 그는 야웨의 이름을 지닌 자의 책임에 대해 분명한 그림을 가지고 있다. 그는 청중에게 이렇게 말한다. "여러분은 이방 사람 가운데서 행실을 바르게 하십시오. 그렇게 해야 그들은 여러분더러 악을 행하는 자라고 욕하다가도, 여러분의 바른 행위를 보고 하나님께서 찾아오시는 날에 하나님께 영광을 돌릴 것입니다"(벧전 2:12). 언약 구성원의 사명은 자신이 야웨께 속해 있음을 드러내는 방식으로 사는 것이다. 베드로는 경고한다. "여러분이 **그리스도의 이름으로** 모욕을 당하면 복이 있습니다. 영광의 영 곧 하나님의 영이 여러분 위에 머물러 계시기 때문입니다.…그러나 그리스도인으로서 고난을 당하면 부끄러워하지 말고, 도리어 **그 이름으로** 하나님께 영광을 돌리십시오"(벧전 4:14, 16).

베드로는 언약 구성원의 역할과 책임에 대해 잘 이해하고 있다. 그는 시내산에서 받은 특별한 호칭을 적용할 때 나머지 부분도 염두에 두고 있다. 하늘에 계신 아버지께 아낌없는 사랑을 받는 신자들에게는 하나님의 은혜를 얻기 위해서가 아니라 열방 가운데서 그분께 영광을 돌리기 위해 해야 할 일이 주어져 있다. 성령이 우리 삶에 임하시는 것은 우리가 소속되어 있다는 증거다.

이방인이 이제 언약의 구성원이 되었다면 유대인은 어떻게 될까? 베드로는 유대인들을 거부하거나 그들이 이방인으로 대체되었음을 나타내려는 움직임을 보이지 않는다. 대신, 이방인을 염두에 두고 이 친숙한 호칭을 사용함으로써, 더 이상 두 그룹을 구분하지 않는다는 점을 보여 준다. 이스라엘 백성이 열방 중에서 야웨의 이름을 지니도록 선택된 것처럼, 이방인들도 그리스도를 믿음으로써 그 이름을 지닌 자가 되었다. 베드로가 어떻게 이 결론에 도달했는지에 대한 수수께끼를 풀기 위해서는, 베드로가 구약성경을 얼마나 능숙하게 사용했는지 자세히 살펴볼 필요가 있다. 베드로는 시내산에서의 세 가지 호칭, 즉 왕 같은 제사장, 거룩한 민족, 보배로운 소유를 사용했다. 이 중 처음 두 개는 문자 그대로 가져온 것이다. 베드로가 사용한 헬라어 구절은 출애굽기 19:5-6의 헬라어 번역과 정확히 일치한다. 하지만 '보배로운 소유'는 그렇지 않다. 여기서 우리는 당혹스러운 이탈을 마주하게 된다. 베드로는 다른 모든 구절에서 히브리어 '세굴라'를 번역하는 헬라어(periousios, '페리우시오스')를 사용하지 않았는데, 이 단어는 보배로운 소유 자체의 독특함을 강조한다. 대신 베드로는 말라기 3:17에만 나오는 약간 다른 구문(eis peripoiēsin, '에이스 페리포이에신', "특별한 소유")을 사용하여 야웨의 소유가 되는 과정을 강조한다. 이 약간의 문구 변화는 심오한 신학적 가능성을 열어 준다.

베드로가 말라기서를 인용한 것은 구약성경에서 '세굴라'가 이스라엘 민족 전체가 아니라 의로운 남은 자를 지칭하는 구절이기 때문에 의미가 있다. 이스라엘의 언약 불이행에 비추어, 예언자 말라기는 야웨께서 자신의 이름을 경외하는 사람들로만 구성된 새로운 '세굴라'를 선택하실 미래의 날을 내다봤다. 말라기는 "만군의 주가 말한다. 내가 세굴라를 준비하는 날에는 그들이 내 것이 될 것이다"(3:17, 저자 번역)라고 말했다. 말라기서를 직접 인용함으로써, 베드로는 유대인과 이방인 모두로 구성된 믿음의 공동체에서 바로 이 약속이 성취될 것으로 내다보고 있음을 보여준다.

베드로가 이 편지에서 이방인을 포함시킨 이유에 대해 직접적으로 설명하지 않기 때문에, 무엇이 그로 하여금 그토록 대담한 행동을 하게 만들었는지 궁금해진다. 답을 찾으려면 베드로의 이야기를 되돌아볼 필요가 있다.

패러다임 전환의 해부학: 베드로의 비전

베드로가 당대의 전형적인 구약성경 읽기 방식에서 벗어난 것은 주목할 만한 일이다. 그가 다민족 교회에 구약성경의 제목을 적용한 것은 이방인이 하나님 나라에서 유대인과 동등한 지위에 서는 성취의 시대가 왔다는 그의 관점을 반영한 것이다. 그렇다면 이 계시는 어디에서 온 것일까? 베드로가 이방인의 포용을 선포하는 자신감의 근거는 무엇일까? 적어도 예수님의 지상 사역은 아니다. 예수님은 이방인들과 거의 교류하지 않으셨기 때문에, 이들에 대해 하신 말이 거의 없다.

사도 베드로가 썼다는 이 편지의 주장을 진지하게 받아들인다면, 그의 패러다임 전환에 대한 설명은 그리 어렵지 않게 찾을 수 있다. 사도행전 10-11장은 항구 도시인 욥바에서 베드로가 본 놀라운 환상에 대해 이야기한다. 저녁 식사를 기다리던 베드로는 세 가지 환상을 보게 된다. 부정한 동물로 가득 찬 천이 하늘에서 세 번 내려오더니 "베드로야, 일어나서 잡아먹어라"라는 음성이 들린다.

베드로는 혼란스러움만큼이나 역겨워하며 말한다. "주님, 절대로 그럴 수 없습니다. 나는 속되고 부정한 것은 한 번도 먹은 일이 없습니다." 베드로는 선량하고 토라를 잘 지키는 유대인이다. 그는 레위기 11장에 나오는 특정 음식을 금지하는 코셔(kosher) 음식법에 따라 평생을 살아 왔다. 이 율법의 목적은 이스라엘을 다른 민족과 구별되게 하는 것이다(레 20:25-26 참조). 환상이 두 번 세 번 반복되자, 베드로는 마침내 하나님이 자신을 통해 말씀하시려는 것을 깨닫는다. "하나님께서 깨끗하게 하신 것을 속되다고 하지 말아라"(행 10:15). 베드로의 환상은 이방인을 더 이상 부정하게 여겨서는 안 된다는 하나님의 명령으로 다가왔다. 이것이 베드로의 패러다임이 전환된 첫 번째 단계다.

그가 위층에서 환상을 보는 동안 이방인 백부장 고넬료가 보낸 세 사람이 그를 만나러 오고 있었다. 그것은 하나님의 놀라운 섭리적 만남이다. 고넬료는 환상 가운데 욥바에 머물고 있는 베드로라는 사람을 찾으라는 말을 듣고, 베드로는 환상 가운데 자신을 찾는 사람들과 함께 가라는 말을 듣는다. 고넬료의 집에 도착한 베드로는 곧바로 설교를 한다. "나는 참으로, 하나님께서는 사람을 외모로 가리지 아니하시는 분이시고, 하나님을 두려워하며, 의를 행하는 사람은 그가 어느 민족에 속하여 있든지, 다 받아 주신다는 것을 깨달았습니다"(행 10:34-35). 베드로는 곧바로 예수님의 죽음과 부활을 근거로 하나님이 이방인도 용서하신다는 복음을 전한다.

하나님은 또 다른 놀라운 반전을 준비하셨다. 베드로가 설교하는 동안 성령께서 이방인 청중에게 임하신 것이다. 베드로의 동료들은 놀라움을 금치 못한다(행 10:44-46). 성령의 부으심은 항상 하나님의 은혜와 언약 갱신의 표징이었다(사 44:3 참조). 성령이 이미 그들에게 임하셨기 때문에, 베드로는 그들에게 예수님의 이름으로 세례를 베푼다. 그는 나중에 회의론자들에게 이렇게 설명한다. "하나님께서는, 우리가 주 예수 그리스도를 믿을 때에 우리에게 주신 것과 같은 선물을 그들에게 주셨는데, 내가 누구이기에 감히 하나님을 거역할 수 있겠습니까?"(행 11:17).

베드로가 이스라엘과 교회의 관계를 어떻게 구상했는지 추측할 수 있지만, 사실 베드로는 첫 번째 편지에서 이 문제를 다루지 않았다. 그의 편지에 언급되지는 않지만, 베드로에게 결정적인 변화는 욥바에서 일어난 것 같다. 성령이 이방인에게 부어지는 한 그들은 하나님의 백성**이다**. 이상 끝. 더 이상 구별이 없기 때문에 유대인에 대해 따로 이야기할 필요가 없다. 이제 유일한 구별은 말라기 3:17 다음에 나오는 '세굴라'에 관한 구절에 묘사된 구별뿐이다. 말라기 3:18은 계속해서 의인과 악인을 구분한다.

'세굴라'는 더 이상 공동체의 모든 사람이 아니다. 하나님의 미래 '세굴라'에는 의인만 포함된다. 베드로는 베드로전서 2:12과 4:3에서 이것이 사실이라고 믿고 있다는 증거를 보여 준다. 그는 수신자들이 더 이상 이방인이 아닌 것처럼 말한다. 민족적 조건이 아닌 의로움에 관한 새로운 구별이 이루어진 것이다.

하나님이 유대인에게 하신 약속을 베드로가 이방인에게 적용하는 것에 더 넓은 의미가 있을까? 물론 그렇다. 구약성경을 사용하는 베드로의 패턴은 다음과 같은 사실을 시사한다. 이스라엘의 호칭뿐 아니라 그들의 소명은 교회에도 해당된다. 이방인이 하나님의 백성에 편입되어 아무런 구별 없이 의로운 남은 자에 포함되었다면, 우리의 상속도 동일하다. 이스라엘의 메시아의 발자취를 따라가면서 우리도 하나님의 '보배로운 소유'의 책임을 맡게 된다. 이 책임에는 복음의 메시지를 선포하는 것과 그분의 이름을 지닌 사람들에 대한 성경적 기대에 부합하는 선행이 다 포함된다. 베드로는 이것이 무엇을 수반하는지 알아내는 일을 우리에게 맡겨 두지 않는다. 그는 편지의 나머지 부분에서 어떤 행동이 요구되는지 명확히 밝힌다.

베드로는 수신자들이 "순종하도록 택하심을 입었다"(벧전 1:2)고 말하면서 편지의 서두를 연다. 이 순종에는 정신을 차리기(1:13; 4:7; 5:8), 거룩함(1:15), 타인에 대한 깊은 사랑(1:22; 4:8), 악의, 속임수, 위선, 시기, 비방하는 말 버리기(2:1), 육체의 정욕을 멀리하기(2:11), 권위에 대한 복종(2:13-14; 3:1-6; 5:5), 보복하지 않고 부당한 고난을 인내하기(2:20-23), 아내를 존중하며 대접하기(3:7), 동정, 사랑, 동정심, 겸손을 실천하는 조화로운 삶(3:8),

악을 축복으로 갚기(3:9), 악에서 돌이켜 화평을 구하기(3:11), 온유와 존경으로 대답하기(3:15), 진정한 환대(4:9), 자신의 은사를 사용하여 다른 사람을 섬기기(4:10-11; 5:2), 고난을 기뻐하기(4:12), 겸손(5:5-6), 마귀에 저항하기(5:9) 등이 포함된다. 베드로의 편지는 실제 생활에 적용할 수 있는 내용으로 가득하다!

믿는 자에게 요구되는 도덕적 행위는 야웨의 보배로운 소유라는 새로운 정체성에 근거를 두고 있다. 우리는 단순히 경건한 삶을 위한 규칙 목록을 받은 것이 아니라, 그분의 언약 공동체의 일원이 되도록 초대받았다. 그분은 우리를 어둠에서 불러내 놀라운 빛으로 인도하셨고, 우리를 그분의 보배로운 소유이자 하나 된 백성으로 삼으셨으며, 그분의 뜻을 따라 구별된 제사장으로서 그분의 나라에서 중요한 역할을 맡기셨다. 우리를 위해 계획하신 모든 것이 실현되려면, 우리는 진정으로 그분의 보배로운 소유처럼 살아야 한다.

팀 회의: 예루살렘 위원회

베드로의 패러다임 전환은 그를 곤경에 빠뜨린다. 얼마 지나지 않아 갈등이 폭발한다. 일부 유대인 기독교인들은 이방인이 예수를 따르려면 먼저 유대교로 개종해야 한다고 주장한다. 여기에는 할례, 코셔 식단, 나머지 토라에 대한 순종이 포함된다. 다른 사람들은 이방인이 유대교로 개종하지 않고도 이방인으로서 예수를 따를 수 있다고 말한다. 사도행전 15장에서, 교회 지도자들은 예루살렘 공의회로 알려진 회의를 요청한다. 이 회의가 교회에 얼마나 중요한지는 아무리 강조해도 지나치지 않다. 이 사람들은 교회 전체가 나아갈 방향을 결정한다. 당연히 감정이 고조될 수밖에 없다.

먼저 베드로가 말한다. 고넬료의 집에서 이방인 신자들에게 성령이 부어지는 것은 하나님이 그들을 할례 **없이도** 언약 공동체의 일원으로 받아 주셨음을 입증하는 데 필요한 모든 증거를 베드로에게 제공했다. 베드로는 자신의 눈으로 본 것을 부인할 수 없었다. 그는 말한다.

> 형제 여러분, 여러분이 아시는 대로, 하나님께서 일찍이 여러분 가운데서 나를 택하셔서, 이방 사람들도 내가 전하는 복음의 말씀을 듣고 믿게 하셨습니다. 그리고 사람의 마음 속을 아시는 하나님께서는 우리에게 주신 것과 같이 그들에게도 성령을 주셔서, 그들을 인정해 주셨습니다. **하나님께서는 그들의 믿음을 보셔서, 그들의 마음을 깨끗하게 하시고, 우리와 그들 사이에, 아무런 차별을 두지 않으셨습니다.** 그런데 지금 여러분은 왜 우리 조상들이나 우리가 다 감당할 수 없던 멍에를 제자들의 목에 메워서, 하나님을 시험하는 것입니까? **우리가 주 예수의 은혜로 구원을 얻고, 그들도 꼭 마찬가지로 주 예수의 은혜로 구원을 얻는다고 우리는 믿습니다.** (행 15:7-11, 강조는 저자)

다음은 야고보 차례다. 그의 소개는 흥미롭다. 그는 베드로의 아람어 이름을 사용하여 이렇게 말한다. "하나님께서 이방 사람들을 돌아보셔서, 그들 가운데서 **자기 이름을 위하여 처음으로 한 백성을** 택하신 경위를 시므온이 이야기하였습니다"(행 15:14, 강조는 저자). "그들[이방인] 가운데서…**한 백성을**"이라는 문구는 그의 말을 듣는 사람들을 놀라게 했을 것이다. 이 용어는 구약성경에서 항상 대조적으로 사용되기 때문이다. 그것은 야웨의 백성에 속해 있거나 이방인 중 하나로, 이 둘은 결코 혼동되지 않는다.[1] 이방인에게 '백성'과 같이 철저히 유대적인 호칭을 사용하는 것은 급진적인 일이었다.[2] 사실 베드로는 이방인에게 성령의 은사가 주어졌다고 말했을 뿐 하나님의 이름에 대해 아무 말도 하지 않았다. 그러나 사도들이 생각할 때, 성령의 임재는 믿는 자들에게 야웨의 이름을 도장처럼 찍고 그들이 야웨의 언약 백성에 속해 있음을 나타내는 인장 역할을 했다. 야고보의 진술은 이를 암시한다. 그런 다음 신학적 혁신이라는 비난을 받지 않기 위해, 야고보는 자신의 생각을 뒷받침해 줄 근거로 예언자들의 말을 인용한다.

아모스 9:12에서, 야웨는 이스라엘의 미래 회복에 대해 말씀하시면서 "내[야웨] 이름으로 일컫는 만국"(개역개정, all the nations that bear my name)의 역할을 언급하신다.[3] 야고보는 이 본문이 언약에 이방인이 포함되는 것에 대한 자신의 주장을 뒷받침하기에 이상적인 근거라고 생각했다. 구약성경은 야웨의 이름을 지닌 존재로 대제사장(이마에 새김), 이스라엘 백성(제사장의 축복을 통해), 예루살렘(야웨가 성전 부지로 선택했기 때문), 성전 또는 법궤(야웨가 백성 가운데 임재하심을 의미하기 때문) 등 네 가지를 지정했다. 야고보는 한 가지 분명한 예외를 인용한다. 아모스 9:12이 이방인들이 야웨께 돌아올 것을 예언하는 구약의 유일한 본문은 아니지만, 이 구절만 하나님의 이름이 '그들 위에 불려졌다'(저자 번역)라고 말한다. 이 구절은 유대교로 개종하지 않은 이방인의 포용을 암시하는 유일한 구약 본문이다.[4]

베드로와 야고보는 누가 포함되고 누가 제외되는지를 판단하던 옛 사고방식의 종말을 알린다. 구약성경의 증언과 함께 성령 체험은 극복할 수 없는 논거를 제시한다. 공의회는 동의한다. 이방인도 유대인의 메시아를 따를 수 있다. 예수님을 따르는 이방인은 야웨의 이름을 지니고 있다. 그들이 시내산을 배제하는 것이 아님에 유의해야 한다. 그들은 단지, 이방인들이 언약 공동체에 합류할 수 있도록, 이스라엘 민족을 다른 민족과 인종적으로 분리하는 법을 제쳐 둔 것이다.

캐나다 앨버타에 있는 프레리 칼리지의 교수직에 지원할 때, 나는 오래 망설였다. 처음에는 캐나다 사람을 채용할 가능성이 높으니 미국에서 태어나고 자란 내가 지원해도 나쁠 게 없다고 생각했다. 불과 몇 주 만에 프레리는 채용 제안 전 마지막 단계인 캠퍼스 면접에 나를 초대했다. 대니와 나는 학교와 학교의 역사에 대해 최대한 많이 공부하면서 결정을 고민했다. 한 번도 살아 본 적 없고, 살 거라고 꿈꿔 본 적도 없는 캐나다의 대초원 지대로 이사한다는 것은 너무나 뜬금없게 느껴졌다! 면접을 위해 비행기를 타러 갔지만, 그 자리가 적합하지 않다고 생각한 이유는 넘쳐 났다. 하지만 착륙하는 순간부터 우리의 저항은 녹아내리기 시작했다. 적합하지 않다고 생각한 이유가 하나씩 사라졌다. 이 마을이 마음에 들었고, 감당할 수 있는 집들도 찾았으며, 교수진과 직원들도 마음에 들었고, 현실적인 예산도 세울 수 있었다. 그럼에도 이사를 결정하는 것이 뜬금없다고 느껴졌다. 그러다가 방문 마지막 날 아침에 하나님이 전혀 예상치 못한 놀라운 선물을 주셨다. 내가 이미 캐나다 시민권자라는 사실을 알게 된 것이다.

어떻게 나도 모르게 캐나다 시민권자가 될 수 있었을까? 아버지는 캐나다에서 네덜란드 이민자 부모님 밑에서 태어나셨다. 그리고 나중에 미국으로 이민을 가서 어머니를 만나 결혼하셨다. 그리고 나는 2년 후에 태어났다. 알고 보니 캐나다 정부는 시민권자에게 매우 관대했다. 내가 원하든 원하지 않든, 나는 계속 시민권자였다. 갑자기 캐나다로의 이주가 그렇게 뜬금없는 것 같지 않았다. 마치 하나님이 40년 동안 포장해서 준비해 두고는 내가 필요한 순간에 선물을 건네시는 것 같았다. "이게 뜬금없다고 생각하니? 나는 아주 오랫동안 준비해 왔단다"라고 말씀하시는 것 같았다. 이 소식이 불러일으킨 느낌은 말로 표현하기 어렵다. 몇 주 동안 나는 고개를 저으며 이 선물을 소중히 간직했다.

캐나다 시민권을 얻게 되면서 초대교회의 이방인 신자들이 예루살렘 공의회의 결과를 들었을 때 어떤 기분이었을지 조금이나마 짐작할 수 있었다. "당신을 초대합니다! 당신도 지금처럼 예수님을 따를 수 있습니다. 우리는 수백 년 전 예언자들이 야웨의 이름을 지닌 당신에 대해, 즉 이방인들에 대해 말하면서 오늘날을 내다봤다는 사실을 발견했습니다. 가족이 된 것을 환영합니다!"

이 중요한 패러다임의 전환을 염두에 두면, 하나님이 자신의 백성을 위해 준비하신 무수한 방법을 더 쉽게 이해할 수 있다. 아브라함의 후손을 통해 열방에 복을 주시겠다는 하나님의 약속은 은근히 내려다보는 태도에서 나온 것이 아니었다. 이방인들도 예수님의 족보에 포함되었고, 이는 향후 이방인들이 본격적으로 포함될 가능성을 암시하는 것이었다(마 1:5-6). 이방인도 가족의 일원이 되어야 했다. 제자들을 파송하실 때, 예수님은 그들이 이방인들 앞에서 증언할 거라고 말씀하셨다(마 10:18). 부활하신 그리스도께서는 "그의 이름으로 죄사함을 받게 하는 회개가 모든 민족에게 전파될 것이다"라고 선언하셨다(눅 24:47; 참조. 행 1:18). 제자들이 하나님이 준비하신 놀라운 일을 알았을지 궁금하다!

바울이 연주하는 모세의 노래

바울은 이방인에게 복음을 전하려는 베드로의 대담하고 새로운 사역에 전적으로 동의한다. 바울은 로마서에서 예수를 믿는 사람들, 심지어 이방인 신자들도 예수님의 신실하심을 믿는 믿음 때문에 새 언약으로 인도된다는 메시지를 강조한다. 로마서를 읽는 것은 길을 가다가 우연히 라디오에서 어릴 적 좋아하던 노래를 듣는 것과 같다. 바울은 모세를 직접 인용하지 않더라도 모세 가르침의 핵심과 씨름하고 있다. 바울이 이러한 진리를 자신의 시대에 적용하는 것은 때때로 놀랍고 충격적이지만, 모세가 바울이 복음을 이해하는 틀을 제공한다는 사실만큼은 분명하다.

신명기에서 모세는 이스라엘 자손에게 주님이 약속하신 땅에 들어가기 전에 주님과의 언약을 새롭게 하라고 촉구한다. 모세는 율법을 상기시킨 다음 순종하는 자에게 주어지는 축복과 불순종하는 자에게 주어지는 저주에 대해 설명한다. 흥미롭게도 모세는 청중의 마음속에 불순종하면 저주를 받을 거라는 생각을 분명하게 남긴다. 그들의 족적은 그들이 신실하지 못함을 입증했다. 모세는 책의 마지막 부분에서 심판 후에도 그들이 경청하고 순종하면 회복이 가능하다고 설명한다(신 30:1-10).

모세는 하나님의 율법이 그들에게 가까이 있다고 주장하는데, 바울은 이 말을 그리스도의 의가 모든 믿는 자에게 가까이 있다고 창의적으로 적용한다(신 30:11-14; 참조. 롬 10:5-10). 모세는 이스라엘 자손에게 선택권을 제시하면서, 하나님을 사랑하고 순종하면 생명과 축복을 경험할 것이며 불순종하고 다른 신을 섬기면 저주를 받아 죽게 될 거라고 말한다(신 30:16-20). 하나님은 모세에게 죽기 전에 부를 예언적 노래를 주신다. 신명기 32장에 이 노래가 기록되어 있는데, 이 노래는 로마서와 놀라울 정도로 유사하다.[5] 이 노래에서 우리는 바울 신학의 핵심적인 특징을 발견하게 될 것이다. 이 노래를 차근차근 살피면서 어떤 점에서 유사한지 알아보자.

신명기 32장에 나오는 모세의 노래는 다음과 같이 전개된다.[6] 야웨의 의로우심과 신실하심에서 시작해(3-4절), 이와 대조되는 이스라엘의 죄를 다룬다(5절). 모세는 이스라엘에 대한 하나님의 선택, 돌보심, 공급에 대한 이야기를 들려주고(6-14절), 우상숭배와 배은망덕(15-18절), 형벌(19-27절)에 대한 이야기를 이어서 들려준다. 하나님의 진노는 깨닫지 못하는 이스라엘 대적들의 교만에 의해 확인된다(28-34절). 야웨의 심판은 그분의 성품에 근거하며(35-42절), 그분이 마지막 말씀을 하시고 적들을 멸망시키실 때 축제로 끝날 것이다(43절). 이것으로 노래는 끝나지만 신명기 32장은 끝나지 않는다. 32장은 모세가 자기 백성과 함께 그 땅에 들어가지 못하는 이유를 야웨께서 모세에게 설명하시면서 끝을 맺는다. "네가 신 광야에 있는 가데스의 므리바 샘에서 물이 터질 때에, 이스라엘 자손이 보는 데서 믿음 없는 행동을 하고, 이스라엘 자손에게 나의 거룩함을 나타내지 않았기 때문이다"(신 32:51). 모세도 야웨의 성품을 드러내지 못했기 때문에, 즉 야웨를 잘 대표하지 못했기 때문에 약속의 땅에 들어갈 자격을 상실한 것이다.

신명기에는 야웨와 그분의 백성 사이에 현저한 대조가 나타난다. 하나님은 이렇게 묘사된다. "하나님은 반석, 하시는 일마다 완전하고, 그의 모든 길은 올곧다. 그는 거짓이 없고, 진실하신 하나님이시다. 의로우시고 곧기만 하시다"(신 32:4). 다음 절은 이스라엘을 묘사한다. "너희가 하나님께 맞서 악한 짓을 하니, 수치스럽게도 너희는 이미 그의 자녀가 아니요, 비뚤어지고 뒤틀린 세대이다"(32:5). 하나님은 신실하시지만 이스라엘은 신실하지 않다는 대조가 나타난다. 모세는 이미 신명기 30:15-20에서 그러한 불신앙의 최종 결과가 무엇인지를 분명히 밝혔다. 하나님의 축복과 약속의 땅에서의 장수로 표시되어야 할 삶은 어리석게도 우상을 숭배함으로써 상실되고 만다. 이러한 대조를 염두에 두고 바울의 로마서를 살펴보자.

바울은 로마서의 처음 몇 절에서 자신의 사역 목표를 "그[예수 그리스도의] 이름을 전하여 모든 민족이 믿고 순종하게 하려는 것"(롬 1:5)이라고 밝힌다. 그는 "그들[이방인들] 가운데 있어서, 예수 그리스도의 부르심을 받은" 그리고 "그의 거룩한 백성으로" 부르심을 받은(롬 1:6-7) 로마의 그리스도인들에게 편지를 쓴다. 이 구절에서 구약성경의 많은 구절이 되울린다! 바울이 볼 때, 믿음을 가진 이방인은 하나님의 공동체에 소속된 이방인이다. 그들은 시내산에서 야웨와 언약을 맺기 위해 구별된 "거룩한 백성"의 일부며, 그들의 믿음은 하나님의 명성을 높인다. 이 모든 것이 '그분의 이름을 위해서'다.

'믿음으로 인한 순종'(obedience that comes from faith)이라는 문구는 논쟁의 대상이 되어 왔다. 헬라어는 단순히 '믿음의 순종'이라고 읽는다. 이것은 무엇을 의미할까? 믿음의 행위가 하나님이 요구하시는 순종일까? 아니면 순종으로 이어지는 것이 믿음일까?(개역개정은 "믿어 순종하게", 새번역은 "믿고 순종하게"로 번역함으로써 이 해석을 따른다—옮긴이) 신명기의 메시지와 이 책 전체에서 살펴본 이름 지니기(name-bearing)라는 주제를 염두에 둔다면, 믿음과 순종의 관계는 그리 이해하기 어렵지 않다. 모세가 볼 때 하나님의 명령에 순종하고 그분께만 경배하는 사람은 '믿음이 충만한' 사람이고, 그렇지 않은 사람은 '믿음이 없는' 사람이다. 순종과 믿음은 거의 동의어로 간주될 수 있다. 하나님께 순종하지 않으면서 하나님을 믿는다고 주장하는 것, 즉 하나님의 이름을 함부로 부르는 것은 모세에게 생각조차 할 수 없는 모순이다.

로마서 5:10에서 바울은, 신명기 32:41을 인용하여, 1장에서 자신이 대담하게 주장한 함의를 설명하면서 폭탄 발언을 한다. "우리가 하나님의 원수일 때에도 하나님의 아들의 죽으심으로 말미암아 하나님과 화해하게 되었다면, 화해한 우리가 하나님의 생명으로 구원을 얻으리라는 것은 더욱더 확실한 일입니다."[7] 바울은 자신과 독자들도 하나님의 심판을 받을 운명이었던 '원수'의 범주에 포함시킨다.

이러한 배경에서 바울은 독자들에게 예수님을 소개한다. 하나님의 아들이라고 반복해서 불리는 예수님은 이스라엘(출 4:22에 나오는 하나님의 "맏아들")이 할 수 없었던 일, 즉 하나님께 신실하게 순종하는 일을 해 내셨다. 또한 불순종하는 자들에게 신명기에서 약속된 죽음을 대신 짊어지심으로써, 이방인일지라도 하나님의 신실하심을 믿는다면 생명을 얻게 하셨다.

그리스도는 믿음이 없는 이스라엘을 대신하는 충실한 아들이시다. 죽기까지 순종하신 그분의 삶은 믿는 자들에게 죽음에서 생명으로 가는 길을 제공한다. 그분은 새 언약을 가져오는 언약의 지킴이다!

보이지 않는 흔적

이제 당신에게 흔적이 있다는 것이 명백해졌을 것이다.

당신이 예수님을 따른다면, 당신은 그분의 이름이 새겨진 사람이다.

요한복음 6:27에서 예수님이 하나님의 "인치심"(seal of approval)을 받았다고 하신 말씀을 기억하는가? 바울의 초기 서신으로 추정되는 편지에서, 바울은 자신의 몸에 예수의 상처 자국(헬라어로 '스티그마', 개역개정은 "흔적")을 지니고 있다고 묘사한다(갈 6:17).[8]

헬라어 '스티그마'는 성경 밖에서 노예의 낙인과 종교적 문신을 가리키는 데 사용된다.[9] 바울은 하나님이 "우리를 자기의 것이라는 표로 인을 치시고, 그 보증으로 우리 마음에 성령을 주셨습니다"라고 선언한다(고후 1:22). 성령 충만은 신자가 하나님의 소유며 그분의 이름의 낙인을 지니고 있다는 증거다. 바울은 에베소서 1:13에서 우리가 믿을 때에 "약속하신 성령의 날인을 받았습니다"라고 이 진리를 반복해서 말한다.

이 영적 흔적은 요한계시록에서 요한이 본 환상에 나타난다. 요한의 환상에서, 인(seal)은 "하나님의 종들", 즉 구속받은 공동체의 이마에 표를 하기 위해 보냄을 받은 천사가 가지고 있다. 종들의 이마에 표를 하는 것은 하나님의 심판으로부터 그들을 보호하기 위한 것이다(계 7:2-3).[10] 그 다음에는 민수기를 연상시키는 지파의 목록이 나온다. 지파마다 1만 2천 명의 이마에 도장이 찍힌다(계 7:4-8). 대제사장의 이마 장식에 새겨진 이름이 야훼였기 때문에, 예수님께 속한 이름이 그들의 이마에 새겨져 있다는 것은 예수님이 하나님의 신적 정체성을 공유하신다는 표시다. 또한 이 구절에서 하나님을 '아버지'라고 지칭한 것은 주님의 기도("하늘에 계신 우리 아버지")를 연상시키며, 하나님의 이름이 거룩히 여김을 받으시라는 예수님의 간구가 성취되었음을 의미한다(마 6:9).

더 이상 보이지 않는 이 신성한 이름의 영적 흔적은 이후 환상에서도 나타난다. "또 내가 보니, 어린 양이 시온 산에 서 있었습니다. 그 어린 양과 함께 십사만 사천 명이 서 있었는데, 그들의 이마에는 어린 양의 이름과 그의 아버지의 이름이 적혀 있었습니다"(계 14:1). 이 환상은 신자들의 이마에 새겨진 예수님의 이름과 그분의 아버지 야웨의 이름을 묘사하는 이미지로 구약성경과 신약성경을 모두 활용한다.[11] 시내산에서 이스라엘 백성에게 상징적으로 찍힌 낙인이 시온산에서 또렷해진다. 정말 적절하다!

구속받은 공동체의 일원이 아닌 사람들도 여전히 흔적을 가지고 있지만, 그 흔적은 다른 이름을 지니고 있다. 요한의 환상에는, 머리에 하나님을 모독하는 이름을 새긴 왕관을 쓰고 하나님을 모독하는 말을 하는 짐승이 묘사되어 있다(계 13:1, 6; 참조. 17:3). 두 번째 짐승은 선택받지 못한 자들의 손과 이마에 자신의 이름으로 표를 찍고, 이 표를 거부하는 사람을 핍박한다(계 13:16-17; 참조. 17:5). 짐승과 마찬가지로 짐승의 표를 받은 자들은 하나님을 모독한다(계 16:9, 11, 21). 그렇게 함으로써 그들은 언약의 처음 두 계명을 위반한다. 즉 야웨가 아닌 다른 것을 숭배하고 다른 이름을 받은 것이다. 천사는 이러한 하나님의 적들을 "짐승과 짐승 우상에게 절하는 자" 또는 "그 이름의 표를 받는 자"로 묘사하며, 그런 사람은 "밤에도 낮에도 **휴식**을 얻지 못할 것"이라고 말한다(계 14:11). 십계명에 대한 암시는 분명하다. 다른 **형상을 숭배하고** 다른 **이름을 지니게 되어**, 결국 **안식**을 얻지 못한다. 그렇게 표를 받은 사람들은 결국 짐승과 함께 심판을 받는다(계 15:2; 16:2; 19:20).

따라서 요한계시록의 환상은 선택에 대한 생생하고 구체적인 이미지를 제시한다. 중립적인 사람은 아무도 없으며, 사람들은 이마에 거룩한 이름이나 짐승의 이름을 새겨 숭배와 충성의 대상을 나타낸다. 그리스도께서 궁극적으로 승리하실 때, 짐승의 표를 받지 않은 사람들만이 그분과 함께 왕 노릇하며 그분의 얼굴을 볼 것이다(계 20:4; 22:4). 이 환상은 아직 하나님의 통치에 복종하지 않은 사람들에게 긴급한 경고를 전한다. 선택은 우리의 몫이다. 너무 늦기 전에 항복하라! 우리에게는 언약 가족으로 들어오라는 초대가 늘 있다. 아버지께서는 두 팔을 활짝 벌리고 기다리신다. 예수님의 신실하심으로 인해, 우리는 하나님의 이름으로 인침을 받고 열방에 복을 전하는 그분의 선교에 동참할 수 있다.

때때로 사람들은 구약의 율법을 어떻게 대해야 하는지 묻는다. 지금까지 성경을 살펴봤기 때문에, 우리는 이 질문에 더 쉽게 대답할 수 있다. 구약의 율법을 준수해야 하는지 묻기보다 이스라엘의 율법이 우리와 어떤 관계가 있는지 물어야 한다. 이 질문에 대한 우리의 대답에 따라 구약의 모든 지침을 적절하게 적용하는 방식이 결정된다.

이스라엘의 메시아이신 예수님의 삶과 죽음, 부활로 인해 우리는 언약 구성원의 자격을 부여받았다. 우리는 그분의 새로운 언약 공동체에 편입되었다. 그분의 희생은 새로운 시대를 열었다. 이러한 현실은, 우리의 변화된 문화적 상황과 맞물려, 구약의 많은 율법이 이스라엘에게 적용되던 방식대로 우리에게 작동하지 않는다는 사실을 보여 준다. 문자적으로 율법에 순종하는 것은 율법이 주어진 목적에 부합하지 않는다.

성전의 필요가 그리스도 안에서 성취되어 사라졌으므로, 우리는 더 이상 희생제사를 드릴 필요가 없다. 그럼에도 희생제사법은 하나님이 죄를 정말로 심각하게 여기신다는 것을, 그리고 우리가 자신의 실패를 인정하고 그분의 자비를 신뢰함으로써 그분을 경외할 필요가 있다는 것을 가르쳐 준다.

하나의 민족으로서 이스라엘의 구별됨을 유지하기 위해 제정된 법도 폐지되었다. 폐지된 법에는 제의적 정결, 식단, 의복과 관련된 법이 포함된다. 다른 범주의 율법은 이스라엘의 문화적 맥락과 우리의 문화적 맥락에 따라 신중하게 고려되어야 한다. 이스라엘처럼 우리도, 삶의 방식으로 그리스도의 성품을 나타내야 한다. 우리는 예수님의 명령에 **순종해야 한다**.

새 언약 공동체의 일원으로서 우리는 하나님의 보배로운 백성으로 살아갈 수 있는 특권인 **은혜**를 누리고 있다. 야고보는 우리의 믿음이 행하는 믿음이어야 하며, 그리스도로 인한 구원을 경험하지 못한 사람들과 구별되는 믿음이어야 한다고 주장한다. 우리의 믿음은 순종으로 그 진정성이 입증되며, 이 순종은 우리를 죄와 죽음에서 구원하신 하나님에 대한 사랑과 이웃에 대한 사랑으로 나타난다. 하나님 사랑과 이웃 사랑은 율법이 요구하는 모든 것을 구현한다. 하나님이 기뻐하시는 일을 우리에게 계시하셨다는 것은 그분의 가장 은혜로운 선물 중 하나며, 그분을 알고 그분처럼 되어 그분의 사명에 동참하라는 초대다.

오늘날의 구약 율법

다음은 그리스도인이 윤리적 성찰의 근거로 구약의 율법을 어떻게 사용할 수 있는지에 대한 예시다. 신명기 22:8에서 모세는 백성에게 "집을 새로 지을 때에 지붕에 난간을 만들어야 합니다. 그렇게 하면, 사람이 떨어져도 그 살인죄를 당신들 집에 지우지 않을 것입니다"라고 지

시한다. 난간은 외벽을 지붕 높이까지 연장한 것으로, 지붕 위에 서 있는 사람에게 튼튼한 보호벽 역할을 한다. 고대 이스라엘의 전형적인 집에는 평평한 지붕이 있었고, 그 위에서 많은 생활이 이루어졌다. 거주자들은 여름철에 지붕 위에서 잠을 자거나 예배를 드렸고, 알곡과 쭉정이를 분리하거나 친교를 나눴다.[12] 이스라엘 사람들의 건축 양식과 생활 방식을 고려할 때, 난간의 실용적인 기능은 분명하다.

북미에서는 일반적으로 옥상에 올라가지 않는다. 대부분의 집에 평평한 지붕이 없으며, 지붕에 올라가는 경우는 배수로를 청소하거나 난간이 방해가 되는 지붕널을 교체할 때뿐이다. 그러나 하나님 명령의 원칙은 분명하다. 방문객의 안전은 주택 소유자의 책임이다. 오늘날에는 계단 난간, 전기 콘센트 덮개(어린 자녀가 있는 경우), 옷장이나 책장과 같은 가구가 넘어지지 않도록 받침대를 설치하는 것 등이 여기에 해당될 수 있다. 보행자가 빙판길에 미끄러져 넘어지지 않도록 보도에서 눈을 치우는 데까지 이 명령을 확장하여 적용할 수도 있다. 요점은 언약 공동체의 일원으로서 주변 사람들의 안녕을 돌보는 것이 우리의 의무라는 것이다.

더 깊은 연구를 위하여

Richard Bauckham. "James and the Gentiles(Acts 15:13-21)." Pages 154-84 in *History, Literature, and Society in the Book of Acts*. Edited by Ben Witherington. New York: Cambridge University Press, 1996.

* Roy Gane. *Old Testament Law for Christians: Original Context and Enduring Application*. Grand Rapids: Baker, 2017.

Carmen Joy Imes. "'Treasured Possession': Peter's Use of the Old Testament in 1 Peter 2:9-10." MA Thesis, Gordon-Conwell Theological Seminary, 2011.

* N. T. Wright. *Justification: God's Plan and Paul's Vision*. Downers Grove, IL: IVP Academic, 2009. 『톰 라이트, 칭의를 말하다』(에클레시아북스).

바이블 프로젝트 관련 영상: "사도행전 8-12장", "하나님 나라의 복음", "인자"

결론

우리가 의도한 모든 것

요한계시록에서 요한이 본 환상은 그때까지 영적이고 암시적이었던 것을 가시적이고 명시적으로 보여 준다. "또 내가 보니 보라 어린 양이 시온 산에 섰고 그와 함께 십사만 사천이 서 있는데 그들의 이마에는 어린 양의 이름과 그 아버지의 이름을 쓴 것이 있더라"(계 14:1). 그가 본 환상은 또한 짐승에게 경배하고 이마에 그 이름의 표를 받는 사람들에 대해 말한다. 우리는 충성을 다할 곳을 선택해야 한다. 요한은 인내하는 자들에게 "그의 얼굴을 볼 터이요 그의 이름도 그들의 이마에 있으리라"(계 22:4)라고 말했다.

몇 년 전 노스캐롤라이나에서 지내던 어느 날 오후, 나는 아이들과 식료품 쇼핑을 하고 있었다. 우리는 다시 차에 돌아왔고, 나는 모든 것을 실으려 했다. 아이들에게 안전벨트를 매고 자리에 앉으라고 했지만, 아이들은 느리게 움직이며 서로 다투고 있었다. 쇼핑 카트를 치우고 돌아왔을 때도 아이들은 여전히 자리에 앉지 않았다. 난 완전히 이성을 잃었다. "왜 그래? 내 말 못 들었어? 당장 자리에 앉아! 이건 말도 안 돼!" 차 문을 쾅 닫고 뒤돌아보니 마침 아이들의 학교 직원이 지나가는 것이 보였다.

아이들을 공립학교에 입학시킨 가장 큰 이유는 우리 가족이 믿지 않는 사람들에게 그리스도를 전하기 위해서였다. 나는 매주 자원봉사를 했고, 남편은 급식실에서 아이들과 정기적으로 식사를 했으며, 우리는 가능한 한 많은 활동에 참여했다. 그런데 한순간 화가 치밀어 오르면서 그동안 쌓아 온 모든 것이 물거품이 되었다. 나는 아무런 대가 없이 '모든 것을 쏟아 낼 수 있는' 익명의 공간에 있다고 생각했다. 하지만 우리가 하나님의 이름을 지닐 때 선택의 여지가 없다는 것을 배웠다.

성경은 자신의 백성이 복 받을 권리를 상실했을 때도 복을 주겠다는 약속을 지키기로 결심하신 하나님 이야기를 들려준다. 이는 우리 모두에게 좋은 소식이다. 그리스도 안에서 하나님의 은혜로 '주차장에서의 그 순간'이 하나님의 생명책에서 우리의 이름을 지우지 못한다. 그 대신 우리에게 회개하고 그분의 용서를 받도록 촉구한다. 예수님의 완벽한 신실하심 덕분에, 보호, 은혜, 평화의 복이 여전히 우리 것이 될 수 있다.

우리 집에서는 '하나님의 이름을 지니는 것'에 대해 자주 이야기한다. '야웨의 이름을 함부로 부르지 말라'는 명령에 관한 300페이지 분량의 논문을 5년 동안 썼고, 출판하는 데 1년 반을 더 투자했기 때문에, 우리 가족은 이 주제에 대해 자주 이야기한다. 학업 초반의 어느 날, 시계가 오후 5시 30분을 가리켰다. 저녁식사 준비를 시작할 시간이었다. 나는 저녁식사를 준비하는 동안 아이들에게 각자 할 일을 하라고 했다. 몇 분 후, 나는 아이들이 유난히 밝고 세심해 보인다는 것을 알았다. 분명 정상이 아니었다. 아이들이 무엇을 하고 있는지 흘끗 살펴보니 두 아이 모두 이마에 "야웨"라고 적힌 마스킹 테이프를 붙이고 있었다. 나는 그들이 설명하는 것을 보며 웃었다. "우리는 집안일을 즐겁게 함으로써 하나님의 이름을 지니고 있어요!"

아이들은 이해했다! 믿는 자로서 우리는 그분의 이름을 지닌 브랜드가 되었고, 그 현실은 우리가 하는 모든 일의 방식을 바꿔야 했다. 바울은 골로새 성도들에게 "또 무엇을 하든지 말에나 일에나 다 주 예수의 이름으로 하고 그를 힘입어 하나님 아버지께 감사하라"(골 3:17)라고 했다. NLT는 "무엇을 하고 말하든지, 주 예수를 대표하여 하라"(Whatever you do or say, do it as a representative of the Lord Jesus)라고 표현한다.

시내산 사건은 정말 큰 놀라움이다. 그 놀라움은 하나님의 관심을 받을 만한 어떤 일도 한 적 없는 이집트의 노예들에게 하나님의 은혜가 베풀어졌다는 사실에 있다. 그 놀라움은 장기적인 헌신 관계로의 초대다. 하나님은 그들의 배은망덕에도 불구하고 그들을 자신의 백성으로 여기고 복 주기로 결심하셨다. 가장 놀라운 것은 자신의 명성과 그들의 명성을 연결하고 자신의 이름을 그들에게 새겨 열방에 알리는 임무를 맡기시려는 하나님의 계획이다.

내가 시내산에 놀라움이 준비되어 있다고 말하지 않았던가!

신약성경은 이 이야기에서 벗어나지 않는다. 예수님은 하나님을 사랑하고 이웃을 사랑함으로써 시내산 율법을 완벽하게 순종하셨고, 이를 통해 야웨의 이름을 어떻게 지닐 수 있는지 우리에게 본을 보이셨다. 그분의 죽음과 부활 이후, (이방인을 포함한) 모든 이에게 가족이 되라는 초대장이 발송됐다. 우리는 예수님을 따르는 모든 유대인과 함께 보이지 않는 흔적을 새긴다. 우리는 함께 하나님의 선교에 동참한다.

성경 전체 이야기 속에서 시내산과 그 영향력을 주의 깊게 살펴보면, 우리는 신앙이 결코 개인적인 차원에 머무는 것이 아니며 구원 또한 개인에게 국한되지 않는다는 사실을 발견하게 된다. 구원의 혜택은 내면적일 뿐 아니라 눈에 띌 정도로 뚜렷하게 공동체적이다. 야웨는 시내산에서 개인을 변화시킨 후 각자의 길로 보내지 않으신다. 그분은 한 나라를 창조하신다. 그분은 우리와도 함께하신다. 베드로가 말했듯이 "여러분은…거룩한 민족"(벧전 2:9)이다. 우리는 하나님과 서로의 소유다. 혼자 가려고 한다면 하나님이 우리를 위해 준비하신 모든 축복을 온전히 경험하지 못할 것이다.

당신이 누구인지는 하나님이 누구신지 그리고 하나님이 당신을 누구라고 말씀하시는지에 달려 있다. 당신은 내면으로부터 변화되어 하나님의 백성이 되고, 하나님 백성으로 살아가는 사람들로 구성된 특별한 공동체의 일원이 됨으로써 가장 진정한 자신이 된다.

구약성경의 이야기는 무의미하거나 쓸모없는 것이 아니다. 그 이야기는 우리가 누구인지 알려 준다. 우리가 누구의 소유인지 알려 준다. 그리고 모든 것을 변화시킨다.

감사의 말

이스라엘은 광야의 제한된 공간인 시내산에서 국가가 되었다. 책도 제한된 공간에 만들어지며, 흩어져 있던 통찰이 단락과 장이 되어 점차 더 명확한 형태를 갖춘다. 내가 배우고 글을 쓰고 수정하는 여정에 많은 사람이 함께했다. 한 사람 한 사람에게 감사를 드린다.

다니엘 블록은 2011-2016년에 나를 휘튼 대학교 박사 과정에 학생으로 초대하여 "하나님의 이름을 지니다"라는 개념을 연구하도록 처음 영감을 주었다. 그가 나에게 논문 초고를 보관하라고 말해 주어서 정말 감사했다. 그중 많은 부분이 이 책에 다시 등장했다. 또한 논문에 대해 샌디 리히터(Sandy Richter), 카렌 조브스(Karen Jobes), 마크 코르테즈(Marc Cortez), 리처드 에버벡(Richard Averbeck)의 의견을 들을 수 있는 특권도 누렸다. 이들 중 누구도 이 책에 직접 언급되지는 않지만, 이들을 아는 사람은 그들의 영향을 느낄 수 있을 것이다. 롤린 그램스(Rollin Grams)도 2011년 고든-콘웰 신학대학원에서 나의 석사 학위 논문을 훌륭하게 지도해 주었다. (여기에 다 언급할 수 없을 정도로) 많은 친구가 더 많은 교회를 위해 이 연구 프로젝트를 책으로 만들어야 한다고 강하게 권고했다. 나를 자극해 주어서 감사하다!

댄 리드(Dan Reid)는 은퇴하기 전에 나의 출간 제안서를 처음

접하고 내용을 보강하는 데 도움을 주었다. 그동안 IVP는 나의 신학교 친구인 안나 모슬리 기싱(Anna Moseley Gissing)을 채용했고, 그녀는 나머지 과정을 능숙하게 이끌어 주었다. "독자들이 믿도록 격려하고, 마음과 영혼과 정신과 힘 등 삶 전체를 그리스도의 다스림 아래로 이끌도록 돕는 사려 깊은 책을 공급한다"[1]는 IVP의 사명에 동참할 기회를 얻게 되어 기쁘다.

나는 2018년 여름에 프레리 칼리지에서 이 책의 대부분을 썼고, 최대한 방해를 받지 않기 위해 문에 표지판을 붙였다. 나의 관대한 동료들은 나의 집필 시간을 보호해 주었고, 내가 글을 쓰는 동안 기도하며 응원해 주었다. 필 캘러웨이(Phil Callaway)는 집필 과정에 대해 훌륭한 조언을 해 주었고, 프레리의 편집팀은 원고를 제출하기 전에 많은 실수를 찾아내고 모호한 생각을 명확하게 정리해 주었다. 환상적인 작가인 큰딸 엘리아나(Eliana)의 피드백을 받은 것은 더욱 특별했다. 그녀는 직설적으로 나의 많은 단점을 해결해 주었다("엄마, 그런 말 하면 안 돼요!"). 엘리아나는 나의 가장 날카로운 비평가이자 열렬한 팬이다. 데이브와 진 네빌의 게스트 코티지에서 며칠 동안 계속 글을 쓸 수 있었던 것은 정말 큰 선물이었다.

사람들은 종종 어떻게 이 모든 일을 해 내는지 묻는데, 그 답은 대니 아임스(Danny Imes)다. 나는 그의 파트너십에 영원히 감사할 것이다. 그의 행정 능력과 조력의 은사가 집에서 완벽하게 발휘된 덕에 나는 자유롭게 글을 쓰고 가르칠 수 있었다. 21년 전 그의 청혼에 "예스"라고 대답했을 때만 해도 내가 어떤 보물을 얻고 있는지 미처 몰랐다!

마지막으로 이 책의 서문을 써 준 크리스 라이트(Chris Wright)에게 특별한 감사를 드린다. 그의 책은 내 생각을 발전시키는 데 큰 영향을 미쳤다. 그의 학식과 하나님의 선교에 대한 헌신적인 참여에 감사를 드린다. 아직도 『하나님의 선교』, 『성경의 핵심 난제들에 답하다』를 읽지 않은 사람이 있다면, 지금 당장 달려가서 구입하라. 나중에 감사하게 될 것이다.

이 책을 부모님 댄과 버나 캠퍼맨(Dan and Verna Camfferman), 남편 대니, 그리고 나의 아이들 엘리아나, 엠마(Emma), 이스턴(Easton)에게 바친다. 나는 박사 과정을 시작하면서 가족들이 좋아할 만한 논문 주제를 정하고 싶었다. 이들은 10년이 넘는 시간 동안 나의 학문 여정에 함께해 왔다. 이제 이 여정을 전 세계와 공유할 수 있게 되었다!

서론

"성경이란 무엇인가?"

"성경의 이야기"

"구약/타나크 개요"

1. 이집트를 떠나며

"출애굽기 1-18장"

2. 시내산에서의 경이로움

"율법"

"여호와: 주"

3. 중요한 거래

"제사와 속죄"

"출애굽기 19-40장"

"율법"

4. 이제 무엇을 할 것인가?

"언약"

"출애굽기 1-18장"

"출애굽기 19-40장"

5. 준비 완료

"거룩"

"레위기"

"민수기"

인터미션   6. 스트라이크 아웃

"성경의 문학 양식"   "고대 유대 묵상 문학"   "신명기"

7. 야웨께서 보시는 것

"선지서"   "성령"   "나그네의 삶"

8. 예수님만 내게 주소서

"하나님"   "메시아"   "하늘과 땅"

9. 블롭 태그   10. 어떻게 들어왔을까?

"율법"   "하나님의 형상"   "사도행전 8-12장"

"하나님 나라의 복음"   "인자"

서론

1. 저자는 성경이 『새벽 출정호의 항해』에 나오는 나니아의 그림과 같다고 말한다. 어떤 점에서 비슷한가?
2. 성경 이야기 속으로 빨려 들어가는 경험을 해본 적이 있는가? 있었다면, 어땠는가?
3. 율법이 자유를 빼앗는다고 생각하는가?
4. 성경의 율법과 오늘날의 법에는 어떤 차이점이 있는가?
5. 구약성경의 어떤 부분이 가장 받아들이기 어렵다고 생각하는가?

1. 이집트를 떠나며

출애굽기 13-18장을 읽으라.

1. 저자에 따르면, 구약의 율법이 전체 이야기의 어느 부분에 나타나는지 주목하는 것이 왜 중요할까?
2. 다빈치의 그림 "최후의 만찬"은 시내산 이야기와 어떤 관련이 있는가?
3. 매슬로의 욕구 단계설이 이스라엘의 광야 여정을 생각하는 데 도움이 된다고 생각하는가? 왜 그런가? 또는 왜 그렇지 않은가?
4. 인생의 한 단계와 다른 단계 사이에 머무르거나 시들해지는 경계성을 경험한 적이 있는가? 있었다면, 어떤 느낌이었나?
5. 하나님은 당신의 필요를 채워 주심으로 어떻게 자신을 증명하셨는가?

2. 시내산에서의 경이로움

출애굽기 19장, 시편 19편을 읽으라.

1. 시내산 율법이 이스라엘 백성에게 왜 좋은 소식이었을까? 어떤 점에서 은혜의 표현이었을까?
2. 이 장에 따르면 모세는 지도자로서 어떤 자격을 갖추었나?
3. '세굴라'는 이스라엘의 정체성과 소명과 관련해 무엇을 의미하는가?

4. 저자는 "진정한 자유를 누리려면 경계를 명확히 해야 한다"고 주장한다. 오늘날에도 이 말이 유효하다고 생각하는가?
5. 저항하고 있는 건강한 경계나 법칙이 있는가?
6. 저자는 선배 교수가 졸업할 수 있을 거라고 자신감을 표명했을 때를 이야기한다. 좋은 말이든 나쁜 말이든, 누군가가 나에 대해 한 말이 나의 궤도를 바꾼 순간에 대해 나눠 보자.

3. 중요한 거래

출애굽기 20장을 읽으라.

1. 저자에 따르면, 십계명이 두 개의 돌판에 새겨진 이유는 무엇인가?
2. 다른 나라들도 시내산 율법을 준수해야 할까? 왜 그럴까? 또는 왜 그렇지 않을까?
3. 십계명의 '서문'(출 20:2)은 계명에 대한 우리의 이해에 어떤 영향을 미치는가?
4. 이 책을 읽기 전에는 "주 너희 하나님의 이름을 함부로 부르지 못한다"(출 20:7)는 명령이 무엇을 금지한다고 생각했는가?
5. 이름 명령이 단순히 이름을 말하는 것이 아니라 이름을 지니는 것과 관련이 있다는 저자의 말이 맞다면, 당신이 속한 사회의 그리스도인들이 이 명령을 어떻게 위반하는지 예를 들어 보자.
6. 오늘날 그리스도인들이 안식일을 지킴으로써 얻을 수 있는 이점과 함정은 무엇이라고 생각하는가?

4. 이제 무엇을 할 것인가?

출애굽기 24-30, 32장, 레위기 1-9장을 읽으라.

1. 저자는 "율법은 이스라엘의 전부도 끝도 아니다"라고 주장한다. 하나님은 이스라엘이 지속적인 인도가 필요할 것이라는 것을 어떻게 예상하셨을까?
2. 피를 뿌리는 행위가 이스라엘 백성에게 심오한 상징인 이유는 무엇인가?

3. 아론이 금송아지 사건에서 그랬던 것처럼, 우리도 스스로의 잘못이나 반역을 축소해 보려는 유혹에 쉽게 빠진다. 우리가 이렇게 행동하는 이유가 무엇이라고 생각하는가?
4. 성막 지침이 왜 '국가 안보의 문제'인가?
5. 성막 설계도는 어떻게 하나님의 은혜를 표현하는가?
6. 고대 이스라엘에 살았다면 성막을 짓거나 운영할 때 어떤 역할(예술적 디자인, 직조, 조각, 건축, 운반, 등불 켜기, 제사 드리기)을 가장 즐겼을 것 같은가?
7. 현재 맡고 있는 업무는 이스라엘의 제사장처럼 절차를 엄격하게 준수해야 하는가, 아니면 혁신과 창의성을 필요로 하는가? 희생 제사 제도가 안심이 되는가, 아니면 답답하게 느껴지는가?

5. 준비 완료

출애굽기 12:33-34, 민수기 1장-2:6-7, 신명기 8장을 읽으라.

1. 저자에 따르면, 민수기의 이름 목록이 고대 이스라엘 사람들에게 흥미진진했던 이유는 무엇일까?
2. 민수기 6:24-27에서 제사장들이 백성에게 선포하는 축복은 야웨의 이름을 함부로 부르지 말라는 명령과 어떤 관련이 있는가?
3. 가족 전통이 기억에 남는 이유는 무엇인가?
4. 저자는 이집트를 떠난 이스라엘 사람들의 수를 세는 여러 가지 방법을 언급했다. 어떤 설명이 가장 그럴듯하다고 생각하는가?
5. 그룹으로 이 질문을 생각하며 잠시 조용히 묵상하는 시간을 가져 보자. 하나님에 대해 생각할 때 어떤 그림이 떠오르는가? 당신이 생각하는 하나님에 대한 이미지가 시간이 지남에 따라 어떻게 변했는지 나눠 보자.
6. 당신이 생각하는 하나님에 대한 이미지는 하나님이 시내산에서 자신을 드러내신 방식과 어떻게 비교되는가?

인터미션

1. 저자는 그림이 반드시 사진보다 역사성이 떨어지는 것은 아니라고 주장한다. 어떻게

그럴 수 있을까?
2. 성경은 어떻게 믿을 만한 역사를 제시할 뿐만 아니라, 역사를 초월해 우리의 이야기가 될 수 있을까?
3. 이 책의 1부에서 어떤 내용이 당신에게 가장 큰 생각의 전환이나 혁신적인 통찰을 주었는가?

6. 스트라이크 아웃

민수기 11-14장, 16장; 신명기 5장, 26장; 여호수아 1-2장; 사무엘하 7장; 열왕기상 8장을 읽으라.

1. 저자에 따르면 시온산이 인상적인 이유는 무엇인가?
2. 신명기 5:1-4에 나오는 모세의 말은 무엇을 의미하는가?
3. 어떻게 라합과 기브온 사람들이 아브라함에게 주신 하나님 약속의 첫 번째 성취자인가?
4. 이스라엘 백성과 지도자들이 야웨께 신실함을 유지하는 것을 힘들어한 이유는 무엇일까?
5. 자신이 스스로에게 최악의 적이 되었던 적이 있는가?

7. 야웨께서 보시는 것

열왕기상 18-19장; 예레미야 7, 31장; 다니엘 9장을 읽으라.

1. 갈멜산에서 엘리야가 승리한 일이 어떤 점에서 바알과 아합왕에게 모욕감을 주었을까?
2. 포로 생활은 야웨께 어떤 문제를 야기하며, 야웨의 해결책은 무엇인가?
3. 하나님이 순종의 축복과 반역의 결과를 묘사하기 위해 농경 이미지를 사용하신 이유가 무엇이라고 생각하는가?
4. 위선의 죄를 지은 종교 공동체는 고대 이스라엘만이 아니다. 예레미야가 이스라엘 성전에서 한 것처럼 이번 주일에 나타나 교회 입구에서 설교한다면, 어떤 형태의 위선에 대해 책임을 물을 것이라고 생각하는가?
5. 조앤처럼 평범하게 신앙생활을 하는 사람을 알고 있는가?
6. 막막함 가운데 새로운 시작이 필요하다고 생각한 순간에 대해 나눠 보자.

8. 예수님만 내게 주소서

마태복음 4-7, 12, 17장을 읽으라.

1. 예수님이 "그 이름을 거룩하게 하여 주시며"라고 기도하신다는 것은 어떤 의미일까?
2. 예수님의 광야 시험은 오늘날 우리에게 어떤 모델이 될 수 있을까?
3. 예수님은 어떤 면에서 모세보다 위대하신가?
4. 이 장에서 가장 놀라웠던 점은 무엇인가?
5. 저자에 따르면 모세와 엘리야가 예수님과 함께 변화산에 나타난 이유는 무엇인가?

9. 블롭 태그

사도행전 9장; 갈라디아서 3-4장; 빌립보서 2장; 히브리서 1, 12장; 베드로전서 4장을 읽으라.

1. 베드로가 요엘 2장을 인용한 것이 예수님과 관련하여 지니는 의미를 설명해 보라.
2. 성경의 선택 개념은 블롭 태그 게임과 어떻게 비슷한가?
3. 율법에 대한 바울의 부정적인 진술과 율법이 선물이라는 저자의 주장을 어떻게 조화시킬 수 있는가?
4. 앨빈 뷰처트 목사는 "예수님은 하나님이 자신에게 맡기신 일들을 끝내셨지만, 모든 일을 끝내신 것은 아닙니다"라고 주장한다. 당신이 볼 때, 어떤 일이 남아 있는가?
5. 영광에는 항상 고통이 따르는가?
6. 신앙 때문에 고난을 경험한 적이 있는가?

10. 어떻게 들어왔을까?

신명기 30, 32장; 사도행전 10-11, 15장; 로마서 1, 5장; 베드로전서 2장; 요한계시록 7, 14장을 읽으라.

1. 베드로가 당신을 "택하심을 받은 족속이요, 왕과 같은 제사장들이요, 거룩한 민족이요,

하나님의 소유가 된 백성"(벧전 2:9-10)이라고 부르는 것이 대담한 이유는 무엇일까?
2. 야고보는 예수님을 따르는 이방인이 이제 언약에 포함된다는 결론을 내릴 때 어떤 두 가지 기준을 근거로 삼았는가?
3. 이스라엘은 하나님의 "맏아들"로 불리고, 다윗왕도 하나님의 "아들"로 불린다. 이러한 언약적인 배경에서 "아들 됨"이라는 개념은 예수님이 "하나님의 아들"이라는 것이 무엇을 의미하는지 이해하는 데 어떤 영향을 줄까?
4. 많은 사람이 종교를 사적인 문제라고 생각한다. 야웨의 이름을 지녔다거나 예수님의 이름을 지녔다는 개념은 이러한 관념을 어떻게 변화시킬 수 있을까?
5. 이 장에 언급되는 베드로의 편지에 나오는 실제적인 적용 중 가장 어렵게 느껴지는 것은 무엇인가?
6. 시내산에서 주어진 율법 중 하나를 골라 현재 문화적 맥락에서 그 지혜를 어떻게 표현할 수 있을지 나눠 보라(예. 출 21:33; 22:29; 23:4-5).

결론

1. 저자는 "신앙이 결코 개인적인 차원에 머무는 것이 아니며 구원 또한 개인에게 국한되지 않는다"라고 주장한다. 당신의 경험에서 이에 대한 어떤 증거를 제시할 수 있는가?
2. 최근 그리스도인 한 사람의 행동 때문에 기독교가 나쁜 이름을 얻었던 예를 생각해 볼 수 있겠는가?
3. 야웨의 이름을 지녔기 때문에 당신의 삶에서 어떤 부분이 바뀌어야 하는가?
4. 예수님께 속한 사람들의 전체 공동체의 일원으로서 자신의 정체성을 어떻게 더 진지하게 받아들일 수 있을까? 더 온전히 참여한다는 것은 어떤 모습일까?
5. 책의 2부에서 어떤 내용이 가장 마음에 와 닿는가?

주

서론
1) "Aftermath, Part 3: Not Difficult," YouTube, 39:44, "Andy Stanley," April 30, 2018, www.youtube.com/watch?v=pShxFTNRCWI.
2) "Dr. Brown Interviews Pastor Andy Stanley," YouTube, 50:19, "ASK DrBrown," July 2, 2018, www.youtube.com/watch?v=C7Jcu03lJso.

1. 이집트를 떠나며
1) 이 중요한 사건은 우리가 예수님 안에서 누리는 구원과 유사하다. 우리는 주님의 식탁에서 그분과 함께 식사하도록 초대받았고, 그분의 피는 우리가 새로운 언약의 일부며 하나님의 보호를 누리고 있다는 표시다. 그분의 통치를 거부한 모든 사람에게 심판의 재앙이 내릴 때, 우리는 새 창조세계에서 하나님 나라에 들어갈 수 있도록 안전하게 보호받을 것이다.
2) David J. A. Clines, ed., *The Dictionary of Classical Hebrew* (Sheffield: Sheffield Academic, 1993), 6:723.
3) 멀티노마 대학교의 오경 수업 강의안에서 이러한 통찰을 제공해 준 Karl Kutz에게 감사를 표한다.
4) 키아즘이나 링 구조에 대한 유용한 논의를 보려면 다음을 참조하라. J. P. Fokkelman, *Reading Biblical Narrative: An Introductory Guide* (Louisville: Westminster John Knox, 1999), 97-122.
5) Gordon J. Wenham, *Genesis 1-15*, WBC (Dallas: Word, 1987), 1:156-58. 『WBC 창세기-상』(솔로몬).
6) 이 문학적 대칭의 예와 그 다음 예는 다음 책들에서 가져온 것이다. Frank Moore Cross, *Canaanite Myth and Hebrew Epic: Essays in the History of the Religion of Israel* (Cambridge, MA: Harvard University Press, 1973), 308-16; Robert L. Cohn, *The Shape of Sacred Space: Four Biblical Studies*, AAR Studies in Religion 23 (Chico, CA: Scholars Press, 1981), 18; Mark S. Smith, *The Pilgrimage Pattern in Exodus*, Journal for the Study of the Old Testament Supplement Series 239 (Sheffield: Sheffield Academic, 1997), 289.
7) Victor Turner, "Liminality and *communitas*," 74-4 in Paul Bradshaw and John Melloh, eds., *Foundations in Ritual Studies: A Reader for Students of Christian*

Worship (Grand Rapids: Baker Academic, 2007).
8) Maslow의 연구에 대한 정보는 여러 자료에서 발견할 수 있다. 예를 들어, Calvin S. Hall, Gardner Lindzey, and John B. Campbell, *Theories of Personality*, 4th ed.(New York: John Wiley & Sons, 1998), 444-54를 보라.
9) Terence E. Fretheim, "The Plagues as Ecological Signs of Historical Disaster," in *What Kind of God? Collected Essays of Terence E. Fretheim*, ed. Michael J. Chan and Brent A. Strawn, Siphrut 14(Winona Lake, IN: Eisenbrauns, 2015), 225-35.
10) Terence E. Fretheim, *Exodus*, Interpretation(Louisville: Westminster John Knox, 2010), 175. 『출애굽기』(한국장로교출판사).
11) Fretheim, *Exodus*, 175.

2. 시내산에서의 경이로움

1) "Legend of Isis and the Name of Re," translated by Robert K. Ritner in William Hallo and K. Lawson Younger, eds., *Context of Scripture*(Leiden: Brill, 2003), I.22:33-34. 'Re'는 이집트 태양신 'Ra'의 다른 철자다
2) Herbert Huffmon and Simon Parker, "A Further Note on the Treaty Background of Hebrew Yada'," BASOR 184(1966): 37n12; Moshe Weinfeld, *Deuteronomy and the Deuteronomic School*(Oxford: Oxford University Press, 1972), 69n1, 226n2; Moshe Greenberg, "Hebrew Segullā: Akkadian Sikiltu," JAOS.71(1951): 172-74. 더 많은 참고문헌과 더 자세한 내용은 Carmen Joy Imes, *"Treasured Possession": Peter's Use of the Old Testament in 1 Peter 2:9-10*(MA thesis, Gordon-Conwell Theological Seminary, 2011), 37-40를 보라.
3) Bernard Grossfeld, trans., *Targum Onqelos to Exodus*, Aramaic Bible 7(Wilmington, DE: Glazier, 1988), 52-53.
4) Christopher J. H. Wright, *The Mission of God: Unlocking the Bible's Grand Narrative*(Downers Grove, IL: IVP Academic, 2006), 256. 『하나님의 선교』(IVP).
5) Benjamin R. Foster, *Before the Muses: An Anthology of Akkadian Literature*, 3rd ed.(Bethesda, MD: CDL Press, 2005), III.56, 763에서 허락받고 사용하였다.
6) Foster, *Before the Muses*, 763-65. 강조는 저자.
7) Raymond Westbrook, ed., *A History of Ancient Near Eastern Law*, 2 vols.(Leiden: Brill, 2003), 1:17, 20, 98; John H. Walton, *Ancient Near Eastern Thought and the Old Testament: Introducing the Conceptual World of the Hebrew Bible*(Grand Rapids: Baker Academic, 2006), 287-302; Michael LeFebvre, *Collections, Codes, and Torah: The Re-Characterization of Israel's Written Law*, LHB/OTS

451 (New York: T&T Clark, 2006), 36, 90-91, 259, 261.
8) 신약 시대에 바리새인들은 율법 집행에 매우 열성적이었지만, 그들의 율법 이해는 그들의 유대인 조상들의 접근 방식과 상당히 다른 헬레니즘적 이해에 기반을 두고 있다. 이 주장에 대한 자세한 내용은 LeFebvre, *Collection, Codes, and Torah*를 참조하라.

3. 중요한 거래

1) 아카드어는 *ade*다. Simo Parpola and Kazuko Watanabe, *Neo-Assyrian Treaties and Loyalty Oaths*, State Archives of Assyria 2(Helsinki: Helsinki University Press, 1988), xv; Paul Kalluveettil, *Declaration and Covenant: A Comprehensive Review of Covenant Formulae from the Old Testament and the Ancient Near East*, Analecta Biblica 88(Rome: Biblical Institute Press, 1982), 31. 최근의 논의를 살피려면 다음을 보라. Daniel I. Block, "For Whose Eyes? The Divine Origins and Function of the Two Tablets of the Israelite Covenant," in *Write That They May Read: Studies in Literacy and Textualization in the Ancient Near East and in the Hebrew Scriptures: Essays in Honour of Professor Alan R. Millard*, edited by Daniel I. Block, C. John Collins, David C. Deuel, and Paul J. Lawrence.

2) Jacob Lauinger, "Some Preliminary Thoughts on the Tablet Collection in Building XVI from Tell Tayinat," *Journal of the Canadian Society for Mesopotamian Studies* 6(2011), 10-11.

3) "No. 56A Shattiwaza of Mitanni & Suppiluliuma I of Hatti," in Kenneth A. Kitchen and Paul J. N. Lawrence, *Treaty, Law and Covenant in the Ancient Near East*(Wiesbaden: Harrassowitz, 2012), 1:391. 괄호 안의 단어는 원문에서 추정되거나, 손상되었거나, 누락된 것이다. 점토나 돌로 만든 고대 사본은 시간이 지남에 따라 쉽게 깨지거나 마모되었다.

4) "Heidelberg Catechism: Lord's Day 34," Resources, Reformed Church of America, www.rca.org/resources/heidelbergcatechism.

5) 오늘 우리와 어떤 관련이 있는지(혹은 관련이 있기는 한 건지)는 나중에 이야기하겠다.

6) 십계명의 계명을 세는 어려움에 대한 논의는 다음을 보라. Mordechai Breuer, "Dividing the Decalogue into Verses and Commandments," in *The Ten Commandments in History and Tradition*, ed. Ben-Zion Segal, trans. Gerson Levi(Jerusalem: Magnes, 1990), 291-330; Daniel I. Block, *How I Love Your Torah, O LORD!: Studies in the Book of Deuteronomy*(Eugene, OR: Cascade, 2011), 56-60; DeRouchie, "Counting the Ten: An Investigation into

the Numbering of the Decalogue," in *For Our Good Always: Studies on the Message and Influence of Deuteronomy in Honor of Daniel I. Block*, ed. Jason S. DeRouchie, Jason Gile, and Kenneth J. Turner (Winona Lake, IN: Eisenbrauns, 2013), 93-125; Carmen Joy Imes, *Bearing YHWH's Name at Sinai*, 132-35.
7) Edward L. Greenstein, "The Rhetoric of the Ten Commandments," in *The Decalogue in Jewish and Christian Tradition*, ed. Henning Graf Reventlow and Yair Hoffman, Library of Hebrew Bible/Old Testament Studies 509(New York: T&T Clark, 2011), 9; Carmen Joy Imes, *Bearing YHWH's Name at Sinai: A Reexamination of the Name Command of the Decalogue*, Bulletin for Biblical Research, Supplements 19(University Park, PA: Eisenbrauns, 2018), 133.
8) 렘 7:23; 11:4; 13:11; 24:7; 30:22; 31:1, 33; 32:38; 겔 11:20; 14:11; 36:28; 37:23, 27.
9) Block, *How I Love Your Torah*, 32-33.
10) 다음 글에서 그는 자신의 모험에 대해 썼다. Charlie Trimm, "Honor Your Parents: A Command for Adults," *JETS* 60(2017): 247-63.
11) Peter Enns, *Exodus*, NIV Application Commentary(Grand Rapids: Zondervan, 2000), 426.

4. 이제 무엇을 할 것인가?

1) 예를 들어, 시내산에서 이스라엘 백성들은 다듬은 돌로 제단을 만들지 말고 하나님이 허락하시는 '어디에서든' 흙이나 다듬지 않은 돌로 제단을 만들어 하나님께 예배하라는 명령을 받았다(출 20:24). 그러나 신 27:5에는 흙 제단에 대한 언급조차 없으며, 신 12장은 예배가 집중되도록 한 제단에서 한 곳으로 명시적으로 명령하고 있다. Michael Fishbane, *Biblical Interpretation in Ancient Israel*(Oxford: Clarendon, 1988), 252, 263를 보라. 예배의 중앙 집중화는 성막 예배와 무관한 육식에 관한 새로운 지침을 요구했다. 이스라엘의 지파들이 하나님이 약속하신 땅 전체에 흩어졌을 때, 육식 섭취를 종교 활동과만 연결하는 것은 더 이상 불가능했기 때문이다. Daniel I. Block, *Deuteronomy*, NIVAC(Grand Rapids: Zondervan, 2012), 316를 보라.
2) Block, "Reading the Decalogue Right to Left," 26-6를 보라. Kenneth A. Kitchen, *On the Reliability of the Old Testament*(Grand Rapids: Eerdmans, 2003), 243도 보라. 히타이트 조약은 이스라엘의 언약과 가장 유사하며, 이후 신앗시리아 조약에는 역사적 서문과 축복이 빠져 있다.
3) 이 명령은 기본적으로 남성 가장에게 전달되지만("너희 이웃의 **아내**를 탐내지 못한다"), 가족 구성원 각자에게도 영향을 미친다.

4) Ronald S. Hendel, "Sacrifice as a Cultural System: The Ritual Symbolism of Exodus 24, 3-8," *Zeitschrift für die alttestementliche Wissenschaft* 101(1989): 385-88.
5) Hendel, "Sacrifice as a Cultural System," 379.
6) Cornelis Houtman, *Exodus*, trans. Sierd Woudstra, Historical Commentary on the Old Testament(Leuven, Belgium: Peeters, 2000), 3:643.
7) 이 일러스트의 저작권은 Tim Mackie와 Jon Collins에게 있다. 다음을 보라. "레위기," 유튜브 7:21, "바이블 프로젝트," May 6, 2015, https://youtu.be/q4tnakHEnKQ?feature=shared.
8) 정결한 음식과 부정한 음식에 관한 율법의 논리를 파악하기는 어렵지만, Daniel Block은 이스라엘 백성들이 야웨께서 제물로 받으시는 음식은 먹을 수 있지만 성막 예배와 관련이 없는 이국적인 동물이나 야생 동물은 먹을 수 없다는 매우 그럴듯한 주장을 한다. Daniel I. Block, *Deuteronomy*, NIV Application Commentary(Grand Rapids: Zondervan, 2012), 345-50.
9) 의식이 작동하는 방식에 대한 설명은 Victor Turner, "Liminality and *cummunitas*," 74-4 in Bradshaw and Melloh, *Foundations in Ritual Studies*를 보라.
10) William H. C. Propp, *Exodus 19-40*, Anchor Bible 2A(New York: Doubleday, 2006), 528.
11) Menahem Haran, *Temples and Temple-Service in Ancient Israel: An Inquiry into Biblical Cult Phenomena and the Historical Setting of the Priestly School*(Winona Lake, IN: Eisenbrauns, 1985), 164-65. Imes, *Bearing YHWH's Name at Sinai*, 157도 보라.

5. 준비 완료

1) A. W. Tozer, *The Knowledge of the Holy*(New York: HarperSanFrancisco, 1961), 1.
2) Duncan P. Westwood, "Risk and Resilience in Our God Image," the Member Care Conference at Providence University and Seminary, May 28, 2016에서 발표.
3) Duncan P. Westwood, "God-Image as a Component of MHI/IHM's Health Screening and Diagnostic Protocols," Window on God Exercise. 2013년 6월 21일 선교 보건 연구소/국제 보건 관리 직원 역량 개발 회의에서 발표됨.
4) Austin Surls는 떨기나무의 불꽃에서 계시된 야웨라는 이름의 의미를 파악하려고 노력하기보다 우리가 주목해야 할 것은 하나님의 성품이 표현된 출 34:6-7이라고 주장한다. Austin D. Surls, *Making Sense of the Divine Name in the Book of Exodus: From Etymology to Literary Onomastics*, Bulletin for Biblical Research,

Supplements 17(Winona Lake, IN: Eisenbrauns, 2017).
5) 다음을 보라. Muhammad A. Dandamaev, *Slavery in Babylonia: From Nabopolassar to Alexander the Great*(626–331 B. C.), ed. M. A. Powell and D. B. Weisberg, trans. V. A. Powell(DeKalb, IL: Northern Illinois University Press, 1984), 229-34, 488-89; Nili S. Fox, "Marked for Servitude: Mesopotamia and the Bible," in *A Common Cultural Heritage: Studies on Mesopotamia and the Biblical World in Honor of Barry L. Eichler*, ed. Grant Frame et al.(Bethesda, MD: CDL Press, 2011), 268; Sandra Jacobs, *The Body as Property: Physical Disfigurement in Biblical Law*, Library of Hebrew Bible/Old Testament Studies 582(London: Bloomsbury, 2014), 205-14.
6) John E. Hartley, *Leviticus*, Word Biblical Commentary 4(Dallas: Word, 1992), 362를 보라. Jacob Milgrom은 31-33절이 2절과의 인클루지오 때문에 전체 장에 적용되거나 심지어 하나님의 모든 명령에 적용된다고 본다. Milgrom, *Leviticus 17–22*, AB 3A(New York: Doubleday, 2000), 1887.
7) Steven B. Sample, *The Contrarian's Guide to Leadership*(San Francisco: Jossey-Bass, 2002), 145.

인터미션
1) 이 그림에 대한 정보를 위해서는 다음을 보라. Flavio Febbraro and Burkhard Schwetje, *How to Read World History in Art: From the Code of Hammurabit to September 11*(New York: Abrams, 2010)./

6. 스트라이크 아웃
1) Daniel I. Block, *Deuteronomy*, NIVAC(Grand Rapids: Zondervan, 2012), 624-29를 보라.
2) 에발산의 제단에 관한 본격적인 연구는 Ralph K. Hawkins, *The Iron Age I Structure on Mt. Ebal*, Bulletin for Biblical Research, Supplements 6(Winona Lake, IN: Eisenbrauns, 2012)를 보라.
3) Sandra L. Richter, *The Deuteronomistic History and the Name Theology: Lešakkēn Šemô Šām in the Bible and the Ancient Near East*. Beihefte zur Zeitschrift fur die alttestementliche Wissenschaft 318(Berlin: de Gruyter, 2002).
4) *amar*의 히필형 중 독특한 형태는 여기에서만 나타나며, 선언적인 언어 행위로 기능한다. 화행론(speech-act theory)의 언어에서, 진술의 발화 매개적 행위 효

과는 새로운 수준의 언약적 헌신을 제정하는 것이다. 이 번역을 전적으로 옹호하는 입장은 Stephen Guest, *Deuteronomy 26:16-19 as the Central Focus of the Covenantal Framework of Deuteronomy*(PhD diss., The Southern Baptist Theological Seminary, 2009)를 보라.

5) David M. Howard, *Joshua*, New American Commentary 5(Nashville: Broadman & Holman, 1998), 103. 라합은 또한 "두려움", "지도자", "마음이 녹음"에 대해 말할 때 출 15:14-16을 대략적으로 모방한다. 요약하자면, 그녀의 고백은 여호수아서에 이스라엘 백성들의 비슷한 표현이 없음에도 고전적인 신명기 신학을 구현한다. Robert G. Boling, *Joshua: A New Translation with Notes and Commentary*, Anchor Bible 6(New York: Doubleday, 1982), 146-47를 보라.

6) John Goldingay, *Israel's Gospel*, vol. 1 of *Old Testament Theology*(Downers Grove, IL: IVP Academic, 2003), 464-65, 510-11. 이 진술들 사이의 평행은 다음 책에 언급되어 있다. Richard S. Hess, *Joshua: An Introduction and Commentary*, Tyndale Old Testament Commentary(Downers Grove, IL: Inter-Varsity Press, 1996), 177; Richard D. Nelson, *Joshua*, Old Testament Library(Louisville: Westminster John Knox, 1997), 131-32.

7) David G. Firth, *1 & 2 Samuel*, AOTC(Downers Grove, IL: InterVarsity Press, 2009), 115-16를 보라.

8) 최근에 발견된 우가리트 문헌은 "바알의 이름"(name of Baʻalu)으로도 알려진 아스타르투 여신에 대해 말한다. 아스타루트는 바알의 이름을 내세워 자신의 뜻을 이루었다. Theodore J. Lewis, "Athtartu's Incantations and the Use of Divine Names as Weapons," *Journal of Near Eastern Studies* 70(2011): 207-27를 보라.

9) 삼하 7장은 다윗 왕권과 성전에 대한 그 자체의 출처와 관점 때문에 많은 학자들의 관심을 끌고 있다. 더 깊은 논의는, P. Kyle McCarter Jr., *II Samuel*, Anchor Bible 9(New Haven: Yale University Press, 1984), 209-31를 보라. 사본의 역사가 어떻게 이해되더라도, 정경은 다윗의 '이름'이 야웨의 선물이며, 다윗은 자신의 사명을 열방 가운데서 야웨의 이름을 높이는 것으로 이해했다고 확언한다.

10) 왕상 3:2; 5:3, 5; 8:16-21, 29, 33, 35, 44, 48.

11) 다음 책에 인용됨. Jeffrey Niehaus, *God at Sinai: Covenant and Theophany in the Bible and Ancient Near East*, Studies in Old Testament Biblical Theology(Grand Rapids: Zondervan, 1995), 243.

7. 야웨께서 보시는 것

1) 나의 학생 중 한 명인 Joel Schultz는 이 단락의 통찰에 대해 특별한 인정을 받을 만하다. 그는 수업 시간에 왕상 18장에 대한 훌륭한 프레젠테이션을 했다.

2) "The 'Aqhatu Legend," trans. Dennis Pardee(*Context of Scripture* 1.103:351).
3) Peter Leithart, *1 & 2 Kings*, Brazos Theological Commentary on the Bible(Grand Rapids: Brazos, 2006), 141.
4) NIV는 "강도의 소굴"(den of robbers)로 읽는데, 이는 청중이 이 문제와 거리를 두게 한다. 성전은 다른 강도로 가득 찬 소굴이 아니라 하나님과 서로를 강탈하는 사람들 스스로를 위한 소굴이 되었다.
5) Daniel I. Block, *Beyond the River Chebar: Studies in Kingship and Eschatology in Ezekiel*(Eugene, OR: Cascade, 2013), 154-55를 보라. Block은 언약 갱신이 성령의 부으심과 관련이 있다는 분명한 예로 사 40:1-5을 언급한다.
6) 구속의 표시로서의 개명에 대해서는 다음을 보라. 사 58:12("갈라진 벽을 고친 왕"); 60:14("주님의 도성"); 61:3("의의 나무"); 61:6("주님의 제사장"); 62:4["하나님께서 좋아하시는 여인"(헵시바)과 "결혼한 여인"(쁄라)]; 62:12("거룩한 분의 백성", "주님께서 속량하신 백성", "하나님께서 사랑한 도성"). 이전 이름으로의 복귀에 대해서는, 사 47:1, 5; 48:8을 보라.
7) 히브리어 '토브'(tov)는 야훼께서 보시기에 선한 일을 행해야 하는 이스라엘의 책임과 그에 대한 야훼의 축복을 묘사하는 단어다("for your good"). 신명기에 나오는 언약 언어에 대한 더 긴 목록은 Weinfeld, *Deuteronomy and the Deuteronomic School*, 335, 343, 345, 346를 보라.
8) 영어 성경의 "not", "not", "oh"는 히브리어 lo', lo', lu'를 차례로 배열한 것이다. '불리다'와 '가르다'(*niqra*'와 *qara'ta*) 그리고 '이름'과 '하늘'(*shimka*와 *shamayim*) 모두 두 개의 자음을 공유한다. 히브리어의 종합적 평행법은 주목할 만하다. *lo' niqra' shimka 'aleyhem // lu' qara'ta shamayim*. 히브리 성경에서는 장(chapter)이 나중에 나뉜다.
9) 영어 성경은 63:19을 어떻게 표현할지에 대해 의견이 분분하다. NIV와 몇몇 다른 번역본은 이스라엘과 열방을 대조적으로 읽는다. "우리는 예로부터 주님의 것이지만 주님은 그들을 다스리지 않으셨고, 주님의 이름으로 부르지도 않으셨다"(We are yours from of old; but you have not ruled over them, they have not been called by your name).
10) 히브리서에서도 이러한 평가를 확인할 수 있다. "그 첫 번째 언약에 결함이 없었더라면, 두 번째 언약이 생길 여지가 없었을 것입니다. 그런데 하나님께서는 **자기 백성을** 나무라시면서 이렇게 말씀하셨습니다"(히 8:7-8, 강조는 저자). 언약의 결함은 백성들이 언약을 지키지 않았다는 것이다.
11) 고후 3:6-10도 그렇다. 고후 3:6-10은 옛 언약이 죽음을 가져왔다고 말한다. 하지만 어떤 의미에서 그럴까? 바울은 다른 곳에서 "율법은 거룩하며, 계명도 거룩하고 의롭고 선한 것"(롬 7:12)이라고 단언하기 때문에, 율법 자체에 결함이 있는 것이 아니다. Scott Hafemann은 다음과 같이 설명한다. "모세의 사역은 율

법을 받은 사람들에게 죽음을 가져왔는데(7절), 이는 언약을 어긴 사람들에게 하나님의 유죄를 선고하고 효력을 발휘했기 때문이다(9a절)." *2 Corinthians*, NIVAC(Grand Rapids: Zondervan, 2000), 150. 시내산 언약은 끊임없이 갱신되어야 하기 때문에 '일시적'이라고 불린다. 하지만 문제는 모세와 그의 언약이 아니라 아직 마음이 변화되지 않은 사람들에게 있다(고후 3:14-16).

8. 예수님만 내게 주소서

1) 자세한 내용은 다음을 보라. R. Kendall Soulen, *The Divine Name(s) and the Holy Trinity: Distinguishing the Voices*(Louisville: Westminster John Knox, 2011).
2) 이 통찰은 Daniel Block과의 대화에서 얻은 것이다.
3) Moises Silva, ed., *New International Dictionary of New Testament Theology and Exegesis*, 2nd ed.(Grand Rapids: Zondervan, 2014), 2:527-29.
4) R. T. France, *The Gospel of Matthew*, New International Commentary on the New Testament(Grand Rapids: Eerdmans, 2007), 53.
5) Raymond Brown은 예수님이 성전을 대체하신 이후 성전은 이제 '하나님이 자기의 이름을 두려고 거처로 삼으신 곳'(참조, 신 12:5)이 되었다고 말하면서 '이름 지니기'(name-bearing)라는 더 넓은 성경 주제와의 연관성을 인정한다. Brown, *The Gospel According to John*(XIII-XXI), Anchor Bible(Garden City, NY: Doubleday, 1970), 754.
6) 이 견해를 충분히 방어하려면 다음을 보라. Daniel I. Block, "A Prophet Like Moses: Another Look at Deuteronomy 18:9-22," in *The Triumph of Grace: Literary and Theological Studies in Deuteronomy and Deuteronomic Themes*(Eugene, OR: Cascade, 2017), 349-73.
7) 삼상 21장에서 전체 이야기를 읽을 수 있다.
8) 이 단어는 인격적으로도 비인격적으로도 번역될 수 있다.
9) France, *Matthew*, 648.
10) France, *Matthew*, 648. 말 4:5과 신 18:15-19을 보라.
11) France, *Matthew*, 644.
12) France, *Matthew*, 645.
13) Michael Harrison Kibbe, "Our Future in the Face of Jesus," *Christianity Today*, July/August 2017, 68

9. 블롭 태그

1) Darrell Bock, *Acts*, Baker Exegetical Commentary on the New Testament (Grand Rapids: Baker Academic, 2007), 118. 『BECNT 사도행전』(부흥과개혁사); Craig S. Keener, *Acts: An Exegetical Commentary* (Grand Rapids: Baker Academic, 2012), 1:920-23를 보라.
2) 이해를 돕는 논의를 위해서는 Richard Bauckham, *Jesus and the God of Israel: God Crucified and Other Studies on the New Testament's Christology of Divine Identity* (Grand Rapids: Eerdmans, 2008), 41-45를 보라. 『예수와 이스라엘의 하나님』(새물결플러스). 바울도 롬 10:13에서 욜 2:32을 인용하여 비슷한 결론을 내렸다. Daniel I. Block, "Who Do Commentators Say 'The Lord' Is? The Scandalous Rock of Romans 10:13," in *On the Writing of New Testament Commentaries: Festschrift for Grant R. Osborne on the Occasion of His 70th Birthday*, ed. Stanley Porter and Eckhard J. Schnabel, Text and Editions for New Testament Study 8 (Leiden: Brill, 2013), 173-92.
3) Gordon D. Fee, *Paul's Letter to the Philippians*, New International Commentary on the New Testament (Grand Rapids: Eerdmans, 1995), 221-26를 보라.
4) Hans-Joachim Kraus, *Psalms 60–150*, trans. Hilton C. Oswald, Continental Commentary (Minneapolis: Fortress, 1993), 287.
5) 알지 못하는 이름이 무엇을 의미하는지는 분명하지 않다. 알지 못한다는 개념은 수 세기 동안 야웨라는 이름을 소리 내어 말하기를 금한 데서 비롯되었을 가능성이 있다. Greg Beale은 알지 못한다는 것이 그 이름이 아직 선택된 자에게 공개되지 않았음을 의미하는 것은 아니라고, 즉 반드시 야웨가 아닌 다른 이름이어야 하는 것은 아니라고 주장한다. G. K. Beale, *The Book of Revelation: A Commentary on the Greek Text*, New International Greek Testament Commentary (Grand Rapids: Eerdmans, 1999), 257-58. 『NIGTC 요한계시록』(새물결플러스).
6) "Jesus Prays for Himself (John 17)," 앨버타 쓰리 힐스에 있는 감람산 복음주의 자유교회 2018년 3월 11일 설교에서.
7) 우리는 보통 그를 바울이라고 부르지만, 그 이름은 헬라어를 사용하는 상황에서만 사용된다. 사울은 그의 유대인 이름이다. 사도행전을 주의 깊게 읽는다면, 흔히 가르치는 것처럼, 이 이야기에서 그의 이름이 바뀐 것이 아님을 알 수 있다. Stephen B. Chapman, "Saul/Paul: Onomastics, Typology, and Christian Scripture," in *The Word Leaps the Gap: Essays on Scripture and Theology in Honor of Richard B. Hays*, ed. J. Ross Wagner, C. Kavin Rowe, and A. Katherine Greib (Grand Rapids: Eerdmans, 2008), 214-43를 보라.
8) NIV는 "나의 이름을 선언한다"(proclaim my name)로 번역하지만, 이 번역은 야웨의 이름을 지닌다는 주제와의 연결을 모호하게 한다. 여기에 사용된 헬라어 '바

스타조'(bastazo)는 '지니다', '운반하다'를 의미한다.
9) 이 문구에 대한 더 깊이 있는 논의는 Imes, *Bearing YHWH's Name at Sinai*, 49-61를 보라.
10) Richard B. Hays, *Echoes of Scripture in the Gospels* (Waco, TX: Baylor University Press, 2016), 145. 『복음서에 나타난 구약의 반향』 (감은사).
11) Hays, *Echoes of Scripture in the Gospels*, 145.
12) Karen Jobes, *1 Peter*, Baker Exegetical Commentary on the New Testament (Grand Rapids: Baker Academic, 2005), 287를 보라.
13) 1923년에 작곡된 찬송, Thomas Chisholm, "Great is Thy Faithfulness"에서 발췌했다.
14) Daniel I. Block, "Reading Galatians with Moses: Paul as a Second and Seconding Moses," in *The Triumph of Grace: Literary and Theological Studies in Deuteronomy and Deuteronomic Themes* (Eugene, OR: Cascade, 2017), 375.
15) Block, "Reading Galatians with Moses," 387-90를 보라.
16) 화산으로 인한 지진 및 분화 활동에 대한 자세한 내용은 다음 글에서 확인할 수 있다. *The 1980 Eruptions of Mt. Saint Helens, Washington*, US Geological Survey, 1981 this US Geological Survey, https://pubs.usgs.gov/pp/1250/report.pdf. On Harry R. Truman, see https://en.wikipedia.org/wiki/Harry_R._Truman and www.usatoday.com/story/news/nation-now/2015/05/17/mount-st-helens-people-stayed/27311467.
17) Michael Harrison Kibbe, *Godly Fear or Ungodly Failure? Hebrews 12 and the Sinai Theophanies*, Beihefte zur Zeitschrift fur die neutestamentliche Wissenschaft 216 (Berlin: de Gruyter, 2016), 215.
18) Kibbe, *Godly Fear or Ungodly Failure?*, 214.
19) 좀더 충분한 논의는 다음을 보라. Ryan S. Peterson, *The Imago Dei as Human Identity: A Theological Interpretation*, Journal of Theological Interpretation Supplement 14 (Winona Lake, IN: Eisenbrauns, 2016); Catherine L. McDowell, *The Image of God in the Garden of Eden: The Creation of Humankind in Genesis 2:5-3:24 in Light of mis pî pit pî and wpt-r Rituals of Mesopotamia and Ancient Egypt*, Siphrut 15 (Winona Lake, IN: Eisenbrauns, 2015).
20) John H. Walton, *The Lost World of Genesis One: Ancient Cosmology and the Origins Debate* (Downers Grove, IL: IVP Academic, 2009). 『창세기 1장의 잃어버린 세계』 (그리심).
21) Suzanne McDonald가 창조적 선택과 언약적 선택을 혼동하긴 하지만, 전반적으로 그녀의 선택 신학은 신선하고 도움이 된다. Suzanne McDonald, *Re-*

Imaging Election: Divine Election as Representing God to Others and Others to God(Grand Rapids: Eerdmans, 2010)를 보라.

10. 어떻게 들어왔을까?
1) 이 대조의 예로는 출 19:5을 보라.
2) 더 깊은 논의를 위해서는 다음을 보라. C. K. Barrett, *A Critical and Exegetical Commentary on the Acts of the Apostles*, 2 vols., International Critical Commentary(Edinburgh: T&T Clark, 1998), 2:724; F. F. Bruce, *The Book of the Acts*, rev. ed., New International Commentary on the New Testament(Grand Rapids: Eerdmans, 1988), 293; Richard Bauckham, "James and the Gentiles(Acts 15:13-21)," in *History, Literature, and Society in the Book of Acts*, ed. Ben Witherington(New York: Cambridge University Press, 1996), 154-84.
3) 히브리어를 직역하면, "그들이 에돔의 남은 자들과 내 이름으로 불리는 모든 민족을 소유하게 하려 하심이라"(저자 번역)이다. 이는 군사적 지배를 함의할 수 있다. 칠십인역은 "인류의 남은 자들과 내 이름으로 불리는 모든 이방인이 나를 간절히 찾게 하려 함이라"라고 번역했다. 헬라어 번역은 군사적 지배보다 전 세계적인 회심을 암시한다. 그럼에도 두 역본 모두 이방인을 '내 이름으로 불리는 자'로 언급하며, 이는 야고보가 의존하는 주된 요점이다. 히브리어로 '에돔'과 '인류'는 '소유하다'와 '찾다'처럼 거의 동일하며, 이는 헬라어 번역에 대해 어느 정도 설명을 해준다.
4) Bauckham, "James and the Gentiles," 169. 슥 2:11도 또 하나의 가능한 예다. "그 날에, 많은 이방 백성들이 주님께 와서 그의 백성이 될 것이며." 하지만 "많은 이방 백성이 주님께 와서"는 유대교로의 회심을 암시할 수도 있다.
5) Richard Hays는 신 32장이 로마서의 가르침을 간결하게 담고 있다고 주장한다. 그는 신명기에서 이스라엘의 '믿음의 부족'뿐 아니라 바울이 선포하는 메시지인 이방인들을 포함시키려는 하나님의 계획도 볼 수 있다고 지적한다. *Echoes of Scripture in the Letters of Paul*(New Haven: Yale University Press, 1989), 164를 보라.
6) Hays는 3-5절을 제외한 나머지 부분에 대해 내가 제시한 것과 본질적으로 동일한 개요를 제시하는데, 나는 이 개요를 다음 장의 기초가 되는 내용으로 여긴다. Hays, *Echoes*, 163-64.
7) 바울은 여기에서 '믿음'이라는 단어를 사용하지 않지만, 두 본문 다 문맥상 근본적인 죄는 하나님을 섬기는 대신 우상에게로 향하는 것이다.
8) Walter Bauer, *A Greek-English Lexicon of the New Testament and other Early Christian Literature*, ed. Frederick William Danker, 3rd ed.(Chicago: University of Chicago Press, 2000), 945. 갈 6:17에 나오는 바울의 '상처 자국'이 박해로 인한 육체적 상처일지라도, 그는 자신의 고난이 자신이 '지닌 이름을 위한'(행 9:15-16)

을 위한 것임을 알고 있었다.
9) Moises Silva, ed. *New International Dictionary of New Testament Theology and Exegesis*, rev. ed. 4 vols.(Grand Rapids: Zondervan, 2014), 4:375-77.
10) 영어 성경에서는, 천사에게 도장이 찍힌 것인지 천사가 도장을 들고 있는 것인지 불분명하다. 헬라어 성경에서는 천사가 도장을 '들고' 있다.
11) 나는 이것을 하나의 이름, 즉 예수님께 부여되고 신앙고백에서 축하된 하나님의 "모든 이름 위에 뛰어난 이름"으로 읽는다["Jesus is kyrios", 예수는 주님(야웨); 빌 2:9-11]. 엡 1:3은 유사한 문법 구조의 예를 제공한다. "우리 주 예수 그리스도의 아버지이신(and) 하나님"은 두 개의 칭호가 'and'로 연결되어 있지만 분명 한 분을 가리킨다. 다른 예들은, Nigel Turner, *Syntax*, vol. 3 of *Grammar of New Testament Greek*(Edinburgh: T&T Clark, 1963), 335를 보라.
12) 이스라엘 설립에 대한 더 많은 정보를 위해서는, Philip J. King and Lawrence E. Stager, *Life in Biblical Israel. Library of Ancient Israel*(Louisville: Westminster John Knox, 2001), 28-35를 보라.

감사의 말

1) Andrew T. Le Peau and Linda Doll, *Heart. Soul. Mind. Strength: An Anecdotal History of InterVarsity Press, 1947-2007*(Downers Grove, IL: InterVarsity Press, 2006), 195.

보충설명 주

"히브리 사람은 몇 명일까?"(142쪽)
a) Colin J. Humphreys, "The Number of the People in the Exodus from Egypt: Decoding Mathematically the Very Large Numbers in Numbers I and XXVI," Vetus Testamentum 48(1998): 197.
b) Terence E. Fretheim, Exodus, Interpretation(Louisville: Westminster John Knox, 2010), 144.
c) Humphreys, "The Number of the People in the Exodus," 202-4. J. A. Knudtzon, Die El-Amama Tafeln(Leipzig, 1915), 108.66f., 133.16f를 인용.
d) 또한 Colin J. Humphreys, The Miracles of Exodus: A Scientist's Discovery of the Extraordinary Natural Causes of the Biblical Stories(New York: HarperSanFrancisco, 2003), chapter 8을 보라. 출애굽기의 eleph를 재번역한다고 해서 모든 질문에 대한 답이 나오지는 않는다. Humphreys는 후대의 서기관들이 민수기의 숫자를 잘못 이해하여 (가상의) 원본에는 이스라엘 백성의 총 수가 "598(eleph=군대)과 5(eleph=천), 그리고 550명"이라고 기록되어 있지만 원 독자들은 598명의 군대에 5,550명의 남자가 있는 것으로 이해했다고 결론을 내릴 수밖에 없었다. 나중에 원래의 의미를 잃어버렸을 때 한 서기관이 두 [eleph의] 숫자(598+5)를 합산하여 603,000명을 산출했지만, 두 가지 다른 [eleph의] 의미가 의도되었다는 것을 깨닫지 못했다. Humphreys, "The Number of the People in the Exodus," 207을 보라. 이러한 오독에 대한 사본상의 증거는 없지만 가능성은 남아 있다. 구약성경은 신약 시대 이전에 헬라어로 번역되었고, 그 번역에는 이러한 혼용된 숫자가 반영되어 있으므로, 필사자의 오독은 헬라어 번역보다 앞서진 않았더라도 그 번역과 일치했을 것이다.

참고문헌

Barrett, C. K. *A Critical and Exegetical Commentary on the Acts of the Apostles*. 2 vols. International Critical Commentary. Edinburgh: T&T Clark, 1998.

Bauckham, Richard. "James and the Gentiles(Acts 15:13-21)." In *History, Literature, and Society in the Book of Acts*, edited by Ben Witherington, 154-84. New York: Cambridge University Press, 1996.

____. *Jesus and the God of Israel: God Crucified and Other Studies on the New Testament's Christology of Divine Identity*. Grand Rapids: Eerdmans, 2008. 『예수와 이스라엘의 하나님』(새물결플러스).

Bauer, Walter. *A Greek-English Lexicon of the New Testament and other Early Christian Literature*. Edited by Frederick William Danker. 3rd ed. Chicago: University of Chicago Press, 2000. 『바우어 헬라어 사전』(생명의말씀사).

Beale, G. K. *The Book of Revelation: A Commentary on the Greek Text*. New International Commentary on the Greek Testament. Grand Rapids: Eerdmans, 1999. 『NIGTC 요한계시록』(새물결플러스).

Block, Daniel I. *Beyond the River Chebar: Studies in Kingship and Eschatology in Ezekiel*. Eugene, OR: Cascade, 2013.

____. *Deuteronomy*. NIV Application Commentary. Grand Rapids: Zondervan, 2012.

____. *How I Love Your Torah, O LORD!: Studies in the Book of Deuteronomy*. Eugene, OR: Cascade, 2011.

____. "A Prophet Like Moses: Another Look at Deuteronomy 18:9-22." Pages 349-3 in *The Triumph of Grace: Literary and Theological Studies in Deuteronomy and Deuteronomic Themes*. Eugene, OR: Cascade, 2017.

____. *The Triumph of Grace: Literary and Theological Studies in Deuteronomy and Deuteronomic Themes*. Eugene, OR: Cascade, 2017.

____. "Who Do Commentators Say 'The Lord' Is? The Scandalous Rock of Romans 10:13." In *On the Writing of New Testament Commentaries: Festschrift for Grant R. Osborne on the Occasion of His 70th Birthday*, edited by Stanley Porter and Eckhard J. Schnabel, 173-92. Texts and Editions for New Testament Study 8. Leiden: Brill, 2013.

Bock, Darrell. *Acts*. Baker Exegetical Commentary on the New Testament. Grand Rapids: Baker Academic, 2007. 『BECNT 사도행전』(부흥과개혁사).

Boling, Robert G. *Joshua: A New Translation with Notes and Commentary*. Anchor Bible 6. New York: Doubleday, 1982.

Bradshaw, Paul, and John Melloh, eds. *Foundations in Ritual Studies: A Reader for Students of Christian Worship*. Grand Rapids: Baker Academic, 2007.

Brown, Raymond E. *The Gospel According to John (XIII-XXI)*. Anchor Bible 29A. Garden City, NY: Doubleday, 1970. 『앵커바이블 요한복음2』(CLC).

Bruce, F. F. *The Book of the Acts*. Rev. ed. New International Commentary on the New Testament. Grand Rapids: Eerdmans, 1988. 『NICNT 사도행전』(부흥과개혁사).

Chapman, Stephen B. "Saul/Paul: Onomastics, Typology, and Christian Scripture." In *The Word Leaps the Gap: Essays on Scripture and Theology in Honor of Richard B. Hays*, edited by J. Ross Wagner, C. Kavin Rowe, and A. Katherine Greib, 214–43. Grand Rapids: Eerdmans, 2008.

Clines, David J. A., ed. *The Dictionary of Classical Hebrew*. 8 vols. Sheffield: Sheffield Academic, 1993.

Cohn, Robert L. *The Shape of Sacred Space: Four Biblical Studies*. AAR Studies in Religion 23. Chico, CA: Scholars Press, 1981.

Cross, Frank Moore. *Canaanite Myth and Hebrew Epic: Essays in the History of the Religion of Israel*. Cambridge, MA: Harvard University Press, 1973.

Dandamaev, Muhammad A. *Slavery in Babylonia: From Nabopolassar to Alexander the Great (626–331 B.C.)*. Edited by M. A. Powell and D. B. Weisberg. Translated by V. A. Powell. DeKalb, IL: Northern Illinois University Press, 1984.

Enns, Peter. *Exodus*. NIV Application Commentary. Grand Rapids: Zondervan, 2000.

Febbraro, Flavio, and Burkhard Schwetje. *How to Read World History in Art: From the Code of Hammurabi to September 11*. New York: Harry N. Abrams, 2010.

Fee, Gordon D. *Paul's Letter to the Philippians*. New International Commentary on the New Testament. Grand Rapids: Eerdmans, 1995. 『NICNT 고린도전서』(부흥과개혁사).

Firth, David G. *1 & 2 Samuel*. Apollos Old Testament Commentary. Downers Grove, IL: IVP Academic, 2009.

Fishbane, Michael. *Biblical Interpretation in Ancient Israel*. Oxford: Clarendon, 1988.

Fokkelman, J. P. *Reading Biblical Narrative: An Introductory Guide*. Louisville: Westminster John Knox, 1999.

Foster, Benjamin R. *Before the Muses: An Anthology of Akkadian Literature*. 3rd ed. Bethesda, MD: CDL, 2005.

Fox, Nili S. "Marked for Servitude: Mesopotamia and the Bible." In *A Common Cultural Heritage: Studies on Mesopotamia and the Biblical World in Honor of Barry L. Eichler*. Edited by Grant Frame, Erle Leichty, Karen Sonik, Jeffrey Tigay, and Steve Tinney, 267-78. Bethesda, MD: CDL Press, 2011.

France, R. T. *The Gospel of Matthew*. New International Commentary on the New Testament. Grand Rapids: Eerdmans, 2007. 『NICNT 마태복음』(부흥과개혁사).

Fretheim, Terence E. *Exodus*. Interpretation. Louisville: Westminster John Knox, 2010. 『출애굽기』(한국장로교출판사).

___. *What Kind of God?: Collected Essays of Terence E. Fretheim*. Edited by Michael J. Chan and Brent A. Strawn. Siphrut 14. Winona Lake, IN: Eisenbrauns, 2015.

Gane, Roy. *Old Testament Law for Christians: Original Context and Enduring Application*. Grand Rapids: Baker, 2017.

Goldingay, John. *Israel's Gospel*, vol. 1 of *Old Testament Theology*. Downers Grove, IL: IVP Academic, 2003.

Greenberg, Moshe. "Hebrew Segullā : Akkadian Sikiltu." *Journal of the American Oriental Society* 71(1951): 172-74.

Greenstein, Edward L. "The Rhetoric of the Ten Commandments." In *The Decalogue in Jewish and Christian Tradition*. Edited by Henning Graf Reventlow and Yair Hoffman, 1-12. Library of Hebrew Bible/Old Testament Studies 509. New York: T&T Clark, 2011.

Grossfeld, Bernard, trans. *Targum Onqelos to Exodus*. Aramaic Bible 7. Wilmington, DE: Glazier, 1988.

Guest, Stephen. *Deuteronomy 26:16-19 as the Central Focus of the Covenantal Framework of Deuteronomy*. PhD diss., The Southern Baptist Theological Seminary, 2009.

Hafemann, Scott. *2 Corinthians*. NIVAC. Grand Rapids: Zondervan, 2000. 『NIV 적용주석 고린도후서』(솔로몬).

Hall, Calvin S., Gardner Lindzey, and John B. Campbell. *Theories of Personality*. 4th ed. New York: John Wiley & Sons, 1998.

Hallo, William, and K. Lawson Younger, eds. *Context of Scripture*. Leiden: Brill,

2003.

Haran, Menahem. *Temples and Temple-Service in Ancient Israel: An Inquiry into Biblical Cult Phenomena and the Historical Setting of the Priestly School.* Winona Lake, IN: Eisenbrauns, 1985.

Hartley, John E. *Leviticus.* Word Biblical Commentary 4. Dallas: Word, 1992. 『WBC 레위기』(솔로몬).

Hawkins, Ralph K. *The Iron Age I Structure on Mt. Ebal.* Bulletin for Biblical Research, Supplements 6. Winona Lake, IN: Eisenbrauns, 2012.

Hays, Richard B. *Echoes of Scripture in the Gospels.* Waco, TX: Baylor University Press, 2016. 『복음서에 나타난 구약의 반향』(감은사).

___. *Echoes of Scripture in the Letters of Paul.* New Haven: Yale University Press, 1989. 『바울서신에 나타난 구약의 반향』(감은사).

Hendel, Ronald S. "Sacrifice as a Cultural System: The Ritual Symbolism of Exodus 24, 3-8." *Zeitschrift für die alttestementliche Wissenschaft* 101(1989): 366-90.

Hess, Richard S. *Joshua: An Introduction and Commentary.* Tyndale Old Testament Commentaries. Downers Grove, IL: InterVarsity Press, 1996.

Houtman, Cornelis. *Exodus.* Translated by Sierd Woudstra. Historical Commentary on the Old Testament. Leuven, Belgium: Peeters, 2000.

Howard, David M. *Joshua.* New American Commentary 5. Nashville: Broadman & Holman, 1998. 『NAC 여호수아』(부흥과개혁사).

Huffmon, Herbert, and Simon Parker. "A Further Note on the Treaty Background of Hebrew Yada.'" *Bulletin of the American Schools of Oriental Research* 184(1966): 36-38.

Humphreys, Colin J. *The Miracles of Exodus: A Scientist's Discovery of the Extraordinary Natural Causes of the Biblical Stories.* New York: HarperSanFrancisco, 2003.

___. "The Number of the People in the Exodus from Egypt: Decoding Mathematically the Very Large Numbers in Numbers I and XXVI." *Vetus Testamentum* 48.2(1998): 196-213.

Imes, Carmen Joy. *Bearing YHWH's Name at Sinai: A Reexamination of the Name Command of the Decalogue.* Bulletin for Biblical Research Supplements 19. University Park, PA: Eisenbrauns, 2018.

___. *"Treasured Possession": Peter's Use of the Old Testament in 1 Peter 2:9-10.* MA thesis, Gordon-Conwell Theological Seminary, 2011.

Jacobs, Sandra. *The Body as Property: Physical Disfigurement in Biblical Law.*

Library of Hebrew Bible/Old Testament Studies 582. London: Bloomsbury, 2014.

Jobes, Karen. *1 Peter*. Baker Exegetical Commentary on the New Testament. Grand Rapids: Baker Academic, 2005. 『BECNT 베드로전서』(부흥과개혁사).

Kalluveettil, Paul. *Declaration and Covenant: A Comprehensive Review of Covenant Formulae from the Old Testament and the Ancient Near East*. Analecta Biblica 88. Rome: Biblical Institute Press, 1982.

Keener, Craig S. *Acts: An Exegetical Commentary*. 4 vols. Grand Rapids: Baker Academic, 2012.

Kibbe, Michael Harrison. *Godly Fear or Ungodly Failure?: Hebrews 12 and the Sinai Theophanies*. Beihefte zur Zeitschrift für die neutestamentliche Wissenschaft 216. Berlin: de Gruyter, 2016.

___. "Our Future in the Face of Jesus." *Christianity Today*. July/August 2017, 66-69.

King, Philip J., and Lawrence E. Stager. *Life in Biblical Israel*. Library of Ancient Israel. Louisville: Westminster John Knox, 2001.

Kitchen, Kenneth A. *On the Reliability of the Old Testament*. Grand Rapids: Eerdmans, 2003.

Kitchen, Kenneth A., and Paul J. N. Lawrence. *Treaty, Law and Covenant in the Ancient Near East*. 3 vols. Wiesbaden: Harrassowitz, 2012.

Kraus, Hans-Joachim. *Psalms 60-150*. Translated by Hilton C. Oswald. Continental Commentary. Minneapolis: Fortress, 1993.

Lauinger, Jacob. "Esarhaddon's Succession Treaty at Tayinat: A Biographical Sketch." Paper presented at the annual meeting of the Society of Biblical Literature, Chicago, 2012.

LeFebvre, Michael. *Collections, Codes, and Torah: The Re-Characterization of Israel's Written Law*. Library of Hebrew Bible/Old Testament Studies 451. New York: T&T Clark, 2006.

Leithart, Peter. *1 & 2 Kings*. Brazos Theological Commentary on the Bible. Grand Rapids: Brazos, 2006.

Le Peau, Andrew T. and Linda Doll. *Heart. Soul. Mind. Strength: An Anecdotal History of InterVarsity Press, 1947-2007*. Downers Grove, IL: InterVarsity Press, 2006.

Lewis, Theodore J. "Athtartu's Incantations and the Use of Divine Names as Weapons." *Journal of Near Eastern Studies* 70(2011): 207-27.

McCarter, Jr., P. Kyle. *II Samuel*. Anchor Bible 9. New Haven: Yale University Press,

1984.

McDonald, Suzanne. *Re-Imaging Election: Divine Election as Representing God to Others and Others to God*. Grand Rapids: Eerdmans, 2010.

McDowell, Catherine L. *The Image of God in the Garden of Eden: The Creation of Humankind in Genesis 2:5—3:24 in Light of mīs pî pīt pî and wpt-r Rituals of Mesopotamia and Ancient Egypt*. Siphrut 15. Winona Lake, IN: Eisenbrauns, 2015.

Milgrom, Jacob. *Leviticus 17-22*. Anchor Bible 3A. New York: Doubleday, 2000.

Nelson, Richard D. *Joshua*. Old Testament Library. Louisville: Westminster John Knox, 1997.

Niehaus, Jeffrey. *God at Sinai: Covenant and Theophany in the Bible and Ancient Near East*. Studies in Old Testament Biblical Theology. Grand Rapids: Zondervan, 1995.

Parpola, Simo, and Kazuko Watanabe. *Neo-Assyrian Treaties and Loyalty Oaths*. State Archives of Assyria 2. Helsinki: Helsinki University Press, 1988.

Peterson, Ryan S. *The Imago Dei as Human Identity: A Theological Interpretation*. Journal of Theological Interpretation Supplement 14. Winona Lake, IN: Eisenbrauns, 2016.

Propp, William H. C. *Exodus 19-40*. Anchor Bible 2A. New York: Doubleday, 2006.

Richter, Sandra L. *The Deuteronomistic History and the Name Theology: Lešakkēn Šemô Šām in the Bible and the Ancient Near East*. Beihefte zur Zeitschrift für die alttestementliche Wissenschaft 318. Berlin: de Gruyter, 2002.

Sample, Steven B. *The Contrarian's Guide to Leadership*. San Francisco: Jossey-Bass, 2002.

Silva, Moises, ed. *New International Dictionary of New Testament Theology and Exegesis*. 2nd ed. Grand Rapids: Zondervan, 2014.

Smith, Mark S. *The Pilgrimage Pattern in Exodus*. Journal for the Study of the Old Testament Supplement Series 239. Sheffield: Sheffield Academic, 1997.

Soulen, R. Kendall. *The Divine Name(s) and the Holy Trinity: Distinguishing the Voices*. Louisville: Westminster John Knox, 2011.

Surls, Austin D. *Making Sense of the Divine Name in the Book of Exodus: From Etymology to Literary Onomastics*. Bulletin for Biblical Research, Supplements 17. Winona Lake, IN: Eisenbrauns, 2017.

Tozer, A. W. *The Knowledge of the Holy*. New York: HarperSanFrancisco, 1961. 『하나님을 바로 알자』(생명의말씀사).

Trimm, Charlie. "Honor Your Parents: A Command for Adults." *Journal of the Evangelical Theological Society* 60(2017): 247-63.
Turner, Nigel. *Syntax*. Vol. 3 of *Grammar of New Testament Greek*. Edinburgh: T&T Clark, 1963.
Walton, John H. *Ancient Near Eastern Thought and the Old Testament: Introducing the Conceptual World of the Hebrew Bible*. Grand Rapids: Baker Academic, 2006. 『고대 근동 사상과 구약성경』(CLC).
____. The *Lost World of Genesis One: Ancient Cosmology and the Origins Debate*. Downers Grove, IL: IVP Academic, 2009. 『창세기 1장의 잃어버린 세계』(그리심).
Weinfeld, Moshe. *Deuteronomy and the Deuteronomic School*. Oxford: Oxford University Press, 1972.
Wenham, Gordon J. *Genesis 1-15*. Word Biblical Commentary. Dallas: Word, 1987. 『WBC 창세기-상』(솔로몬).
Westbrook, Raymond, ed. *A History of Ancient Near Eastern Law*. 2 vols. Leiden: Brill, 2003.
Westwood, Duncan P. "God-Image as a Component of MHI/IHM's Health Screening and Diagnostic Protocols." Window on God Exercise presented at the Missionary Health Institute / International Health Management Staff Development meetings. June 21, 2013.
____. "Risk and Resilience in Our God Image." Paper presented at the Member Care Conference at Providence University and Seminary. May 28, 2016.
Wright, Christopher J. H. *The Mission of God: Unlocking the Bible's Grand Narrative*. Downers Grove, IL: IVP Academic, 2006. 『하나님의 선교』(IVP).

하나님의 이름을 새기다
Bearing God's Name

지은이 카먼 조이 아임스 • 옮긴이 서재은
펴낸곳 (사)한국성서유니온선교회 • 등록 제14-6호(1978. 10. 21.)
판권 ⓒ (사)한국성서유니온선교회 2025 • 초판 발행 2025년 6월 25일
주소 05663 서울시 송파구 오금로 22길 13 • 전화 02-2202-0091 • 팩스 02-2202-0095
이메일 edit02@su.or.kr • 홈페이지 www.su.or.kr

ISBN 978-89-325-2173-2 03230

성서유니온선교회(Scripture Union)는 1867년에 영국에서 어린이 전도와 성경읽기 사역을 시작하여, 현재 120여 개국에서 다양한 사역을 펼치고 있는 국제 선교단체입니다.

한국성서유니온선교회는 1972년에 시작되어 한국 교회에 성경묵상(QT)을 소개하였고, 현재 전국 12개 지부에서 성경읽기, 어린이·청소년 전도, 캠프, 개인성경공부(PBS), 그룹성경공부(GBS), 지도자 훈련, 기독교 서적 출판 등의 사역에 힘쓰고 있습니다.

성서유니온선교회의 목적은 어린이와 청소년 그리고 그들의 가정에 하나님의 복음을 전하는 한편, 모든 그리스도인이 규칙적이고 체계적인 성경묵상을 통해 온전한 믿음에 이르도록 돕는 것입니다.